网络与治理

中国信息化发展报告 2015

中国信息化发展报告课题组　编

電子工業出版社
Publishing House of Electronics Industry
北京 • BEIJING

内 容 简 介

本书是中国信息化发展报告课题组组织编写的反映我国信息化发展状况的最新年度报告。本书以“网络与治理”为主题，研究网络与治理之间的相互关系和影响机制，分析信息网络技术创新应用对我国各种既有治理模式带来的机遇与挑战，回答如何应对网络时代的各种治理问题，力图为推进国家治理体系和治理能力的现代化提供新思路。

本书内容涵盖互联网应用较广、受关注较多的治理领域，包括网络基础设施的发展与治理、互联网金融的创新与治理、电子商务治理、网络环境下的社会治理与政府治理、互联网信息内容传播的治理、信息安全和隐私保护的治理、网络时代的环境治理以及国际互联网治理等。

本书对政府信息化管理部门、企事业机构、研究院所及高等院校信息相关专业的研究人员具有重要的参考价值。

图书在版编目（CIP）数据

中国信息化发展报告 2015：网络与治理 / 中国信息化发展报告课题组编. —北京：电子工业出版社，2015.8
ISBN 978-7-121-26929-5

Ⅰ. ①中… Ⅱ. ①中… Ⅲ. ①信息化进程—研究报告—中国—2015 Ⅳ. ①G203

中国版本图书馆 CIP 数据核字（2015）第 187389 号

责任编辑：徐蕾薇
印 刷：中国电影出版社印刷厂
装 订：中国电影出版社印刷厂
出版发行：电子工业出版社
北京市海淀区万寿路 173 信箱 邮编 100036
开 本：880×1 230 1/16 印张：11.75 字数：243 千字
版 次：2015 年 8 月第 1 版
印 次：2015 年 8 月第 1 次印刷
定 价：128.00 元

凡所购买电子工业出版社图书有缺损问题，请向购买书店调换。若书店售缺，请与本社发行部联系，联系及邮购电话：（010）88254888。

质量投诉请发邮件至 zlts@phei.com.cn，盗版侵权举报请发邮件至 dbqq@phei.com.cn。

服务热线：（010）88258888。

前　言

自从党的十八届三中全会提出“推进国家治理体系和治理能力现代化”的宏伟目标后，“治理”成为当下最为流行、也最受关注的社会焦点之一。尽管学术界对“治理”的概念和范式的研究由来已久，但随着互联网技术的创新、扩散与全面深化应用，如何应对互联网所带来的各种各样的治理问题、建立与互联网技术发展相适应的治理体系，无疑是一个极具挑战性和前瞻性的重大课题。

网络与治理之间存在着广泛的内在联系和互动关系。第一，正如治理涵盖到政治、经济、社会、文化、生态等各个领域，网络技术扩散及影响的范围也同样涉及上述各个领域，二者具有高度的重叠性。因此，任何一个领域的治理问题，无论是宏观层面还是微观层面，都绕不开网络技术及其应用。第二，网络交流的便捷性、交互性、去中心化、匿名性、跨国性等诸多技术特征，对政府、社会组织、企业、公众等参与治理的意愿、行为、途径和方式都有着重要的、甚至是颠覆性的影响，使治理体系越来越呈现多主体、去中心化特征。第三，网络对治理的影响是一把双刃剑。一方面，网络显著提升了各主体（尤其是政府之外的其他主体）参与治理进程的意愿和能力，同时也显著提升了多元主体之间、尤其是公众之间的沟通交流和互动协调能力，为实现多元主体协调共治创造了巨大的空间；另一方面，网络也可能引发广泛、激烈的冲突和矛盾，诸如社会组织和公众参与治理意愿和能力的大幅提升与政府主导的、相对单一的传统治理模式之间的冲突，以互联网为基础的经济创新模式与传统的经济监管体制之间的冲突等。

本书以“网络与治理”为主题，力图研究网络与治理之间的相互关系和影响机制。书中各章涉及的主要是互联网应用较广、受关注较多的治理领域，包括网络基础设施、互联网金融、电子商务、社会治理、政府治理、互联网信息传播、信息安全和隐私保护、环境治理以及互联网国际治理。现对各章的主要观点综述如下。

第一章聚焦网络基础设施的发展与治理。网络基础设施已经成为当今最重要的社会基础设施之一。由于国家对网络基础设施持续的大力投入，我国网络规模和用户数量均跃居全球首位，已成为名副其实的网络大国。与此同时，国家对网络基础设施的治理也在不断加强，对互联网基础资源（IP 地址、根服务器、域名、数据中心等）的管理，对网络终端设备尤其是智能手机及其提供软件和服务的应用商店的管理，以及对日益严重的垃圾邮件、网络犯罪和网络安全问题的治理等都取得了积极进展。书中还提出了今后网络基础设施治理的公共政策取向，如进一步向民营资本开放网络接入市场以强化市场竞争，着力解决互联网骨干网之间在互联协议、结算价格、互联带宽扩容等方面的冲突和难题，加快推动电信普遍服务补偿机制建设等。

第二章聚焦互联网金融的创新与治理。近年来，以互联网为代表的信息通信技术，特别是移动互联网、云计算、社交网络和大数据等技术与传统金融业务的深度融合，孕育出包括第三方支付、网络银行、网络保险、网络小贷、网络 P2P、众筹融资等在内的一大批创新型业务。互联网金融活动的异军突起，既推动了传统金融生态的变革、促进了传统金融服务的创新、突破了传统金融的发展瓶颈，同时也不可避免地给既有的监管体制和政策带来了一些新的挑战，如投资者对花样繁多的互联网金融产品和服务的风险缺乏足够的认识；巨大的网络与信息安全隐患，包括网络平台和用户易遭受木马、病毒的攻击，隐私数据易受侵害，网络洗钱，以及操作失误可能引致的系统性风险等问题；金融市场风险，如期限错配风险、外溢风险和流动性风险变得难以管控；监管体制和法规难以跟上互联网金融的发展等。针对互联网金融的挑战，本书提出要本着“鼓励创新、防范风险、趋利避害、健康发展”的原则，完善监管法规、加强部门间监管协调，强化风险防控体系，加强网络信息安全和个人信息保护。

第三章聚焦电子商务治理。我国电子商务正在经历一个高速的增长期，2013 年交易总额已突破 10 万亿元大关。电子商务的快速扩张从根本上改变了传统的商品和服务交易模式，并呈现平台化、移动化、融合化等新特征，也带来了市场准入、不正当竞争、诚信缺失、税收征缴、消费者保护、隐私保护、交易安全、跨境电子贸易等一系列新问题。在电子商务治理方面，我国已初步形成了多部门分工协作的行政监管组织体系，也初步形成了以法律法规和信用体系为核心的制度体系，但行业性组织、企业和消费者对电子商务治理的参与相对较弱。未来电子商务治理的重点是：建立健全电子商务相关法律法规，优化电子商务的行政监管体系，强化电子商务平台的自我治理功能，加强电子商务诚信体系建设。

第四章聚焦网络环境下的社会治理。网络环境下的社会治理本质上是网络社会的治理问题。网络社会不仅仅是简单的虚拟社会，而是囊括了现实社会与虚拟社会的混合态，是通过网络技术对整个人类社会重新整合的一种新状态。现实中大量的治理案例也表明，当前社会治理的主要困难和挑战来自网络社会的发展。因此，当前社会治理的关键是在解决现实问题的基础上，强化对网络社会的治理。本书探讨了网络社会治理的若干基本原则和政策取向，提出了加强全面治理、全民治理、加强网络自治的政策导向，并进一步提出了建立“引导—协商—立法—自治”的综合治理体系。

第五章聚焦网络环境下的政府治理。互联网技术，尤其是电子政务的发展对政府治理方式的转变有着多方面影响：从以权力为基础的管制型向以个人责任为基础的服务型转变，从“划桨者”向“掌舵者”角色转变，从自上而下的单向管理向广泛的社会和公众参与转变，从科层化组织结构向网络化组织结构转变。在电子政务快速发展的推动下，我国政府治理取得了积极进展：信息公开和行政权力网上运行，有效地促进了阳光政府的建设；政府的市场监管、社会管理、公共服务以及突发性事件应急处理等能力全面提升；公众参与公共政策和公共事务的方式更加便捷。

第六章聚焦互联网信息内容传播的治理。互联网是一个越来越具有主导性影响的信息交流和传播平台，其传播特征与传统的传播媒介截然不同，并且从根本上颠覆了传统的大众传播和监管模式，也带来了许多新的问题，诸如互联网信息内容服务准入的监管问题、非法和不良信息内容的泛滥问题，知识产权问题、个人隐私保护和实名制问题等。从多年互联网治理的实践来看，我国已初步建立了行政、法律、技术和自律等手段多管齐下，政府、社会组织、企业和公众等主体共同参与的互联网信息内容治理体系。这一治理体系既有利于保持互联网传播技术和服务模式的持续创新，同时也能更好地服务于公共利益。

第七章聚焦信息安全与隐私保护的治理。近年来，信息安全问题已经由单纯的技术问题向复杂的社会管理问题，进而向涉及国家与国际安全的问题演变，成为事关政治安全、经济安全、文化安全、社会安全等方方面面的综合性问题。2013 年“棱镜门”事件的曝光，再次引发全球对信息安全和隐私保护，特别是“大数据”安全问题的高度关注。在大数据日益成为国家战略资源的情况下，大数据既关系到国家安全，也关系到个人隐私保护。由于大数据极易遭受无处不在的网络监听和网络攻击的威胁，因此，加强我国数据与个人隐私保护的治理已经刻不容缓，必须从立法、体制机制、技术、用户安全意识培养及国际合作等方面采取多种应对措施。

第八章聚焦网络时代的环境治理。无论是 2013 年广受社会和公众关注的雾霾问题，还是因环境问题频繁引发的群体性事件，无疑都反映了互联网技术对当前环境治理体系所产生的巨大影响。从政府角度看，互联网推动了环保部门更主动地回应社会和公众的关切，包括更主动、更全面地公开环境信息，更积极地鼓励公众参与环境评价和公共议题讨论；从社会组织的角度看，互联网在促进环保社会组织发育的同时，也为社会组织参与环境治理提供了重要的渠道。社会组织在推进环保宣传和公益活动、表达公众诉求、促进环境信息的采集与公开、监督环境执法、推动政府和民众的沟通方面扮演着日益重要的角色；从企业和公众角度看，互联网既推动了企业和公众环保意识和意愿的增强，同时也为企业和公众参与环境治理提供了高效、便捷的通道。

第九章聚焦国际互联网治理发展的现状、挑战与思路。互联网作为全球性、关键性的基础设施，其发展不仅涉及世界各国在网络空间的利益分配与维护，影响各国信息化进程，更关系未来信息社会国际格局的构建与全球公益。在经历了多年的演进后，国际互联网治理参与机构已日趋多元化，越来越多的国际组织和政府机构加入到治理进程中，所关注的议题和范围也不断扩展，政府在互联网治理中的作用不断提升。与此同时，由于网络空间各主体利益诉求的不同以及不同利益阵营之间的博弈，国际互联网治理，尤其是在网络基础资源控制、政府角色定位、网络空间规则制定以及国际协调机制的设计等方面都面临着严峻的挑战。面对国际互联网治理错综复杂的形势，我国作为一个互联网大国，理应针对重大治理议题，研究和提出更加明确、系统的政策主张与实施方案，以提升我国在国际互联网治理领域的话语权与网络空间影响力。

目　　录

第一章　网络基础设施的发展与治理

一、网络基础设施的发展状况

网络基础设施是支撑经济社会信息化的关键载体，是实施国家创新驱动战略的基础平台，是维护国家网络与信息安全的重要保障。近年来，我国高度重视网络基础设施建设，持续加大投入力度，网络规模和用户数量均跃升全球首位，已成为名副其实、举足轻重的网络大国。

（一）固定宽带基础设施

传输网规模再创新高。2013 年，全国新建光缆线路 266 万公里，光缆线路总长度达到 1745 万公里，同比增长 17.9%（见图 1-1），尽管比 2012 年同期回落 4.2 个百分点，仍保持着较快的增长态势。

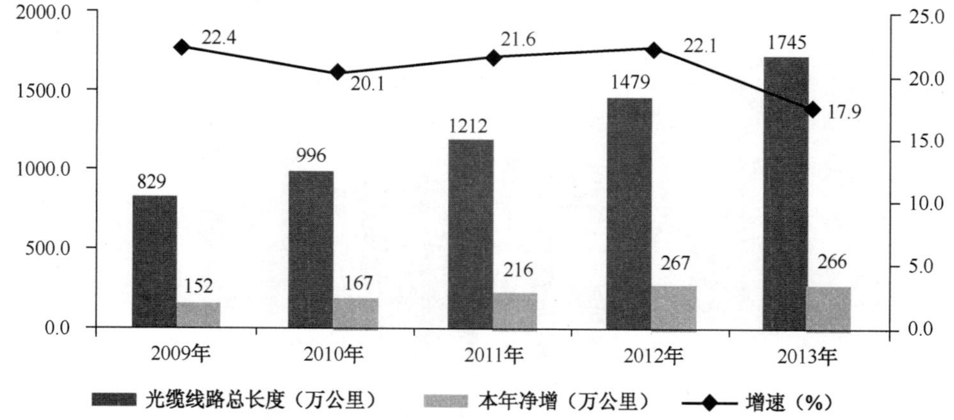

数据来源：工业和信息化部。

图 1-1　2009—2013 年光缆线路总长度发展情况

全国新建光缆中，接入网光缆、本地网中继光缆和长途光缆线路所占比重分别为 47.1%、47.8%和 1.1%。接入网光缆和本地中继光缆长度同比分别增长 22.6%和 15.2%，分别新建 153 万公里和 110 万公里；长途光缆保持小幅扩容，同比增长 3.4%，新建长途光缆长度 3 万公里（见图 1-2）。

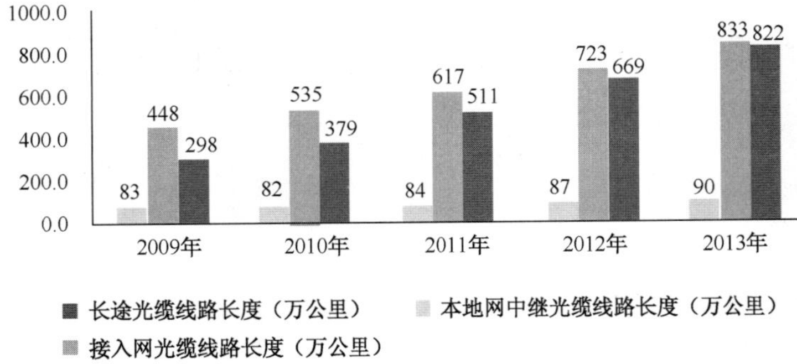

数据来源：工业和信息化部。

图 1-2　2009—2013 年各种光缆线路长度对比情况

互联网宽带接入端口规模持续扩大。截至 2013 年年末，三家基础电信运营商累计建设的互联网宽带接入端口接近 3.6 亿个，相当于每百人拥有 26.4 个。从新增数上看，自 2004 年以来，每年新增互联网宽带接入端口总体呈稳步增长态势，特别是 2013 年宽带中国战略实施以来，互联网宽带接入端口数增长明显，全年共新增端口 9136.9 万个，比之前年度最大新增规模（2010 年）再扩大 4191.5 万个，显示出强劲的增长态势（见图 1-3）。

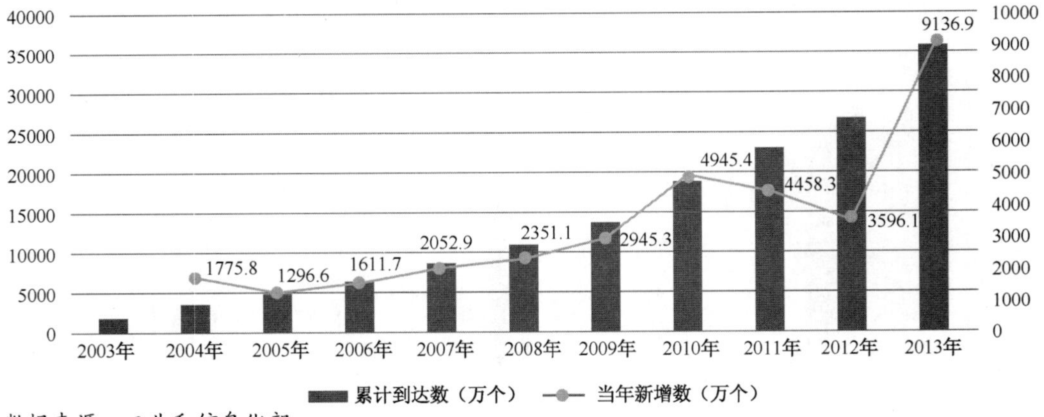

数据来源：工业和信息化部。

图 1-3　2003—2013 年我国互联网宽带接入端口数

农村地区宽带端口占比有所提升。随着宽带中国 2013 专项行动的实施和村通工程的逐步推进，农村地区宽带接入端口增长迅速，截至 2013 年年底，农村地区宽带接入端口达到 9341.6 万个，比 2012 年年末新增 2212.6 万个。农村地区宽带接入端口在全部接入端口中占比达到 25.51%，比 2012 年年底提高 3.45 个百分点（见图 1-4）。

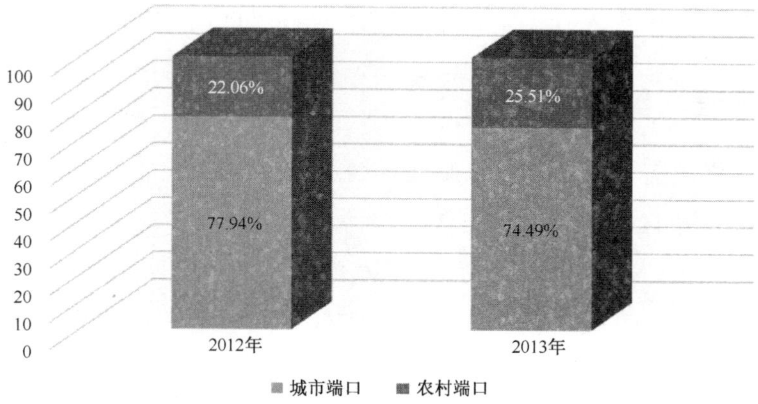

数据来源：工业和信息化部。

图 1-4　城市地区和农村地区互联网宽带接入端口占比比较

互联网高速率宽带接入能力显著提升。截至 2013 年年底，城市地区 20M 及以上接入带宽能力和农村地区 4M 及以上接入带宽能力比例分别达到 61.1%和 86.8%。其中，全国 FTTH/0 端口累计达到 11504.7 万个，2013 年新增 4215.2 万个，成为各类型端口中增长最为迅速的部分。FTTH/0 端口在总端口中的比例达到 31.98%，比 2012 年年底提高 9.28 个百分点，而 XDSL 和 LAN 端口占比则分别比 2012 年年底下降了 8.4 个和 0.91 个百分点，FTTH 渐成宽带接入技术的主流（见图 1-5）。

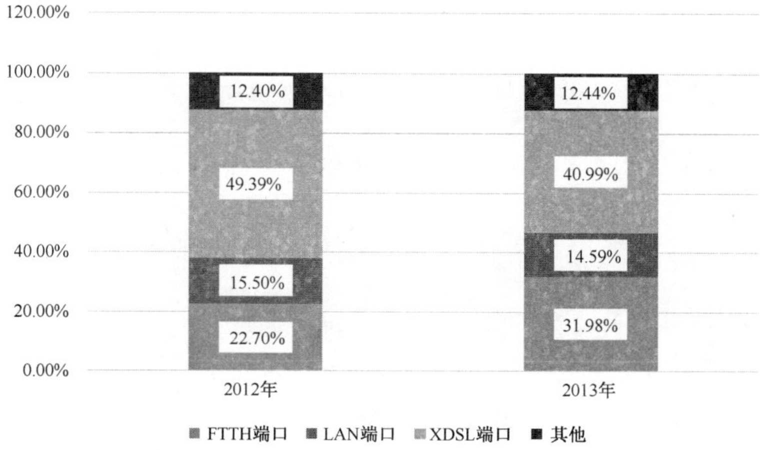

数据来源：工业和信息化部。

图 1-5　各类技术宽带接入端口占比情况

用户普及程度不断提高。截至 2013 年年底，我国固定宽带用户达到 1.89 亿户，人口普及率达到 13.9%，超过全球平均 11.4%的水平。其中，4M 以上用户占比达到 79%，相比上年度提升 13 个百分点，4M 已成为我国宽带用户使用的主流产品；光纤用户占比达到 21.7%，相比上年度提高 10.1 个百分点，超过 OECD 国家平均水平。

（二）移动通信网络基础设施

我国移动网络覆盖不断完善，基站建设增速放缓。2013 年年底，我国 3G 基站、公共 WiFi AP 数分别达到 109.2 万个、593.8 万个，均居全球第一位。移动电话基站数累计达到 240.8 万个，同比增长 16.6%，移动电话基站增长率下降了 1.2 个百分点（见图 1-6）。2013 年新增移动电话基站 34.3 万个，其中，2G 基站新增 6.8 万个，3G 基站新增 27.5 万个，2G 基站建设大幅缩减导致移动电话基站增速放缓。

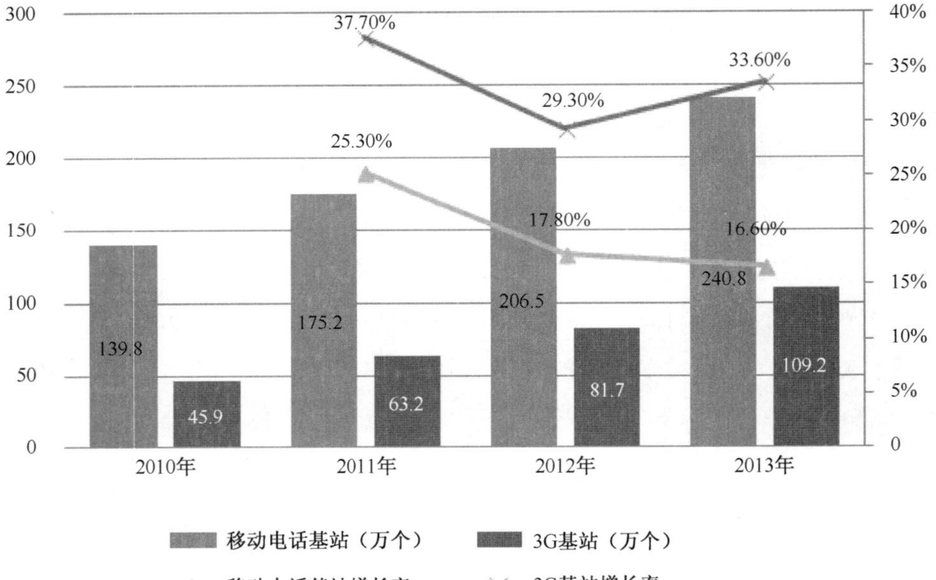

数据来源：工业和信息化部。

图 1-6　2010—2013 年我国移动电话基站建设增长情况

3G 网络能力持续提升，3G 网络投资大幅缩减。2013 年年底，我国 3G 基站数累计达到 109.2 万个，同比增长 33.6%。3G 新增基站占全部新增移动电话基站数的 80.2%，是当前移动通信网络建设的重点。中国移动 TD-SCDMA 基站数累计达到 44.6 万个，实现了对全国所有城市市区及县城城区的连续覆盖，基本实现对发达乡镇农村数据业务热点的有效覆盖。中国电信 CDMA2000 基站数累计达到 23.9 万个，网络覆盖了全国所有城市和县城以及 3.54 万个乡镇。中国联通 WCDMA 基站数累计达到 40.7 万个，网络覆盖了全国所有城市、99%的县城和 96%的乡镇。我国 3G 用户总数达到 4 亿人，年均复合增长率 104%，已成为全球最大的 3G 市场。

2013 年，三家基础电信运营企业共完成 3G 投资 881.9 亿元，同比下降 9.3%。中国电信、中国移动和中国联通在 3G 领域的投资规模分别达到 184.5 亿元、458.1 亿元和 239.3 亿元，其中，中国电信和中国移动投资同比分别增长 3.9%和 8.4%、中国联通同比下降 35.8%（见图 1-7）。

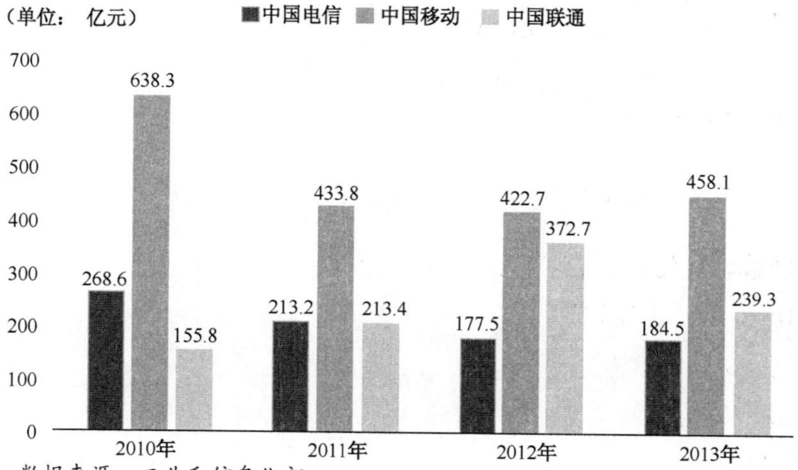

数据来源：工业和信息化部。

图 1-7　2010—2013 年基础电信运营企业 3G 投资完成情况

4G 发牌将掀起新一期移动网络建设高峰。2013 年 12 月 4 日，工业和信息化部根据企业申请，向三家基础电信运营企业颁发了“LTE/第四代数字蜂窝移动通信业务（TD-LTE）”经营许可，预计 2014 年三家基础电信运营企业将大力开展 TD-LTE 网络建设，掀起 4G 网络建设高峰。根据三家基础电信企业披露的相关信息，预计到 2014 年年底，TD-LTE 网络将覆盖全国 300 多个城市，建成超过 50 万个 TD-LTE 基站。

（三）互联网网络基础设施

IPv4 地址数渐趋饱和。伴随着有线和无线宽带基础设施的快速发展，互联网相关基础设施规模近年来呈持续扩大态势。截至 2013 年年末，全国 IPv4 地址总数达到 33030.81 万个，人口普及率达到 24.27%，从增长上看，2001—2011 年，IPv4 地址数增速逐步加快，由于之后 IP 地址资源逐步饱和，IPv4 地址基本不再增长（见图 1-8）。

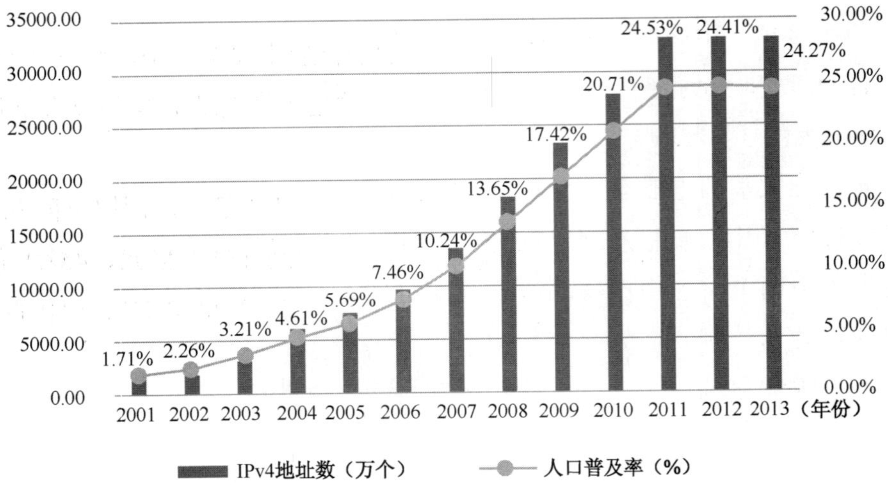

数据来源：工业和信息化部。

图 1-8 2001—2013 年 IPv4 地址数及其人口普及率

IPv6 地址数增长迅速。在 IPv4 地址渐趋饱和的背景下，伴随着下一代互联网的快速发展，我国 IPv6 地址也以较快的速度增长。截至 2013 年年末，我国 IPv6 地址总数达到 1.7 亿块/32，人口普及率达到 12.25%。特别是 2010 年以来以较快速度增长，极大地弥补了 IPv4 地址饱和带来的资源瓶颈，构成互联网行业快速发展的重要基础（见图 1-9）。

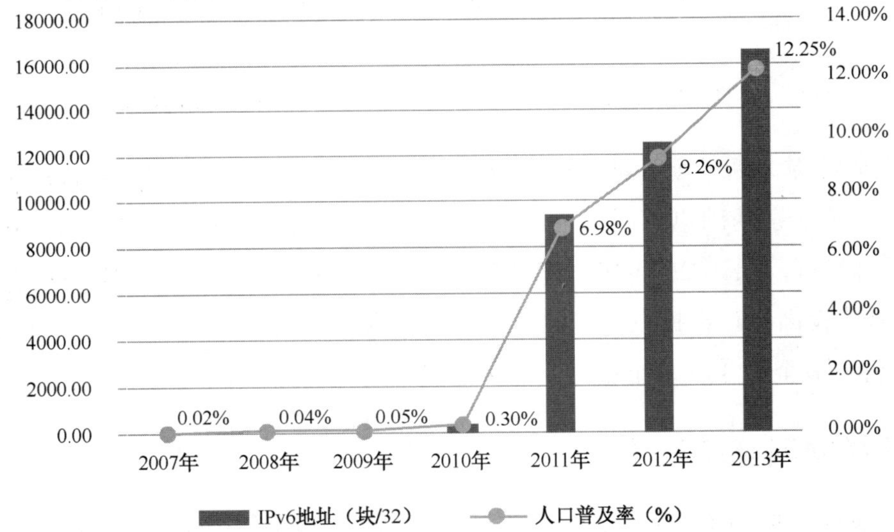

数据来源：工业和信息化部。

图 1-9 2007—2013 年 IPv6 地址数及人口普及率

域名、网站规模日益扩大。互联网产业规模的快速扩大促使网站数量迅猛增长。截至

2013 年年末，我国注册的网站总数达到 320.16 万个，自 2004 年起年均增长 26.1 万个。域名总数达到 1844.06 万个，自 2004 年起年均增长 181 万个，域名数量与网站数量的快速增长已经成为我国互联网产业迅猛发展的一个重要标志（见图 1-10）。

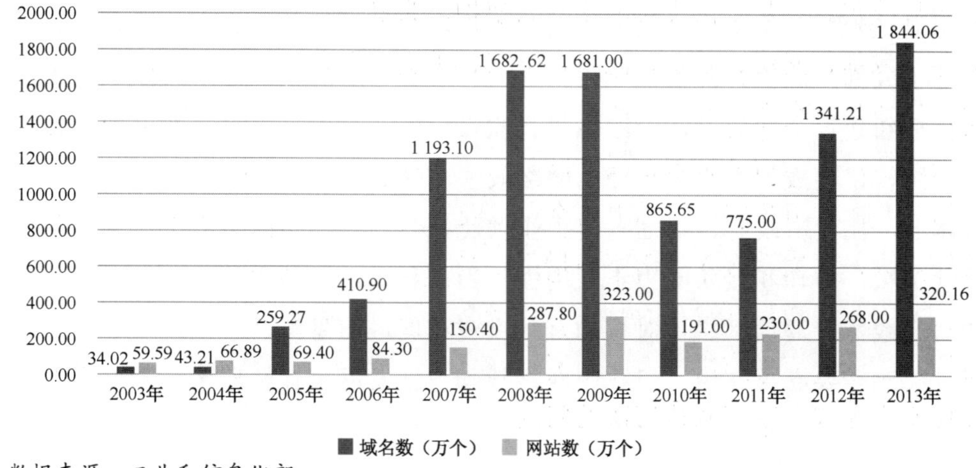

数据来源：工业和信息化部。

图 1-10　2003—2013 年域名数与网站数发展情况

互联网国际出口带宽增势迅猛。互联网的发展具有开放化、国际化的重要特征。随着互联网的普及与需求的快速增长，我国的国际互联网出口带宽扩展迅速。截至 2013 年年末，我国的国际互联网出口带宽总计达到 3406824Mbit/s，相当于人均拥有 25.04Mbit/s，互联网国际出口带宽的增长也是逐年加速，2013 年同比增速达到 79%，是互联网领域基础设施快速增长的典型代表（见图 1-11）。

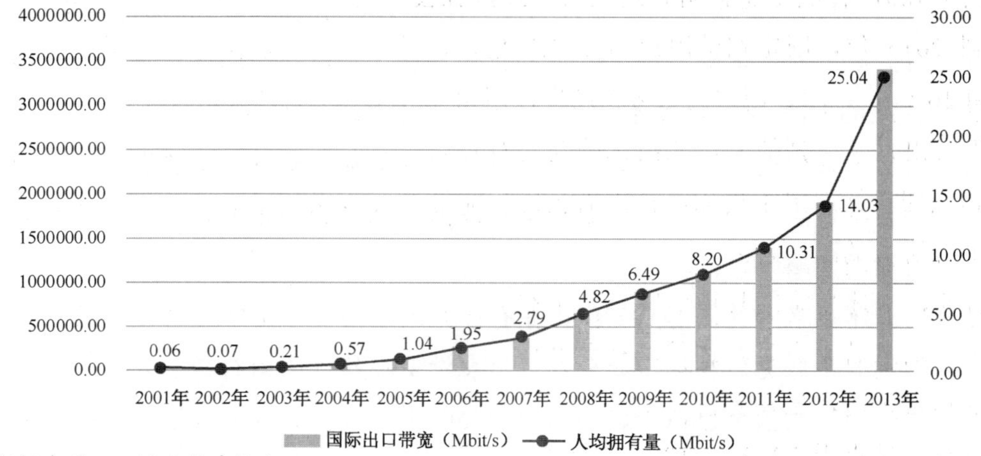

数据来源：工业和信息化部。

图 1-11　2001—2013 年国际互联网出口带宽与人均占有量

互联互通取得新成效。一是加大带宽扩容力度。在 2012 年实现扩容 313G 的基础上，2013 年完成互联带宽扩容 668G，网间互联带宽扩容 668G，超过前四年总和，三家主导骨干互联单位间的时延和丢包性能相较 2011 年分别优化了 55%和 279%，网间通信质量得到明显改善。二是全面优化网络互联架构。为满足相关省、市设立骨干直联点需求，批准启动了成都、武汉、西安、沈阳、南京、重庆、郑州 7 个骨干直联点的设立工作，互联网通信枢纽建设全面展开，一改往日直联点集中在东南沿海地区的局面，减少网间流量的不合理绕转，建成后必将大幅提高网络效率，降低时延和丢包率。

总体上，在我国政府、基础电信企业以及社会各界的共同努力下，网络基础设施覆盖范围持续扩大，传输和接入能力不断增强，当前我国已经基本形成了覆盖城乡、高速便捷的有线与无线宽带通信网络，对拉动有效投资和促进信息消费、推进发展方式转变和小康社会建设起到重要支撑作用。但我国网络基础设施发展也存在着区域和城乡发展不平衡、发展环境不完善等一系列亟待解决的问题。

二、互联网基础设施和重要资源的管理

（一）制定战略，全面统筹基础设施建设

2013 年 8 月 15 日，国务院发布《关于促进信息消费扩大内需的若干意见》，促进信息消费上升至国家战略层面，成为优化居民消费结构、扩大国内需求、提升产业结构、稳定经济增速的政策着力点。8 月 17 日，国务院发布《关于印发“宽带中国”战略及实施方案的通知》，首次将宽带明确定位为“经济社会发展的战略性公共基础设施”。通知中提出，到 2015 年，固定宽带用户超过 2.7 亿户，城市和农村家庭固定宽带普及率分别达到 65%和 30%。3G/LTE 用户超过 4.5 亿户，用户普及率达到 32.5%。

集中出台一系列战略，从国家的高度对互联网基础设施以及重要资源建设的未来发展方向和预期目标做出了规划，标志着我国互联网基础设施和重要资源治理已经进入统筹安排、多方协调的战略阶段。

目前，上述战略的具体落实工作正在有序开展。为贯彻落实国务院《关于促进信息消费扩大内需的若干意见》精神，充分发挥信息消费在拉动国内有效需求、推动经济转型升级中的积极作用，工信部已在全国范围内的 50 个市（县、区）开展为期两年的首批信息消费试点。试点于 2013 年 12 月初正式启动，到 2015 年年底择优评选“全国信息消费示范市（县、区）”进行示范经验推广。“宽带中国”战略方面，工信部也已会同相关部委积

极贯彻落实，通过组织实施“宽带中国专项行动”，落实光纤到户两项国家标准等措施，推动我国宽带发展整体水平进一步提升。

（二）管理政策更新调整

IP 地址管理办法修订。为落实中央关于互联网基础管理工作的总要求，需要顺应国际互联网发展形势，进一步规范互联网络 IP 地址资源申请、分配和使用，适配国际 IP 地址资源管理规则，并结合我国 IP 地址管理工作实践，切实保障互联网安全，维护用户合法权益，促进我国互联网健康发展。在《互联网 IP 地址备案管理办法》的基础上，工信部于 2012 年启动了《互联网络 IP 地址管理办法》（以下简称新办法）的编制工作。目前，新办法征求意见稿的编制工作已经完成，正在征求多方意见的基础上进行修改。新办法通过对老办法的调整和改进，期望实现：第一，有效实现对地址资源的真实、准确、快速溯源。第二，统筹地址资源的境外申请工作。第三，解决地址资源管理中的盲点。预计修订后的 IP 地址管理办法将建立更加合理、有效的 IP 地址管理体系，通过厘清 IP 地址分配的环节，一方面促进 IP 地址资源的申请、合理分配和使用，另一方面便于主管部门的管理和监督检查。同时，新办法预计还将强化接入服务提供者特别是基础电信企业的管理责任。

互联网域名管理办法修订。自我国国家顶级域名“.CN”正式设立以来，我国互联网络域名管理办法不断完善，既参照国际规则，又结合我国域名管理工作的实际需求，对建立规范的互联网域名管理体系、促进互联网域名发展发挥了积极作用。2012 年，工信部电管局正式启动了《办法》修订工作，至 2014 年 2 月底，基本完成了修订稿撰写和初步征求意见的工作。本次修订遵循管理与发展并重的基本原则，既要保证对域名资源的严格管理，又要考虑推动我国域名市场发展的需求。在修订过程中紧紧抓住域名根服务器运行机构、域名注册管理机构和域名注册服务机构三类主体，从事前许可准入、事中行为规范、事后监督管理等方面提出具体的要求。

数据中心建设指导。2013 年 1 月 11 日，工信部、发改委、国土资源部、电监会和能源局五个部委联合发布《关于数据中心建设布局的指导意见》（以下简称《指导意见》）。《指导意见》对数据中心规模和地区进行了分类界定，提出了科学推动我国数据中心建设布局的指导思想和基本原则，为不同规模数据中心的选址提供了指导参考，并明确了数据中心建设的五项保障措施。《指导意见》建议超大型和大型数据中心选址应重点考虑气候环境、能源供给等因素，建在气候寒冷或气候适宜且能源充足的地区，中小型数据中心选址应重点考虑市场需求、能源供给等因素，建在靠近用户所在地、能源获取便利的地区，已建数据中心应利用云计算、绿色节能等先进技术进行整合、改造和升级。数据中心是云计算最重要的基础设施和关键环节，两者关系紧密，共同发展。《指导意见》将推动我国数据中心合理布局和建设，同时对于云计算的发展也具有积极作用，并为政府部门推出云计算领域的指导意见提供了参考。

（三）积极应对技术发展和管理形势变化

终端和应用商店。移动互联网时代，智能终端成为最关键的信息出入口。随身化、日常化的使用方式使得移动互联网管理的地位大大增强。2013 年 11 月 1 日工信部《关于加强移动智能终端进网管理的通知》正式实施，生产企业不得在移动智能终端中预置未向用户明示并经用户同意，擅自收集、修改用户个人信息的；擅自调用终端通信功能，造成流量消耗、费用损失、信息泄露等不良后果的；影响移动智能终端正常功能或通信网络安全运行的；以及含有《中华人民共和国电信条例》禁止发布、传播的信息内容的；其他侵害用户个人信息安全和合法权益以及危害网络与信息安全的软件。

同时，移动互联网时代，传统以网站为核心的互联网管理模式不再适应市场的发展，应用商店成为治理重要环节。2014 年 6 月 5 日，工信部通信保障局发布《关于在打击治理移动互联网恶意程序专项行动中做好应用商店安全检查工作的通知》（以下简称《通知》），指出应用商店应建立应用软件黑名单管理制度、黑名单申述机制，并积极推动黑名单信息行业内共享，要求各通信管理局要组织技术力量对本地区应用商店中的应用程序进行远程或现场抽检。《通知》要求，在应用软件上架前，应用商店应自行或委托第三方对其进行安全检测，对含有恶意扣费、信息窃取、远程控制、恶意传播、资费消耗等行为，以及含有法律法规禁止内容的应用软件，不得上架发布，并将其纳入应用软件黑名单，同时通知应用商店进行下架处置，对拒不下架的进行公开曝光。6 月 6 日，工信部通信保障局组织开展应用商店安全检查，梳理应用商店情况，组织政策的宣贯培训、开展现场检查和应用程序安全检测。

云计算标准。作为方兴未艾的服务方式，云计算的技术和业务发展不仅是实现我国信息消费战略的重要保证，同时也是建设网络强国、增强我国网络综合竞争力的关键之一。过去的一年中工信部一直在积极开展云计算综合标准化工作，在梳理现有各类信息技术标准的基础上制定新的标准，修订已有的标准，建设形成同时满足行业管理和用户需求的云计算的标准体系。通过以标准为主，其他综合手段为辅的推动策略，支持信息技术服务的骨干企业，加强数据存储技术、虚拟化技术、海量数据处理技术、大规模数据中心管理技术等云计算关键技术和重点产品的研发和应用；鼓励建设大型的公共云计算平台，不断丰富云计算服务的业务类型，提高云计算数据中心的使用率，引导云计算实现产业链各环节的协同发展。

过去的一年是变革的一年，我国在互联网基础设施和重要资源治理领域制定战略、调整思路、积极应对，反映出了领导层巨大的魄力和决心，以及具有前瞻性的全局视角。十八届三中全会对网络经济发展和治理提出的坚持“积极利用、科学发展、依法管理、确保安全”16 字方针是对我国互联网产业发展经验的科学总结，也势必会成为我国今后互联网发展和治理的纲领。

三、垃圾邮件、网络安全和网络犯罪的治理

（一）多措并举有效治理垃圾邮件

1．垃圾邮件比例长期处于高位

电子邮件服务具备便捷性、高送达率等特征，在全球各国均成为最主要的互联网服务之一，电子邮件发送数量得到快速提升。由于互联网服务普及以及宽带接入服务费用迅速下降，电子邮件的发送成本降至近可忽略的资费水平。同时互联网服务内容已在早期以阅读内容、获取资讯等信息类服务为主的基础上，向电子商务、交易信息、商业决策等生活类、商业类服务扩展。各项商业活动和生活服务向线上迁移的趋势明显，而电子邮件因其低成本的特征，成为在互联网上进行营销、推广、宣传等商业活动的最佳载体。

因此，在全球范围内垃圾电子邮件的比例长期处于高位。自 2006 年至今，垃圾电子邮件占比始终处于 60%～75%的水平。2012 年，全球范围内垃圾邮件比例最高的 5 个国家依次为沙特阿拉伯、波兰、匈牙利、俄罗斯和中国，在这些国家垃圾邮件占比均超过 70%。而垃圾邮件的来源主要是印度、越南、加拿大、巴西、巴基斯坦等国家。全球垃圾邮件发展情况如图 1-12 所示。

2．垃圾邮件呈多元化发展态势

由于电子邮件服务成本低廉、使用便捷，滥发垃圾邮件对电子邮箱用户造成了极大困扰。此外，通过垃圾邮件滥发广告、推送虚假信息、实施诈骗、传播病毒软件等相关行为切实影响目前网络信息安全，垃圾邮件正呈现多元化发展态势。

首先，商业广告仍是垃圾邮件的主要用途。对于大量实力不足的小型企业或本身从事违规业务的非法企业而言，其难以通过正规媒体进行宣传推广，而低成本、门槛低的电子邮件就成为此类公司和组织推广其商品或服务的最佳渠道。从内容分类来看，垃圾邮件近

期较为集中的内容主要包括私刻盗版光盘、代换外汇、IP 电话等，并在邮件内容中夸大宣传商品性能及服务效果。由于邮件中推广服务的正当性未得到保证，因此邮件内容中一般不涉及具体的公司名称或地址信息。

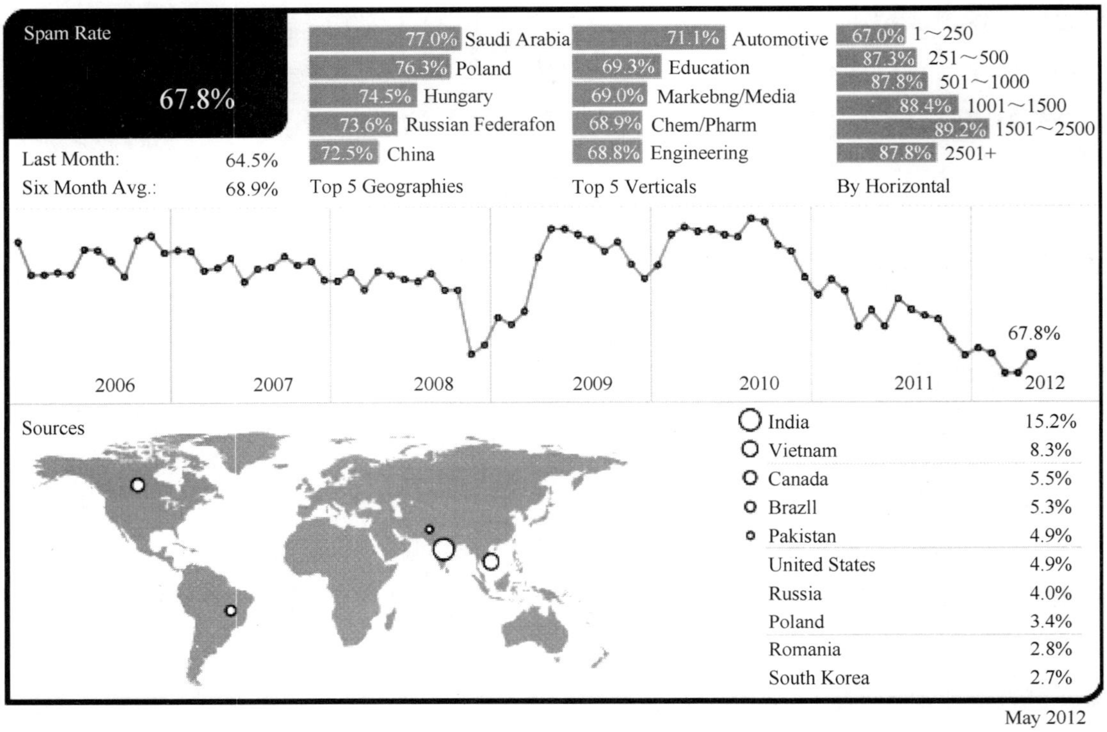

资料来源：赛门铁克。

图 1-12　全球垃圾邮件发展情况

其次，虚拟主机服务商及网络媒体进行站点宣传。目前国内网络用户建立网站数量持续增加，国内虚拟主机服务商的业务量也相应增加。由于个人站点急需在短时间内增加网站点击量，实现快速推广，为满足此类站点的推广意愿，各类虚拟主机服务商利用其自有主机服务器上运行的邮件服务器大量进行推送，将为客户站点提供 E-mail 宣传作为附加服务。

再次，电子邮件发送者传播互联网病毒谣言。互联网病毒也是我国垃圾邮件传播的重要内容。对于邮件附件中附带传播的病毒，只要不运行其宿主文件，就不会对接收者的实体计算机造成任何伤害。例如，我国此前出现的利用 OutLook 堆栈溢出错误的漏洞，进而在信件中加入恶意 Java 代码的病毒，在用户读信时会造成系统重启。尽管如此，对于大部分传播的病毒而言，用户也可通过给软件打补丁、修改默认设置等进行应对。除互联网病毒外，近期我国还出现了大量假病毒的谣言。此类谣言制作者利用大量用户的信息不对称以及电子邮件传播的便捷性，在短时期内营造安全危机与信任危机，达到打击竞争对手、间接推广业务的目的，并在一定程度上造成用户恐慌。

最后，电子邮件成为网络传销载体。我国实体市场上存在的恶意传销行为也将电子邮件作为其进行网络传销的载体，出现了类似于“连环信”的各种变种，主要实施各种形式的经济诈骗。

专栏 1-1　电子邮件连环信典型内容

“只要你向信内所附的五个地址每人寄上×元，你就会在×天内收到×××元”，随后还会连环发出“我是一个中年下岗女工，自从加入了这个连环信后，现在每月都能收到×××元，高兴之余，要与大家分享”。

3．国际上治理垃圾邮件的经验

一是加强用户教育和行政立法。各国在处置网络中存在的垃圾信息问题时，通过设立个人信息保护法，对使用网络服务的用户进行教育，增强公众的法制观念和自我保护意识。用户不仅在甄别垃圾短信上具有绝对的主动权，并且还负有举报的义务。在美国、新加坡等国家，行业监管者均积极鼓励用户通过热线电话或政府网站进行注册，进而避免广告、推销、网络宣传等垃圾信息的骚扰。如发现发送者不遵照规定或未能响应用户的拒收需求的情况，用户可向管理机构举报违规个案。

二是明确垃圾邮件治理主体权责。世界各国在打击网络犯罪和治理垃圾信息方面都有明确的执法主体。例如，美国联邦贸易委员会消费者权益保护局有一支特别队伍，主要受理有关垃圾信息对用户造成骚扰的投诉案件，并开展针对性的调查取证措施。英国设立了信息服务标准监察委员会，专门对利用各类网络信息进行非法活动的公司和个人进行监控。德国政府和监察部门则成立了“联邦网络信息处理中心”，负责对违规发送垃圾信息的相关个人和组织进行处理，同时负责使用网络用户的相关问题解答。此外，大多数国家针对借助网络服务发送广告及推销信息的行为做出严格限制，并以法律条款的形式做出明确规定。例如，德国 2003 年通过的《联邦反垃圾邮件法案》，就明确指出商家发送广告必须得到接收者许可，同时在发送时间上也做出了相应限制。

专栏 1-2　德国《联邦反垃圾邮件法案》

德国 2003 年通过的《联邦反垃圾邮件法案》规定，向用户推销商品和服务的广告信息必须征得用户的书面同意，而且每天 21 时至次日 8 时发送的广告需要再次征得用户同意。

三是加大垃圾信息发送者的处罚力度。多数国家在治理垃圾信息和网络犯罪的相关法律中明确提出了对垃圾信息发送者的处罚力度。德国对于滥发垃圾信息的行为，会处以最高 5 万欧元的罚款，如果发送色情、诈骗等非犯罪信息，则依据违法行为的判别标准，明确追究相应刑事责任；英国法律将兜售产品的垃圾信息视为一种犯罪行为，一旦违规，传播者在地方法庭最高可能被罚款 5000 英镑；韩国情报通信部规定，如果用户不愿意接收该信息，所产生的相关通信成本将直接由广告信息的发送者承担，若构成滥发垃圾信息行为，则将对发送者处以最高 8500 美元的罚款；日本在 2000 年制定和颁布的《关于特别商务交易的法律》、《特定电子邮件法》规定，一旦用户拒绝接收信息，则禁止再次发送，否则将以妨碍电子邮件通信罪论处。

4．我国治理垃圾邮件的进展

2005 年 12 月 9 日，中国互联网协会在"中国互联网协会反垃圾邮件协调小组"的基础上正式成立了我国反垃圾邮件组织——"中国互联网协会反垃圾邮件工作委员会"。为保护我国电子邮件用户的正当权益，促进电子邮件服务业的健康发展，推动互联网资源和信息系统的合理利用，近年来相关部门主要从完善法律法规、建设技术平台、畅通举报渠道等方面开展垃圾邮件治理工作。

在完善法律法规方面，在《中国互联网协会反垃圾邮件规范》中明确界定了垃圾邮件的主要属性特征，包括：① 收件人事先没有提出要求或者同意接收的广告、电子刊物、各种形式的宣传品等宣传性的电子邮件；② 收件人无法拒收的电子邮件；③ 隐藏发件人身份、地址、标题等信息的电子邮件；④ 含有虚假的信息源、发件人、路由等信息的电子邮件。此外，原信息产业部于 2006 年正式施行《互联网电子邮件服务管理办法》，填补了中国在治理垃圾邮件方面的立法空白。同年 8 月 16 日，广东省通信管理局依据《互联网电子邮件服务管理办法》相关规定，首次对发送垃圾电子邮件的深圳某公司给予行政处罚，责令其停止发送垃圾邮件，并处以 5000 元罚款。

在建设技术平台方面，2007 年由中国互联网协会主办的"反垃圾邮件综合处理平台"正式开通运行，实时发布垃圾邮件的 IP 地址、域名黑名单等信息，为遏制滥发垃圾邮件提供了有效的技术手段。

在畅通举报渠道方面，为充分发挥全社会的监督作用，原信息产业部委托中国互联网协会成立了"12321 网络不良与垃圾信息举报受理中心"，针对垃圾邮件开通了举报电话（12321），举报邮箱（abuse@anti-spam.cn）和举报网站（www.12321.cn），针对垃圾邮件基本实现了"举报—受理—处置"的闭环治理。

（二）多方合作共同保障网络安全

同时，中国网站安全问题形势严峻，受境外攻击、控制明显增多。据《中国互联网站发展状况及其安全报告》，仅在2013年一年中，中国网站中被篡改的数量就达到24034个（其中政府网站数量为2430个），而被植入网站后门的数量达到76160个（其中政府网站为2425个）。2013年6月曝出的“棱镜事件”更是凸显了我国网络安全面临的严峻威胁。总体来说，网络安全形势不容乐观。

1. 我国网络基础设施安全形势严峻

近年来，网络基础设施安全事件频发。一是无线路由器后门，折射移动互联网安全隐患。2013年，Linksys、D-Link及TP-Link的多款无线路由器被爆内置后门，黑客可由此直接控制路由器，进一步发起DNS劫持、信息窃取、网络钓鱼等攻击，直接威胁用户网上交易和数据存储安全。据统计，公网上可访问的D-Link设备有62941个，一共有14608台设备存在安全隐患。二是“8·25”事件凸显关键域名系统安全风险。2013年8月25日，黑客为攻击一个以“.CN”结尾的网游私服网站，对我国“.CN”国家顶级域名系统发起大规模分布式拒绝服务攻击，国家域名解析异常，国内节点网络链路阻塞，服务器性能下降，进而导致大量政府网站、新浪微博等重要网站无法访问或访问缓慢。三是地方政府网站成为网络“重灾区”。据CNCERT监测，2013年，我国政府网站被篡改数量为2425个，超过90%是省市级以下的地方政府网站。由于地方政府网站存在技术和管理水平有限、网络安全防护能力薄弱、人员和资金投入不足等问题，其网站服务器成为黑客控制的资源节点。2013年CNCERT共通报和处置超过1600起涉及政府部门的网站漏洞事件。四是具有国家背景的有组织的网络监听的威胁加大。2013年6月以来，“棱镜门”事件曝出我国网络基础设施安全形势严峻。根据曝光消息，美国投入巨额资金，分别通过互联网、通信网、企业服务器等多种渠道，实施信息监听和收集，监听内容包括互联网通信内容、社交网络资料、电话和短信息等多种类型数据。我国属于其重点监听的目标。

2. 多管齐下保障网络安全

一是多方主体互动交流凝聚共识。工信部先后组织召开了主题为“未来网络安全问题研讨”、“如何应对移动应用安全的挑战”等5次沙龙活动，邀请基础电信企业、互联网企业、安全服务厂商、第三方研究机构，围绕新形势下安全人才队伍建设和网络安全建设等主题深入交流，进一步统一思想，凝聚行业共识。二是我国积极推进网络信息安全标准制定工作。2013年9月，《电信网和互联网第三方安全服务能力评定准则》正式成为行业标准，作为通信网络安全服务统一标准，为通信网络安全服务市场规范有序运行提供了行业规范。同时，针对日益突出的移动互联网安全问题，制定了《移动智能终端安全能力技术要求》、《移动互联网恶意程序描述格式》等 4 项技术标准。三是加快完善信息安全审查制度框架。国内有关政府部门已有计划地开展信息安全审查试点，特别是要加强政府部门云计算服务的信息安全管理，组织实施党政机关互联网安全接入工程和重点领域信息安全检查。四是强化信息安全基础设施和技术手段体系化建设。以《电话用户真实身份信息登记规定》和《电信和互联网用户个人信息保护规定》等部门规章为基础，进一步巩固提升电话用户实名登记工作，开展地下黑色产业链等网络安全环境的治理，特别是抓好木马、僵尸等病毒的防范，进一步加强对钓鱼网站、移动恶意程序等网络攻击威胁的监测和处理工作，同时配合公安机关开展源头打击，实现标本兼治。五是扶持和壮大网络与信息安全产业。重点支持网络与信息安全关键核心技术的突破，加强应用试点示范，发展信息安全产品和服务，构建全产业链协同发展的格局。六是推动网络空间国际交流与合作。在网络安全的技术、信息共享、跨境安全事件处置等方面加强国际合作，加强网络与信息安全的宣传教育，组织开展网络安全宣传周等活动，提升全社会的网络安全意识和自我保护能力。

（三）加强立法执法打击网络犯罪

网络犯罪是指针对和利用互联网络实施的犯罪。网络犯罪包含两层含义，一是指行为人运用信息通信技术，借助网络对计算机信息系统进行侵入、控制、破坏或者非法窃取、复制、删除、修改计算机信息数据，触犯刑法规定、应受刑罚处罚的行为。二是指行为人通过互联网络实施传统犯罪构成行为的全部或主要部分，触犯刑法规定、应受刑罚处罚的行为。这一类型犯罪主要有网络诈骗、网络色情、网络赌博、网络黑市等。

网络犯罪是信息时代的产物，它具备非信息化时代犯罪所不具备的几个特点。第一，网络犯罪的成本低，只需要一台能够上网的终端设备即可实施犯罪行为。第二，网络犯罪具备跨地域性，增加了跨境打击犯罪的难度和成本。第三，网络犯罪具有隐蔽性高的特点，网络空间的虚拟性和匿名性为犯罪分子隐藏身份、消灭证据提供了极大便利，也为网络犯罪的侦查、取证和责任认定带来了极大困难。第四，网络犯罪的受众广泛，一旦罪犯得手便具备极大的社会危害性。因此，预防和打击网络犯罪具有相当的复杂性，已成为世界性难题。

1. 我国 2013 年网络犯罪形势

网络的普及为社会带来了生产力的提高，推动了经济的发展、文化的繁荣和政治的进步。但是随着互联网的方兴未艾，网络犯罪也呈现多发高发的态势，极大地扰乱了互联网安全运行、扰乱了社会主义市场经济秩序和社会管理秩序，侵犯了公民、法人和其他组织的人身财产权益，甚至危及国家安全和社会稳定。根据赛门铁克公司发布的 2013 年诺顿报告[1]，在接受调查的中国互联网用户中，77%的用户是网络犯罪的受害者，而网络犯罪每年在中国造成约 370 亿美元的损失。

在实践中，网络犯罪数量最多、最突出的案件就是网络诈骗，仅仅网络虚假信息诈骗一项每年造成的损失就高达 100 亿元以上[2]。其次便是网络黑市和窃取贩卖公民个人信息牟利案。未来一段时间我国互联网违法犯罪将延续网络犯罪依然高发、犯罪数量继续增长的态势。传统犯罪借助信息网络广泛渗透，网络诈骗、网络赌博、网络色情和网络个人信息侵害等高发性违法犯罪形式依然占据网络违法犯罪的主体地位，是我国当前打击网络犯罪的重点领域。

2. 健全打击网络犯罪的法规体系

我国积极推动网络法制建设。根据《全国人大常委会关于维护互联网安全的决定》的规定，我国在维护互联网安全、打击互联网违法犯罪行为法律法规体系领域主要由针对一般网络不法行为的法律体系和针对网络犯罪行为的法律体系构成。

一般的网络不法行为，虽然并不构成犯罪，但是违反了我国互联网管理法律，具备一定的社会危害性。对此，我国出台了《全国人大常委会关于加强网络信息保护的决定》、《治安管理处罚法》等法律，《计算机信息系统安全保护条例》、《互联网信息服务管理办法》、《互联网上网服务营业场所管理条例》等行政法规，《计算机信息网络国际联网安全保护管理办法》、《互联网电子公告服务管理规定》、《互联网文化管理暂行规定》、《中国互联网络域名管理办法》、《互联网电子邮件服务管理办法》等部门规章，形成覆盖了个人信息保护、互联网服务管理和安全防护的法律体系。违反以上法律法规与部门规章的行为，要遭受相应的治安处罚和行政处罚。

在网络犯罪方面的法律体系，则以《刑法》和两高的司法解释为主。《刑法》中既有专门针对网络犯罪的条文，也有可以适用于以互联网为工具实施犯罪行为的一般条文，如常见的诈骗、赌博、色情活动等。同时，两高也及时出台了一系列司法解释，主要有 2004 年 9 月 3 日《最高人民法院、最高人民检察院关于办理利用互联网、移动通讯终端、声讯台制作、复制、出版、贩卖、传播淫秽电子信息刑事案件具体应用法律若干问题的解释》；2010 年 1 月 18 日《最高人民法院、最高人民检察院关于办理利用互联网、移

1 该报告以来自 24 个国家的 18～64 岁的上网用户为调查对象，是目前全球规模最大的针对个人用户进行的网络安全研究报告之一。报告具体内容可在 go.symantec.com/norton-report-2013 下载。

2 http://www.legaldaily.com.cn/legal_case/content/2013-10/10/content_4916641.htm?node=33834，2014 年 6 月 6 日访问。

动通讯终端、声讯台制作、复制、出版、贩卖、传播淫秽电子信息刑事案件具体应用法律若干问题的解释（二）》；2010 年 8 月 31 日《最高人民法院、最高人民检察院、公安部关于办理网络赌博犯罪案件适用法律若干问题的意见》；2011 年 1 月 10 日《最高人民法院、最高人民检察院、公安部关于办理侵犯知识产权刑事案件适用法律若干问题的意见》；2011 年 6 月 20 日最高人民法院最高人民检察院关于办理危害计算机信息系统安全刑事案件应用法律若干问题的解释；2012 年 12 月 20 日《最高人民法院关于适用〈中华人民共和国刑事诉讼法〉的解释》第 2 条第 2 款对网络犯罪属地管辖的规定[3]；2013 年 9 月 9 日《最高人民法院、最高人民检察院关于办理利用信息网络实施网络诽谤等刑事案件适用法律若干问题的解释》。《刑法》中的相关条文对危害性最为严重的网络犯罪行为进行了规定，同时以上司法解释的出台也为信息化时代下打击日益多样化和复杂化的网络犯罪提供了及时和确切的指导。

综上所述，我国已经颁布了一些互联网法律法规和部门规章，覆盖了网络不法行为与网络犯罪行为，确立了网络管理的基本制度，为打击网络违法犯罪行为提供了强有力的法制保障。

但是同时也应认识到，信息技术迅速发展，网络犯罪也日趋智能化、复杂化和多样化，我国法律法规体系和制度建设仍显滞后，不能适应打击快速发展的网络犯罪的需求。例如，《刑法》第 285 条规定非法侵入计算机系统罪的犯罪对象过窄，仅限于国家事务、国防建设和尖端科学技术领域的计算机信息系统三类。而当前我国在金融、电力等众多关系国家安全和国计民生的重要领域都建立了自己的计算机信息系统。这些领域的信息系统受到非法侵入同样会对国家社会造成巨大损失。同时，在众多传统类型犯罪的刑法条文中，也没有针对利用网络实施的可能带来更大危害性的传统犯罪进行规定，仅仅通过司法解释来弥补这一空缺只能解决一时之需。因此，在未来，我国仍应当把推进网络法制建设作为一项重点任务予以推进，建立完善的打击网络犯罪的法律体系。应当区分轻重缓急，加快推进重点领域的立法工作，同时也应当加强对当前现有的法律法规的延伸和解释工作，使之适应当前打击网络犯罪的形势。

3. 强化执法严厉打击网络犯罪

面对网络犯罪日益猖獗的严峻形势，我国相关部门大力开展专项治理行动，以专项行动为打击网络犯罪的突破口，集中力量分门别类对网络犯罪予以了有力打击，有效的净化

3 该解释第 2 条第 2 款规定如下：针对或者利用计算机网络实施的犯罪，犯罪地包括犯罪行为发生地的网站服务所在地，网络接入地，网站建立者、管理者所在地，被侵害的计算机信息系统及其管理者所在地，被告人、被害人使用的计算机信息系统所在地，以及被害人财产遭受损失地。

了网络空间，保护了公民合法权利，维护了网络安全和社会秩序。2013 年，公安部开展了多次专项整治活动：公布了一批网络违法犯罪典型案例，为全国公安机关打击网络犯罪提供指导并对网络犯罪分子起到威慑作用[4]；开展部署了打击出售、非法提供和获取公民个人信息行为的统一行动，共抓获犯罪嫌疑人 1152 名，其中泄露公民个人信息的犯罪嫌疑人 8 名，非法买卖公民个人信息的犯罪嫌疑人 218 名，打掉利用非法获取的公民个人信息实施电信诈骗、非法调查、敲诈勒索等违法犯罪活动的犯罪团伙 346 个，破获各类刑事案件 707 起；开展了打击网络谣言专项行动，查处了"秦火火""边民""傅学胜"等网络谣言制造者以及"口碑"等利用网络非法经营的公司，及时地净化了网络舆论空间；部署了打击涉网假药犯罪的"云端行动"，共摧毁犯罪团伙 400 多个，抓获犯罪嫌疑人 1300 多名，涉案价值 22 亿余元；联合工业和信息化部、文化部等部门关闭了多达 274 家危害青少年的非法网站，为网络时代青少年身心健康成长保驾护航。同时，公安部还建立了常态化的打击网络犯罪的机制，通过网站公开受理针对网络违法犯罪的申诉并进行调查处理。这一系列行动，集中力量分门别类地对网络犯罪予以有力打击，有效地净化了网络空间，保护了公民合法权益，维护了网络安全和社会秩序。

打击网络犯罪任重而道远。单纯依靠传统打击犯罪部门势单力薄，但同时又要避免出现多头管理，权责不一的状况。因此，在执法领域，今后应当进一步强化互联网监管机构之间以及监管机构和监管对象之间的协调配合，建立公安部门与工信部门、教育部门、宣传部门等网络犯罪防控相关部门之间制度化的协调机制，共同编织起覆盖政治、经济、文化、军事和科技领域的"网络"。

四、网络基础设施的治理与公共政策

当前，我国正处于加快转变经济发展方式和全面建成小康社会的关键时期，宽带网络作为新时期经济社会发展的战略性公共基础设施，日益受到广泛重视。2013 年 8 月，国务院正式发布了《"宽带中国"战略及实施方案》，并明确提出了一系列保障政策。"宽带中国"战略也将成为当前和今后一段时期内指导中国宽带发展的重要行动纲领。十八届三中全会明确提出要建设统一开放、竞争有序的市场体系，充分发挥市场在资源配置中的决定性作用，围绕保障和改善民生，推进基本公共服务均等化，加快形成科学有效的社会治

4 http://www.cyberpolice.cn/wfjb/html/gzdt/20130104/872.shtml，2014 年 6 月 1 日访问，典型案例分别包括网络传播淫秽物品案、网络赌博案、网络诈骗案、网络制贩假证假发票案、网上贩卖传播女大学生被偷拍视频案、浮云木马网银盗窃案、非法获取计算机信息系统数据案、攻击敲诈香港金融业网站案。

理体制，确保社会既充满活力又和谐有序。

（一）定位上明确宽带网络的战略性公共基础设施地位

“宽带中国”战略首次将宽带上升到国家战略高度，开宗明义提出宽带网络是新时期我国经济社会发展的战略性公共基础设施，从国家层面明确宽带的公共基础设施属性，将宽带定位于与水、电、路等同等地位的公共基础设施。这是我国信息基础设施建设的一大突破，为宽带网络后续长期可持续发展奠定了坚实基础。根据“宽带中国”战略，地方各级人民政府要将宽带发展纳入地区经济社会和城镇化发展规划，加强组织领导，结合实际适度超前部署，加大资金投入和政策支持力度。未来宽带发展将从部门行动提升到国家战略，成为事关国家经济发展的战略性基础设施，这对于网络基础设施和产业链的发展、技术和应用创新、服务水平乃至整个宽带产业生态都将带来全方位的推动效应。

（二）激发市场活力，加大网络接入环节开放力度

加大市场开放力度，鼓励民营资本进入宽带接入领域，有利于激发行业活力，激励企业强化创新，提升服务质量并降低资费，满足用户的不同需求。2012 年 6 月，工信部出台《关于鼓励和引导民间资本进一步进入电信业的实施意见》，明确将接入网业务作为八大重点领域之一，提出要“鼓励民间资本开展接入网业务试点和用户驻地网业务，促进宽带发展。完善相关监管制度和手段，保障企业实现平等接入，用户实现自由选择，推动提高宽带接入性价比。”2013 年 8 月，国务院印发《“宽带中国”战略及实施方案》，明确要推动开放竞争，“逐步开放宽带接入网业务，鼓励民间资本参与宽带网络设施建设和业务运营，推动形成多种主体相互竞争、优势互补、共同发展的市场格局。”进入 2014 年，工信部正在抓紧组织起草《接入网业务试点方案》，待试点方案正式出台，宽带接入业务将向民营资本全面开放，这将为宽带中国目标的落实进一步增强力量。

（三）加强统筹规划和标准发布，规范网络建设秩序

近年来，我国先后出台了多项政策，加强网络基础设施的统筹规划，规范宽带建设标准，为宽带网络发展营造良好的外部环境，保障网络建设与通行。一是国家层面出台光纤入户强制性建设标准。2012 年 12 月，住房和城乡建设部批准发布了《住宅区和住宅建筑内光纤到户通信设施工程设计规范》和《住宅区和住宅建筑内光纤到户通信设施工程施工及验收规范》两项光纤到户国家标准，要求新建住宅区和住宅建筑的通信设施应采用光纤到户方式建设，与住宅区及住宅建筑同步建设地下通信管道、配线管网、电信间、设备间

等通信设施。光纤到户建设强制性国家标准的出台强有力地促进了我国光纤宽带网络的建设，破解了住宅小区宽带建设难的问题。二是地方层面加快落实战略要求，实施宽带网络的统筹规划和统一部署。广东和四川相继出台了关于全面推进宽带网络基础设施建设的意见，建立跨部门统筹协调机制，将光纤宽带网络、通信基站、通信管道等信息通信基础设施建设纳入城乡建设总体规划；湖北、河南等省则由省领导牵头成立宽带发展领导小组，将宽带纳入地方发展规划并纳入政府绩效考核指标。

（四）强化互联互通监管，着力打造畅通网络

为解决互联网骨干网单位之间网间互联带宽不足，网间扩容争议等难题，2013 年，工信部多管齐下，打出系列组合拳，全面改善网间互联互通，提升流量疏通效率，优化用户体验，降低企业成本。一是直接将 NAP 点结算价格大幅下调 40%，由 2007 年年底确定的 100 万/G/月的标准下降到 60 万/G/月，并明确以后五年每年还将再降 30%。考虑到骨干网直联路由与 NAP 点互联路由存在明显的直接替代关系，NAP 点结算价格的下调趋势，将直接带动骨干网直联结算价格下降，降低非主导运营商互联成本，同时还将推动下游企业的互联网接入专线、家庭宽带接入用户的资费的大幅下调。二是针对国家级骨干网单位之间存在网间互联协议难以达成、结算价格存在争议、带宽扩容乏力等难题，推动研究建立起互联网骨干网网间结算模型，明确互联双方是否结算的门槛，一举化解了多年的难题，为我国互联网网间结算走向规范奠定了长效机制。三是在新增七个国家级骨干直联点的基础上，大幅提升网间互联互通疏通能力，七个新增骨干直联点合计将开通 1707G 互联带宽，充分适应未来几年国内互联网流量的持续高速增长，满足广大用户的网间互联互通需求，同时将进一步向安全高效、相互支撑、均衡协调、互为一体的全国互联网网间互联架构的总体目标迈进。

（五）加大财税政策支持，激励企业加快网络部署

为促进宽带发展，我国加大财税政策支持，激励企业投入更多资金，加快网络部署。一是出台西部大开发税收优惠政策。根据西部大开放政策，中国电信、原中国铁通、持有驻地网牌照的驻地网企业、广播电视企业能够享受部分税收优惠政策，如按 15%的税率征收企业所得税。二是地方层面也出台了一些财税政策支持宽带发展。重庆市在《重庆市人民政府办公厅关于推进我市光纤宽带网络及第三代移动通信网络建设的实施意见》中提出，建设单位投资光纤宽带网络配套资源建设的项目符合相关规定的，经市通信管理局专业审查确认后，按规定程序办理有关城市基础设施配套费用减免手续，网络建设中新建管

道涉及道路赔偿的，市政部门应积极支持，按市政赔偿标准的下限收取道路赔偿费；武汉市则设立了“光城计划”建设专项资金，对示范项目进行补贴；江苏、河南两省也均设立了宽带建设财政奖励资金，用于支持推进宽带网络基础设施建设。

（六）推动建立电信普遍服务补偿机制

为解决农村网络建设难题，我国于 2004 年开始实施“村村通电话”工程，由基础电信企业采取“分片包干、自筹资金、自行经营维护”的方式承担农村及偏远地区的通信网络建设，国家每年通过码号费给予 3 亿元左右财政资金来补助村通工程相关运营和维护支出。村通工程的实施从一定程度上有效推动了我国农村宽带网络的建设，但由于农村地区投资大、效益低，农村宽带网络的深入普及还面临诸多挑战。相关政府部门要加紧研究建立电信普遍服务补偿机制，积极争取加大国家财政资金支持，充分发挥政府公共服务职能，探索形成多主体参与机制。

第二章　互联网金融的创新与治理

当前，互联网已渗透到国民经济和社会发展的各个领域，成为经济发展与社会运行的基本要素，推动传统产业升级、经济结构调整和经济发展方式转变，并深刻地影响和改变着人们的工作、学习和生活方式。近年来，以互联网为代表的信息通信技术，特别是移动互联网、云计算、社交网络和大数据等技术，与传统金融业进行深度融合，孕育出包括第三方支付、网络银行、网络保险等在内的一大批创新型业务，对传统金融业带来较大的影响，同时也使金融风险的监管问题变得更加突出。如何在信息网络技术推动的金融创新和金融风险的监管之间取得平衡，是金融治理面临的一大挑战，更是当前的一个热点。

一、网络技术的发展与金融创新

从金融业的发展变革历程来看，ICT 发展浪潮在各个时期都不断对金融业产生革命性的影响。从 20 世纪五六十年代开始，计算机技术的开发和应用深化在各个行业开展，而军事、金融作为资金最密集的领域，率先成为信息技术应用的重点领域。同时，金融对资金流、信息流的配置作用决定了信息技术手段在金融发展中具有不可忽略的重要作用。借助信息技术手段，银行业等传统机构将纸质记账操作逐渐向电子化操作转移，金融业内部的信息、资金流转效率大幅提高，金融业的生产力也得到了大幅提升。20 世纪八九十年代，互联网技术从军事、科研领域向整个经济社会拓展，金融业也适时借助互联网的发展开发新的服务模式，这不但降低了渠道服务成本和发展新用户的成本，而且大大提升了用户体验。近年来，大数据、云计算等互联网领域的新兴技术和应用发展迅速，并以不同方式与金融业深度融合。金融业的信息配置、资金流转、征信评估等各个流程有望全面重塑，金融业掌握的信息资源价值也将充分释放利用并迎来又一次变革良机（见图 2-1）。

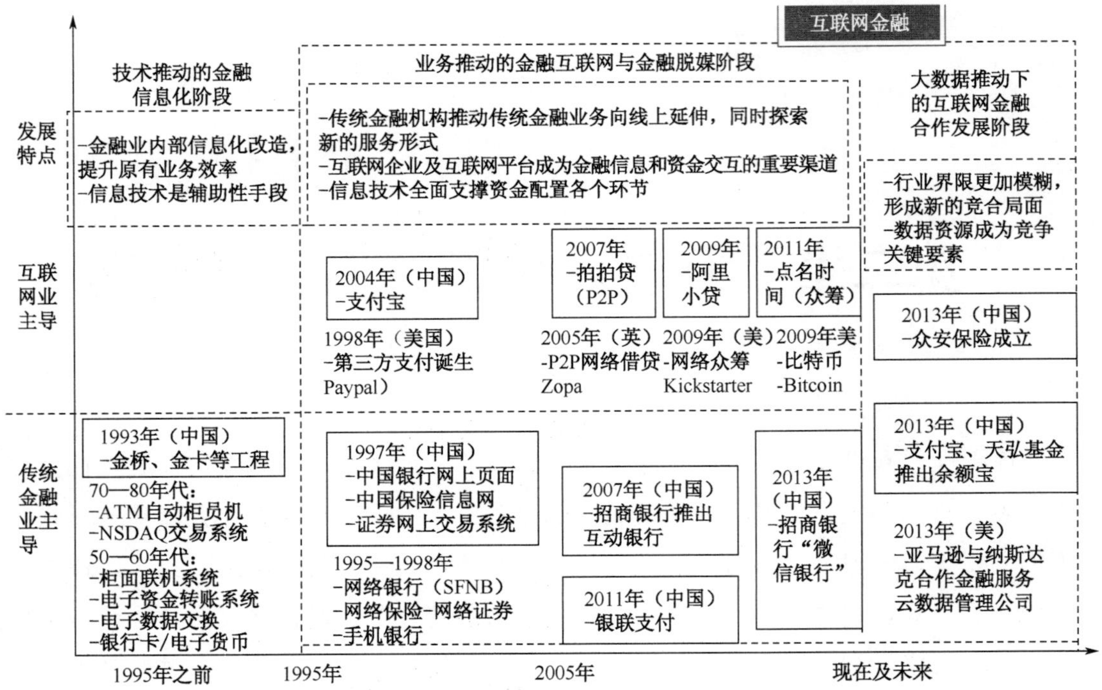

图 2-1 信息技术与金融创新发展历程

具体来看，信息通信技术推动金融发展的历程主要可以分为以下三个阶段。

（一）信息技术与金融融合的初级阶段

20 世纪后半叶，信息技术与金融业的结合推动了金融信息化进程。20 世纪五六十年代，国际金融业出现了柜面联机系统、电子资金转账系统、电子数据交换技术、银行卡及电子货币，银行等金融机构的内部流程得到初步优化；到七八十年代，又出现了 ATM 自动柜员机、NSDAQ 交易系统，客户服务体验也进一步提升。而我国从 1993 年起推出金卡工程，全面推动了金融系统的信息化改造。

在这一阶段，传统金融业通过信息技术进行内部信息化改造，适应了提升原有业务效率的发展要求，但由于这一阶段中信息技术只是辅助性手段，因此这一时期是互联网金融的准备阶段。

（二）“金融互联网”及“金融脱媒”阶段

从 20 世纪 90 年代开始，随着互联网技术的进步，传统金融业主导的一系列新兴业务推动了金融互联网的发展。美国在 1995—1998 年出现第一家网络银行（SFNB），此后网络保险、网络证券、网络基金等业务都先后全面向互联网延伸。以此为开端，传统金融业主导的互联网金融活动就此展开。与国际发展几乎同步，我国从 1997 年开始陆续出现了“中国银行网上页面”、“中国保险信息网”等在线金融信息类网站，以及“证券网上交易系统”、“招商银行互动银行”、“银联支付”等在线金融服务业务，最近还涌现出“招商银行微信号”、“工商银行微信号”等基于移动应用软件的新兴业务。

与此同时，随着互联网的快速发展，一批互联网企业创新性地推出了多种互联网金融业务。例如，第三方支付领域出现了美国的“易趣 PayPal”及我国的“支付宝”，P2P 网络借贷领域出现了英国的“Zopa”及我国的“拍拍贷”，网络众筹领域出现了美国的“Kickstarter”及我国的“点名时间”；我国基于电商平台互联网数据运营的“阿里小贷”，以及 2013 年以来广受关注的互联网虚拟货币“比特币（Bitcoin）”等也是其典型代表。这一阶段互联网金融的发展特征是，传统金融机构推动传统金融业务向线上延伸，同时探索新的服务形式；互联网企业及互联网平台成为金融信息和资金交互的重要渠道；信息技术全面支撑资金配置各个环节。

近年来，我国移动互联网的快速发展以及各类移动终端的广泛使用，为金融业的各个业务和环节的创新提供了动力。首先，在移动电子商务快速发展的推动下，移动支付将商业银行和中国银联等金融机构与第三方支付机构、移动通信运营商、移动终端设备商等多行业主体有效融合在一起，打造出一种便捷、高效的资金流转通道。特别是在移动支付领域，近期出现了微信支付、声波支付等创新应用，进一步为线下商业活动提供了更加新颖、更加便利的线上支付服务。其次，传统金融机构通过移动互联网与移动终端提供与网上银行基本无区别的金融服务。以手机银行为例，与移动互联网的结合使用户能随时随地进行账户管理、转账汇款、手机支付、信用卡业务、投资理财、公共事业缴费等操作。

（三）大数据推动下的互联网金融合作发展阶段

随着大数据时代的到来，互联网金融正进入新的发展阶段。大数据技术可以有效地整合互联网上非结构化、实时化、零散分布的数据，结合用户关系链、行为特征等在线行为数据，实现对金融需求和用户信用的深度挖掘，拓宽征信信息获取渠道，并能提前揭示企业运营风险。在大数据背景下，金融业、互联网业采取了业内合作和跨界合作的方式开发了更多的互联网金融业务，推进了互联网金融发展。例如，美国亚马逊（Amazon）公司与纳斯达克股票交易所（NASDAQ）合作成立金融服务云数据管理公司，阿里巴巴、平安保险、腾讯联合申报筹建众安保险公司，阿里巴巴与天弘基金合作推出“余额宝”货币基金，招商银行在微信平台上运作的“招商银行微信”都是大数据与互联网金融结合的典型代表。

这一阶段互联网金融的发展特征是，行业界限更加模糊，形成新的竞合局面；数据资源成为竞争关键要素。未来，随着大数据时代的互联网发展及互联网与金融业的进一步融合，这一特征将表现得更为明显。

二、互联网金融的创新与发展状况

以互联网企业为代表的新兴主体主导产生的互联网金融创新业务已经基本覆盖所有金融功能，在支付、借贷、理财等多个领域取得了较快的发展，且产生了深刻的影响。

（一）第三方支付

第三方支付创新性地整合了资金流（银行）、信息流（交易订单）和物流（物流公司），使三者有机地联系在一起，通过信用中介、担保等方式更好地完善了电子商务的诚信环境。目前，国内的第三方支付公司为商业活动提供全方位的网上支付、移动支付服务。从发展情况来看，第三方支付与商业银行相比，虽然在交易体量上差距较大，但其交易频率非常活跃。特别是在移动支付领域，创新不断涌现，满足了用户的日常小额交易需求。

一是我国第三方支付市场增长迅速。截至 2013 年年底，在获得第三方支付牌照的 250 家机构中，提供互联网支付业务的机构有 97 家。2013 年我国第三方支付市场总体规模达到 16 万亿元，业务范围向证券、基金、保险等多个行业领域渗透，金融化趋势明显，业务规模快速增长[5]。

二是第三方支付小额交易特点凸显。以 2013 年交易数据为例，全国网上支付交易总金额 1060.78 万亿元，交易笔数为 236.74 笔，其中第三方支付机构支付业务 153.88 亿笔，金额 9.22 万亿元。第三方支付机构在交易金额上仅占总金额的 0.87%，但交易笔数却占所有网上支付交易笔数的 64.79%。第三方支付应用于小额、日常、多频交易的特点十分明显[6]。

三是第三方支付的创新不断涌现。随着技术创新和智能终端的发展，移动支付、声波支付、二维码支付、指纹支付、虹膜支付、数字电视和智能手机近场支付等业务层出不穷。有一些业务已经在全球竞争中拔得头筹。以移动支付领域为例，据支付宝公司披露，截至 2013 年年底支付宝钱包的活跃用户数达到近 1 亿人，交易金额突破 9000 亿元，已经

5 中国支付清算协会，《中国支付清算行业运行报告（2014）》，2014 年 5 月。

6 中国支付清算协会，《中国支付清算行业运行报告（2014）》，2014 年 5 月。

一举超过 PayPal 成为全球最大的移动支付机构。

四是第三方支付应用范围不断扩展。第三方支付已经从电子商务辅助工具向更广阔的空间发展，已经覆盖了水、电、天然气等公共事业缴费，航空旅游、教育、金融理财、社区服务、医疗卫生、打车等领域，成为人们信息化生活不可或缺的基础工具。

五是移动支付逐渐成为电子支付发展的新方向。2013 年，由于国内移动支付标准得到统一和逐步推广，客户规模不断扩张，移动支付类应用基础日趋稳固，业务规模实现爆发式增长。支付机构共处理移动支付业务 37.77 亿笔，金额 1.19 万亿元，分别较上年增长 78.75%和 556.75%[7]。

（二）网络银行

网络银行的发展主要分为两种模式：一种是指传统银行在其现有的业务基础上，通过互联网手段，提供更加便捷的网络化在线服务；另一种是以纯在线模式提供银行类业务，其主要表现形式为没有任何实体经营网点。网络银行的主要特点为：一是服务虚拟化。网络银行没有实体，因此是由客户自己通过网络来完成账户查询、资金转账、现金存取等银行业务。二是服务个性化。随着金融创新的不断深化，网上银行提供的服务不再局限于简单的标准化产品，而是根据网络客户的具体要求，提供一对一的金融解决方案。三是服务多元化。当前，网络银行的业务不再局限于传统银行的存、贷、汇三类业务，综合金融服务平台成为更新的发展目标，涉及的业务和服务也更为广泛。

从国际上看，20 世纪 90 年代网络银行得到快速发展。1995 年 10 月，全球第一家无线下实体机构，纯互联网银行安全第一网络银行（Security First[8] Network Bank，SFNB）宣布成立。1998 年，汇丰银行在英国设立 First Direct 提供网络银行服务。2000 年，荷兰国际集团（ING）成立的网络银行 ING Direct 开始运营。随着网络银行的兴起，银行网上业务逐步增加，新兴业务层出不穷，呈现业务多元化、平台功能集中化发展特点。1997 年，Beneficial Finance 首先推出线上小额贷款业务，同年 Bank of Montrealkal 开始提供线上抵押业务，1998 年，OneCore 开始为中小企业提供在线支付业务服务。进入 21 世纪，网上银行更是步入功能整合阶段，网络理财、网络咨询、网络投资、网络电商逐渐成为银行发展的重点业务。

从网络银行发展路径来看，其中最具特色的是富国银行和 ING Direct。富国银行注重

7 中国支付清算协会，《中国支付清算行业运行报告（2014）》，2014 年 5 月。

8 备注：从该银行名字中不难看出，成立之初人们对网络银行安全方面的顾虑较大，故命名“安全第一”网络银行。

线上、线下的双向交叉发展，既着力于网点建设，打造一流的社区银行，也注重电子银行渠道的建设，按照互联网和移动互联网的发展规律打造全美领先的网上银行、手机银行和自助银行。ING Direct 是一家纯线上互联网银行，它采取的商业模式与传统商业银行截然不同。ING Direct 提供简单的金融产品和服务，通过较高的存款利率和优惠的贷款利率来吸引客户，所有业务都通过邮件、电话和网络来完成，充分利用大数据来进行精准的营销。

从网络银行发展情况看，我国在进程上与西方总体同步。20 世纪 90 年代末，我国的一些大型银行便开始探索信息化道路。其主要表现为：一是设立网站或开展交易性网上银行业务的银行数量增加；二是网络银行业务量迅速增加；三是网络银行业务种类、服务品种迅速增多；四是部分中资银行所开展的网络银行业务服务在世界范围内赢得较高评价。在美国，互联网对美国银行业的冲击不及中国，主要原因有两点。首先，由于美国金融业发展较早，金融已完全市场化运作，已经建立起了一个高效、稳定、安全的金融服务体系。美国银行业市场的充分竞争，使得在平台型互联网公司兴起前，金融业务的网络化进程就已基本完成。其次，美国对于互联网技术的创新并没有很强的需求。以信用卡为例，美国信用卡系统的建立依赖于安全成熟的个人信用体系、完善的基础设施、先进的互联网技术以及配套的金融监管措施的构建，便捷高效的信用卡服务已经覆盖到了任何消费领域，因此当地消费者对新的支付方式（诸如 PayPal 这样的网络支付系统）并没有很强的需求。在中国，一方面，平台型互联网公司对于金融业外部生态的布局基本完成，这是以“余额宝”为代表的互联网金融之所以在中国取得如此巨大的影响力的原因；另一方面，中国金融改革滞后于社会和经济发展需求，为新兴互联网金融产品提供了成长空间。

（三）网络证券

网络证券是指证券公司通过互联网技术为客户提供证券报价、交易的在线服务。1992 年，美国证券公司 E-Trade 率先推出了网上证券交易服务，此后美国网络证券业交易进入近 20 年的蓬勃发展，并形成了三种典型模式。一是 E-Trade 模式。即纯粹网络证券经纪模式，其优势在于交易成本佣金费用低廉，网络技术开发能力强，能够提供便捷的网络交易，但在发展中劣势也逐渐显现，主要是缺乏长期客户群体和专业金融人才积累。二是嘉信模式。1971 年成立的折扣经纪商嘉信理财（Charles Schwab）在开展营业部业务的同时推出网上经纪业务。与 E-trade 模式纯粹的网络证券服务商不同，嘉信还通过店面向投资者提供服务，其同样存在提供核心资讯能力不强的问题。三是美林模式。1999 年，以美林为代表的传统券商全面开展网络业务，针对机构投资者提供全套金融服务，收取高额佣金，其优势在于能够提供强大的投研和资产组合咨询能力。但是由于其客户定位比较高端，需要个性化的服务，导致其利用互联网的深度不及前两种模式。目前这三种模式在美国网络证券行业三分天下。

从我国来看，证券行业虽然经过了十几年的快速发展，信息化程度也有了一定提高。但由于我国网络证券起步晚，加上没有成熟的经验可供借鉴，目前还存在不少问题。网络技术使用的普及尚未形成相应的规模，投资者中理性投资者的比重仍然较低，这些因素都从不同程度上限制了网络证券在我国的发展速度。未来证券行业将积极突破现有交易的技术瓶颈因素，完善券商的管理体系，提高人才素质，增大资金投入，增强网络证券领域的市场活力。同时，最重要的是佣金制度的改革也最可能率先在网络证券交易领域取得突破。

（四）网络保险

网络保险指保险公司或者其他中介机构通过互联网开展保险产品的销售和服务，包括保险产品的服务信息、网上投保、承保等业务。网络保险最早出现在美国，美国国民第一证券银行首创通过互联网销售保险单，营业仅一个月的销售额就达上千亿美元。1997年，美国家庭通过网络购买的汽车、住宅、人寿保险金额是 3.91 亿美元；2003 年，这一数据攀升至 41 亿美元；2004 年，美国家庭通过网络购买的汽车保险和家庭保险总金额已达到 130 亿美元[9]。新型网络经济形态的出现促使保险业竞争由单纯的产品、费率竞争转变为服务、网络、技术、模式等的综合竞争。

目前，国内外互联网保险业务模式主要有以下三类。一是传统保险业自建模式。这种模式的提供主体是传统保险业，通过自建保险电商平台来进行保险产品的在线销售。与过去仅有宣传功能的保险公司官网不同，自建保险电商平台具备了完整的宣传、销售、售后服务等功能。例如，中国人寿的自有网站和美国大都会人寿的自有网站都是自建保险电商模式。二是保险中介平台模式。这种模式的提供主体是线上的保险中介平台网站，这些网站通过与多家传统线下保险公司进行合作的方式，帮助传统保险企业在线上销售保险产品。例如，中国的中民保险网和美国的“Ehealth”都是保险中介平台模式。三是互联网与保险业深度融合创新模式。这种模式主要在险种的设计等方面与互联网行业发展密切结合，创新性地开发出针对线上互联网业务的保险类型。例如，华泰财险等保险公司在淘宝和天猫上推出的运费险，这种保险与网购密切结合，为网购用户提供退换货的运费保障。

随着互联网的普及和传统行业电子商务的进一步发展，保险行业利用互联网销售，采

---

9 张敏. 保险电子商务平台的建设要点[J]. 中国金融电脑，2005（11）。

用“线上下单，线上理赔”已成为当前保险销售的一个明显特征。保险企业一方面借助互联网进行企业宣传，另一方面借助互联网的便捷渠道进行在线交易。多家保险公司尝试保险网络销售，行业总体收入颇丰。目前，我国已有包括中国人保、太保、平安、中国人寿、大地财险、阳光财险、泰康人寿、国华人寿等在内的 40 多家保险公司试水保险网络销售。虽然目前网络销售占比仅为电话销售的 1/4 左右[10]，但多家公司表示网络销售业绩增速已经超过电话销售，成为增长最快的渠道。未来 3～5 年，网络销售甚至可能占据半壁江山。

传统保险业向线上延伸多采用自建网站和保险中介平台两种网络销售模式。自建网站销售模式是指保险公司建立与普通官网相分离的网销平台。例如，太平洋保险公司在 2000 年 8 月开通的“网上太保”网站，由保险超市、客户服务、企业频道、保险知识和保险新闻五大板块组成。客户在全国任何一地点击进入，都可详细了解中国太平洋保险公司的各种险种，快捷计算保费，申请投保。太平洋保险公司确认后，即利用其分布全国的分支机构优势，以最快速度将保单送交客户，并支持客户通过网上银行付款。通过保险中介平台进行线上保险交易，是指保险中介通过和多家保险公司进行合作的方式，在线上销售保险产品。

相对于传统销售渠道，网络渠道不仅有利于降低成本，还可以与客户直接建立联系，提高续保率。而网民的不断增加和智能手机的普及，也将对保险的线上发展起到推动作用。以太平洋保险集团为例，截至 2013 年年末，“太保在线商城”全年实现网销签单保费 21.2 亿元，同比增长 224%，增速快于电销保费增速[11]。

在各保险公司纷纷转向新渠道，开发线上销售的同时，互联网企业也开始涉足其中，逐渐形成以互联网企业为主体的新兴保险业务。例如，由阿里巴巴的马云、中国平安的马明哲、腾讯的马化腾联手设立的众安在线财产保险公司（以下简称众安保险公司）。该公司注册资本金 10 亿元，在股权构成中，阿里巴巴公司持股 19.9%，中国平安持股 15%，腾讯公司持股 15%，携程公司持股 5%，其余股份由多家网络科技公司占有[12]。这家新公司突破了国内保险业现有营销模式。根据“众安在线”的内部规划，除注册地在上海外，该公司将不设任何分支机构，完全通过互联网进行销售和理赔。而在产品研发上，亦将避开传统车险业务，而专攻责任险、保证险这两大非车险专业险种。

---

10 张敏. 保险电子商务平台的建设要点[J]. 中国金融电脑，2005（11）。

11 中国太平洋保险，中国太保 2013 年年度报告，2014 年 5 月。

12 Alex Hsu. 众安保险解密：“三马”的互联网风险解决方案[EB/OL]. 福布斯中文网，2013 年 11 月。

未来网络保险还将呈现更加多样化的发展趋势，例如，在各保险公司纷纷转向新渠道、开发线上销售的同时，互联网企业也开始涉足其中，逐渐形成以互联网企业为主体的新兴保险业务。众安保险就是这种新趋势的典型体现。众安保险公司是一家完全依赖线上渠道的保险公司，并且险种类型与线下保险公司有较大区别[13]。在业务服务对象上，阿里巴巴和腾讯的互联网行业经验会使众安保险公司既有能力成为服务于传统保险公司的平台，又有能力直接为中小企业、互联网用户提供保险服务。

（五）网络小贷

网络小贷是指互联网企业通过其控制的小额贷款公司，向旗下电子商务平台客户提供小额信用贷款。国内典型企业主要是“阿里小贷”。小额贷款主要是为低收入的群体和小型企业提供额度较小贷款的持续信贷服务，其基本特征是贷款额度较小、无须抵押、无须担保。具体地说，小额贷款的金额一般为 1000 元以上、20 万元以下。在中国小额贷款主要是服务于三农、中小企业。小额贷款公司的设立，将民间资金集中起来，从一定程度上规范了民间借贷市场，同时也分担了三农、中小企业融资难的问题。

以“阿里小贷”为例，它是用于解决阿里巴巴电商平台上卖家的短期资金周转问题的小额贷款产品。阿里小贷由阿里金融旗下的两家小额贷款公司（浙江、重庆）提供资金，通过将借款人在淘宝、支付宝等第三方支付平台中积累的信用数据导入信用模型来进行风险控制，主要以借款人在上述平台中的现金流和交易情况作为风险评估标准。截至 2013 年年底，阿里金融已经累计发放贷款超过 1500 亿元，累计客户数超过 65 万家，贷款余额超过 125 亿元，贷款不良率约为 0.9%[14]。

作为金融业的有益补充，新兴的小额贷款行业受到政策的扶持，但目前小额贷款机构规模普遍较小，抗风险能力较弱。由于受到金融监管政策限制，小贷公司普遍资金紧张，在这样的情况下，一些小贷公司进军网络 P2P 借贷，希望借此打破资金瓶颈。

（六）网络 P2P

网络贷款 P2P 是近年来兴起的通过互联网平台实现个人对个人直接借贷的模式。据第一财经金融研究中心统计，2007 年以来，全国 P2P 借贷网站累计 2000 多家，截至 2013 年

---

13 备注：众安保险目前推出的险种与其他传统保险公司有较大不同，代表性险种包括针对淘宝卖家的保证金计划即“众乐宝”，针对聚划算卖家的保证金保险即“参聚险”，以及创新性保险如“高温险”、“世界杯足球险”等。

14 阿里巴巴，《基于互联网的普惠金融实践——小微金融服务集团社会价值报告》，2014 年 3 月。

年底尚存 300 余家，贷款余额 800 多亿元，借出人规模 5 万多人。虽然 P2P 网络贷款交易总体规模较小，但年增长率超过 500%。目前 P2P 网络借贷有三种模式。第一种是线上运营加第三方担保模式，主要以陆金所为代表，贷款人和借出人通过 P2P 平台签订借款合同，资金划转通过第三方支付完成，本金、利息担保及风险审核由担保公司完成，P2P 平台与担保公司就担保费用分成。第二种是线上线下结合模式，主要以江浙地区的 P2P 公司为主，通过线下发展贷款用户、实地考察、委托线下公司进行信用评级，再将贷款信息发布在 P2P 网络平台上，向全国借出人开放。因为线下成本较高，目前包括开鑫贷、诺诺磅客等在内的企业对贷款用户都有地域限制。第三种是纯线上的信息中介模式，主要以拍拍贷为代表，该类 P2P 平台提供借贷双方信息，包括贷款方的信用参考评级、资金用途、贷款金额和期限等，通过第三方支付完成资金划转，平台不提供本金和利息担保。

P2P 网络借贷的创新体现在以下三个方面。第一，在借贷双方关系上，P2P 借贷双方呈现散点网络状的多对多形式，参与者极其广泛。借贷者只需要有良好信用，无须有抵押担保。投资者的资金量较小，对借贷期限有不同的要求，也能够找到条件匹配的借款人。第二，在交易方式上，由于 P2P 借贷双方需求多样，因此借贷金额、利息、期限、还款方式等形成了多样化的交易方式。P2P 平台上借贷手续大大简化，在信用合格的情形下，按照平台的要求，迅速实现投资者和借贷者的匹配，高效地完成整个借贷手续。第三，在技术支撑上，P2P 借贷区别于一般的以银行作为中介的借贷模式，以专业的互联网平台作为中介。同时由于参与者极其广泛，借贷关系密集复杂，大量信息、数据的整合和审核都极大地依赖于以数据挖掘为代表的互联网技术。

与国外众多成熟的 P2P 借贷市场不同，中国的 P2P 网贷平台在运作模式上差异巨大。通常来说，成熟市场上的 P2P 借贷平台主要仅提供中介服务，本身不是贷款公司，也不是投资顾问，很少采用资金池模式，不为借款者提供担保，不承诺收益，也不依赖线下进行尽职调查。然而基于特定的市场环境，当前中国 P2P 借贷平台不仅仅只是中介，其提供的服务更为多样化、差异化，同时为了降低风险，引入了本金保障制度以及担保机构。

未来 P2P 网络贷款的发展有以下三个趋势。一是借贷对象的扩展。P2P 网络借贷目前主要是自然人对自然人的借贷，将来可能扩展到个人对机构、机构对机构的投资。二是借贷平台的定价效率提高。随着基于大数据的征信的发展，P2P 网络贷款的定价效率会显著提高。三是 P2P 与银行业携手共进。面对发展势头如此迅猛的 P2P 行业，在最初的扼杀策略渐渐失效的背景下，一些银行会选择拥抱 P2P 平台（直接投资或结成战略投资伙伴）。

（七）众筹融资

众筹融资（Crowd Funding）是指通过互联网平台筹集从事某项创业或活动的小额资金，并由项目发起人向投资人提供一定回报的活动。它使创业者能突破银行贷款、风险投资等传统融资手段的限制，从认可其创意或创业计划的人群手中直接筹集资金。众筹融资网站在整个融资过程中承担了信息中介的角色。

就全球众筹融资发展情况来看，据 Massolution 统计，2009 年全球通过众筹融资网站筹集的资金总额约为 5.3 亿美元，而 2011 年这一数字迅速攀升到 15 亿美元；2007 年，全球众筹融资网站尚不足 100 家，而截至 2012 年年底已经出现超过 460 家，且成功为来自社会公益、艺术、工业设计、动漫、音乐等多个领域的 100 多万个项目筹得资金。2012 年 4 月，美国通过《创业企业融资法案》（JOBS 法案）对众筹融资网站进行合法合规性管理，对股权融资项目中的股东数、资金额、信息披露等方面可能涉及的传统监管限制进行了创新性突破。

我国众筹融资网站于 2011 年出现，目前仍处于起步阶段，诞生了点名时间、众筹网等有一定规模的数十家众筹网站。作为互联网金融的一种重要形态，众筹模式激发了草根的力量，存在较大的发展空间。例如，点名时间自 2011 年 7 月成立至今，共收到 7000 多个创业提案，其中发布约 900 个，筹资成功率 45%，目前有两部动漫筹资超过百万元，也有软硬件结合的创意项目通过众筹吸引了代工厂、经销商、外贸合作伙伴以及风险投资[15]。

目前，网络众筹的盈利模式还在摸索阶段，包括点名时间、追梦网等较大的网站目前是免费向创业项目提供平台服务。众筹融资网站支持的项目类别以文化创意产业为主，涉及的融资主体主要是中小微企业及个人创业者，涉及的行业主要包括设计、科技、音乐、影视、食品（行情专区）、漫画、出版、游戏、摄影等范畴。在投资者反馈方面，受限于国家的监管框架，众筹项目发起人尚不能够以股权、债权或是资金作为对支持者的回报，目前对投资者的收益仅限于实物（产品、出版物等）或媒体内容（视频、音乐下载等）。

就众筹融资未来发展趋势来看，股权众筹融资在我国有较大发展空间，但是如何在政策红线之内，突破“向公众募集资金”限制、“股东人数不超过 200 人”等尚待监管部门和相关业界进一步讨论。但值得期待的是，健康发展的众筹融资将创新性地拓宽中小微企业融资渠道，从经济运行的毛细血管入手，进一步推动我国经济转型发展。

---

15 资料来源：点名时间，http://www.demohour.com/forums。

（八）互联网理财

互联网理财是运用信息技术，把互联网业务思维与传统金融理财业务进行有机结合，强调用户体验，形成互动式、个性化的创新型理财服务模式。互联网金融理财与传统金融理财相比，具有平台优势、数据优势、效率优势。互联网金融理财业务由互联网企业提供平台，传统金融企业负责金融产品策划和投资管理，以及资金账户托管，通过社交网络、开放平台聚拢庞大的客户群和流量，利用大数据、云计算等技术手段，降低成本，提高效率。

互联网企业将互联网思维与金融理财服务相融合，与金融企业合作，打造出了具有鲜明互联网思维的金融理财产品。阿里巴巴的余额宝将第三方支付与货币基金理财产品深度结合，兼具流通购物和投资增值功能。"余额宝"设计之初是为解决支付宝沉淀资金带来的监管成本，它以淘宝电商平台作为用户流量入口，以支付宝为服务平台，为支付宝客户的余额提供便捷的理财服务，同时兼顾网络金融与电商融合的用户体验；资金主要由天弘基金完成货币基金的投资管理，投向低风险的银行存款和结算备付金（占投资总额的92.21%[16]）；第三方资金托管由中信银行承担。腾讯理财通则以社交应用为基础，将投资理财嵌入移动 O2O 生态体系，与滴滴打车、电影票、美食团购、微信红包等功能相结合，形成以社交和移动支付为核心的业务链。

目前，我国互联网金融理财正处于快速发展时期。在阿里巴巴推出余额宝大获成功的带动下，百度、网易、苏宁、腾讯相继推出基金类的互联网理财产品。在国内货币市场流动资金偏紧、资金利息水平偏高时，七日年化收益率一度普遍超过 6%，大大超过银行活期利率的 0.35%，为用户带来了实实在在的利益，市场规模快速增长。截至 2014 年 3 月中旬，余额宝交易规模达 5477.3 亿元，用户规模超过 8100 万人，位居国内货币基金行业第一。据估计，我国互联网金融理财市场规模接近 6200 亿元，在其带动下，2014 年 2 月我国货币基金整体规模已达到 1.42 万亿元，单月增幅高达约 50%[17]。

在美国，由电商企业推动的货币基金市场曾风生水起，但最后随着宏观经济的波动趋于平静。以 PayPal 为例，早在 1999 年推出的货币市场基金，获得众多用户的欢迎，其增长速度远超母公司 eBay 电子商务业务。在 2000 年后，随着网络泡沫的破灭，美联储大幅

---

16 资料来源：天弘基金 2013 年第 4 季度披露关于余额宝对应货币基金"增利宝"的投资组合数据，http://www.thfund.com.cn/zlbpro/。

17 人民网，货币基金规模首超万亿 专家称收益率将回落，http://finance.people.com.cn/n/2014/0324/c1004-24722870.html。

调低利率，使得原有收益难以维持，PayPal 只得采取放弃管理费甚至补贴的方式来维持货币基金的收益率。随着 2005 年美国经济逐渐复苏，利率大幅回升，PayPal 货币基金规模在 2007 年达到 10 亿美元的巅峰[18]。但在随后的 2008 年金融危机中，美联储再次实行了超低利率政策，导致多家货币基金遭到清盘，PayPal 也在经营了十余年之后于 2011 年 7 月宣告关闭该业务。

就我国金融业现状而言，未来互联网理财业务的发展与国外的发展轨迹或将有所不同。一是互联网金融理财产品对传统金融理财产品形成有益补充，满足不断增长的大众理财、异质金融需求。二是互联网理财是在利率未完全市场化的条件下产生的金融创新产品，客观上推动了金融创新与利率市场化进程。三是互联网理财业务激发大众理财思维的启蒙，满足草根理财需求，借助智能手机、社交应用等的快速口碑传播、直观可视化收益，缩短了学习时间，降低了投资门槛。四是互联网理财体现了金融服务实体经济的本质要求，以市场化机制合理配置金融资源，使效率较低的金融机构难以维持低成本吸储，使我国企业在融资竞争中实现优胜劣汰。

三、互联网金融对监管的挑战

近年来，从中央到地方，都对互联网金融的监管进行了探索，并提出了初步思路和措施。比如，浙江温州的金改，率先允许互联网金融企业在工商注册登记时，注明为互联网金融信息服务类，同时各地方政府陆续出台具体政策措施，鼓励互联网金融企业的发展，对全国互联网金融发展产生了良好的示范效应。随着互联网与金融业的深度融合，互联网金融还将带来更大的突破和冲击，在变革传统金融生态、促进传统金融创新、突破传统金融发展瓶颈的同时，也不可避免地给既有监管体制和政策带来了一些新问题。

（一）监管思路和模式挑战

伴随着互联网技术的日新月异，快速变化的新技术、新业务应用使得传统金融服务模式正在发生重大转变。互联网金融往往在业务模式上多种多样，投资者对互联网金融的认识模糊不清，风险意识淡化。例如，“余额宝”等互联网金融理财产品的收益率是活期储蓄的若干倍，使得投资者忽略了货币基金市场的风险性。再如，宜信（P2P）等网络借贷型企业缺乏足够的风险管理能力，将借贷业务证券化，再辅以资金杠杆操作，容易导致不良贷款，可能造成巨大社会影响。此外，个别地方政府打着“互联网金融”的旗号，大搞

18 钱敏伟，美国版余额宝的十年兴衰，南方日报兴业全球基金理财专栏，2013 年 7 月 8 日，A17 版。

园区建设，变相发展房地产业，既违背了国家发展互联网金融、服务实体经济的目的，又违背了普惠金融的发展理念。

（二）互联网安全的挑战

互联网金融以互联网平台开展金融业务，存在着网络与信息安全等方面的隐患与挑战。

首先，互联网技术风险依然存在。一是从业主体对网络安全、在线交易安全防范意识不足，导致用户在使用移动客户端交易时，存在互联网钓鱼、病毒、木马等诸多风险。二是新进入者对金融平台的安全防护能力弱，系统易遭受病毒、木马以及大规模拒绝服务攻击。三是互联网金融交易数据量庞大，多维度个人信息非线性高速增长，容易成为网络攻击者的潜在目标。四是从事互联网金融的企业逐渐启用云平台架构体系，用户信息、企业数据、交易数据向云平台集中，云平台存在用户数据丢失或泄露、虚拟化、应用程序及接口安全、云服务业务不可持续、不良信息处理和数据跨境流动等问题。

其次，互联网金融信用体系还有待完善。一是互联网金融交易过程虚拟化程度高，真实性不易考察验证，增加了反洗钱难度。二是交易双方真实身份认证识别难度大，缺少客户信息保密机制。三是互联网金融服务方式的地域开放性使得在交易过程中任何的操作失误，都可能会传递给网络的所有节点，构成整个金融体系的风险积累，甚至从局部性风险演变成系统性风险，对整体金融的正常运行产生影响，例如，2013 年 8 月 16 日的光大证券 A 股乌龙事件造成上证指数瞬间飙升逾 100 点，最高冲至 2198.85 点。

（三）金融市场风险的挑战

互联网金融业务的快速发展，使金融市场风险管控变得更加复杂。金融市场风险主要包括以下三个方面。

一是期限错配风险。以互联网理财业务为例，产品账户是短期的，甚至是即时的，而其投资的货币市场基金却是较长时期的，资产与负债之间存在严重错配，一些从事 P2P 借贷业务的企业更是既充当信用中介，又为产品提供担保，使得资金在平台滞留，容易造成挪用、期限错配等风险。

二是外溢风险。首先，互联网金融快速发展已对传统银行业利率和负债结构产生一定影响。一些商业银行开始竞相通过上浮存款利率以及调高理财产品收益率争夺客户资金。同时，银行活期和定期存款被金融产品分流后，个人存款减少，企业和同业存款增加，导致银行负债结构改变。其次，互联网金融企业拉动货币市场基金高速增长，2014 年 2 月底，互联网金融企业拉动货币市场基金增长近 7000 亿元，达到 1.4 万亿元，增长规模为过去 10 年的总和[19]，用户数量和金额超出监管机构预期和监管规则界定的范围。银行间同业存款增加了表外资金的规模，部分资金流入房地产等行业，削弱了中央政府的金融信贷政策效力。

三是流动性风险。互联网企业在开展金融业务时，往往以客户体验为先，突破现有金融规则，忽略风险控制。比如，二维码应用于支付领域，缺少密码认证，身份验证与支付流程过于简单。再如身份识别，传统金融机构身份识别要求面签，审查需要符合“三亲”原则，而在互联网企业，大部分身份认证识别都依赖于远程技术。另外，部分业务脱离了互联网金融的真正内涵和基础实践，衍生各类金融杠杆产品，原有安全边界被突破。互联网企业金融产品未经长期实践，企业信用水平和风险控制能力有待检验，存在兑付风险。

（四）业务融合监管的挑战

在互联网混业经营的大背景下，互联网金融成为跨行业、跨部门的典型代表，形成了与传统金融六大模式的融合体，体现了新时代“大资管”综合业务发展的特征。而目前中国金融业实行分业监管模式，对于涉及银行、券商、基金、保险等多领域的互联网金融产品，以及 P2P、众筹等互联网金融业务，银监会、保监会和证监会谁来监管、如何监管，如何与工信部、公安部等其他相关部门协调配合，已成为现有监管体系面临的巨大挑战。

从业界各方面反馈看，存在的问题主要集中在以下方面。一是跨部门协调监管机制尚不成熟，部门间职能不清与职责交叉并存，存在有好处就抢、有责任就推的现象。二是缺少互联网金融的相关法律法规，现有监管制度不够健全，障碍和漏洞较多，导致互联网金融行业还存在很多不规范的领域与灰色地带。比如，有些企业突破监管边界，触及非法集资、非法经营、地下洗钱等法律红线。例如，P2P 平台从投资人处获得资金，可能涉及非法吸收公众存款；不具有担保资质的互联网金融平台为放贷人做出担保承诺；部分互联网企业在没有法定资质情况下违规发行理财产品。三是创新业务的监管缺乏统一性。互联网金融的很多业务，尚未开展就被有关部门先行叫停，其监管部门给出的叫停理由有些并不充分，既有可能影响金融创新，又有可能带来监管套利，影响金融市场秩序的稳定。

19　人民网，货币基金规模首超万亿　专家称收益率将回落，http://finance.people.com.cn/n/2014/0324/c1004-24722870.html。

四、互联网金融监管和治理的政策取向

互联网金融是传统金融与互联网融合发展的结果，是传统金融的有益补充，对促进我国金融业创新、发展普惠金融具有积极作用。2013 年，中国共产党第十八届三中全会审议并通过的《中共中央关于全面深化改革若干重大问题的决定》提出要发展普惠金融、鼓励金融创新、丰富金融市场层次和产品。2014 年国务院《政府工作报告》提出要“促进互联网金融健康发展”，体现了中央政府对互联网金融开放包容的态度、坚定推进金融改革的决心和鼓励创新发展的总原则。因此，对于互联网金融监管与治理，应本着“鼓励创新、防范风险、趋利避害、健康发展”的总要求，守住“不发生系统性和区域性金融风险”的双底线，把促进互联网金融健康发展放在金融安全的全局中统筹布局，鼓励和支持互联网金融发展，加强顶层设计、监管协调，密切跟踪最新发展态势，建立统计监测、风险防控体系，从标准、市场等方面规范发展，加强网络信息安全和个人信息安全保障与风险防范，营造健康发展环境。

（一）加强顶层设计和部门协同，建立符合互联网金融发展要求的监管治理体系

加强顶层设计和部门协同，充分发挥部际协调机制作用，建立符合互联网金融发展要求的监管治理体系。在涉及金融业务市场准入、风险准备金拨备等方面，由人民银行牵头，证监会、银监会、保监会统筹协调，相关部委参与，建立协调工作机制；在网络信息安全方面，由工信部会同公安部等部委，积极解决各业务中可能存在的网络安全、信息安全方面等重大问题，减少监管真空和监管重复，形成监管合力。建立相关部门间的信息共享机制。

（二）完善相关法律制度，推进行业标准制定

加快互联网金融法律法规的制定，对现有金融与互联网的法规进行修订，推动个人信息保护立法进程，明确各类信息的基本保护规则。重视企业标准与规范，积极推动网络支付、金融大数据、个人信息保护等方面国家与行业标准建设，争取国际主动权。

（三）采取分类监管加“负面清单”的模式，充分发挥行业自律作用

在不同业务具体监管上，应采取分类监管加“负面清单”的模式，充分发挥行业自律

作用。尊重互联网开放平等和自我管理的精神，探索软法治理、柔性监管等新模式。在行业发展初期，对尚未纳入监管的新业务、新模式要予以包容，为行业发展预留空间。针对互联网金融重点业务，进行分类监管，加强相关主管部门间的协作，保证对新兴领域研判的准确性和专业性。充分发挥行业协会、社会组织的自律作用，通过自律规则规范互联网金融业务发展。

（四）建立健全互联网金融运行数据统计、安全监测体系，加强信息披露和共享

要加强信息披露和共享，建立统一的征信信息等信息披露和共享、风险预警平台，帮助企业利用开放的数据创新产品和服务模式。建立健全互联网金融运行数据统计体系和互联网金融业务动态监测统计体系，建立统计数据在相关部门间的共享机制。加强互联网金融新技术、新业务预研预判，特别关注新业务可能存在的问题和风险，以及对国家安全和用户资金、信息安全的影响。出台互联网金融技术安全指南，为互联网金融企业提供技术支持，包括终端设备、操作系统、网络业务流程等安全指引。

（五）充分利用互联网技术促进金融业发展

利用互联网、云计算、大数据等技术助力征信体系建设。整合互联网、电子商务、第三方支付、社交平台、政府征信资源（如工商、税务、法院、认证资质）等数据信息，研究制定数据采集、分析、保存、应用等方面的统一标准、规则，建立安全防护的技术和监管规则，建设互联网金融行业共享的信用信息平台，面向互联网金融行业提供统一、权威、可信的征信服务。一是积极利用互联网技术改造央行已有的“自上而下”的征信系统，充分发掘其价值，扩大适用范围，提高便捷性。二是帮助地方政府建立、完善、提升区域性征信平台。三是鼓励互联网公司充分利用已有的征信资源，建立“自下而上”的统一、融合的数据平台。

第三章　电子商务治理

网络技术在经济领域应用的一个最突出的例子是电子商务。电子商务正在从根本上改变传统的商品和服务交易模式，并带来了市场准入、不正当竞争、诚信缺失、税收、消费者保护、隐私保护、交易安全、跨境电子贸易等一系列新的治理问题。政府监管部门、行业性组织、第三方交易平台、电商和消费者的协同参与与合作，是完善电子商务市场治理的基础。

一、电子商务治理的逻辑内涵

（一）电子商务治理形成的背景

电子商务是降低成本、提高效率、拓展市场和创新经营模式的有效手段，对于优化产业结构、支撑战略性新兴产业发展和形成新的经济增长点具有重要作用。2013 年，我国电子商务持续快速发展，交易总额突破 10 万亿元，同比增长 26.8%；网络零售交易额超过 1.85 万亿元，同比增长 41.2%。电子商务发展的内生动力和创新能力日益增强，正在进入密集创新和快速扩张的新阶段。

然而，电子商务的发展仍然存在一些比较突出的问题，例如，电子商务发展的制度环境还不完善，相关法律法规建设滞后，公共服务和市场监管有待增强，信用体系发展亟待加强，网上侵犯知识产权和制售假冒伪劣商品、恶意欺诈、违法犯罪等问题不断发生，网络交易纠纷处理难度较大，从一定程度上影响了人们对电子商务发展的信心。

党的十八届三中全会通过的《中共中央关于全面深化改革若干重大问题的决定》（以下简称《决定》）明确提出，“全面深化改革的总目标是完善和发展中国特色社会主义制度，推进国家治理体系和治理能力现代化。”这一总目标的设立，是对我国改革开放 35 年来的经验总结，也是对各领域改革目标的科学提炼，为我国未来全面深化改革指明了方向。电子商务作为网络化的新型经济活动，已经成为我国现代商贸流通方式的重要组成部分。电子商务的治理绝不仅仅局限于网络平台、商业领域，应将其视为国家经济治理的重要组成部分，提升到国家层面开展相应工作。因此，在今后一段时期内，要着力推进电子商务治理体系的健全与完善，着力加强电子商务治理能力的提升与发展。

（二）电子商务治理的内涵

电子商务治理是一个内涵丰富、包容性较强的概念，重点是强调多元主体管理，是参与式、互动式管理，而不是单一主体的管理。因此，电子商务的治理应当体现出：政府监管部门的领导与多元主体参与决策的统一，法治与德治的统一，管理与服务的统一，常态化管理与应急管理的统一。

电子商务治理主体的多元性应当体现在除了有政府监管部门之外，还应当有行业性组织、第三方交易平台、电子商务企业甚至是消费者广泛参与，不同的主体在电子商务治理中有着不同的目标职责与任务，多元化的管理模式不是互相推诿而是要通力合作，在分工明确的前提下共同参与决策。

电子商务发展迅猛且外延不断扩大，由于相应政策法规的制定存在一定的滞后性，因此电子商务市场秩序混乱、市场体系分割、价格战竞争频繁等情况不同程度地存在。法治化营商环境建设应当是电子商务治理中的一项重要任务，需要多措并举打击违法者的侵权、制假售假、恶意欺诈等行为。

电子商务的治理既是管理，更是服务。政府要通过政策来鼓励和支持电子商务的深化发展，提高其对国民经济和社会发展的贡献度；行业性组织、第三方交易平台要形成合力，使得各成员企业和谐相处、共谋发展；电子商务企业则要充分考虑消费者的需求，为其提供个性化、便利化的服务。

电子商务的治理要形成一整套完备的体系机制，使之常态化、规范化、统一化、标准化，要对日常电子商务在运行发展过程中的各个方面制定有针对性的管理举措，用制度约束，从源头上杜绝问题的产生；同时也要针对可能发生的临时性、突发性问题部署应急管理办法。

（三）电子商务治理的主要内容

在全面深化改革的宏观背景下，电子商务治理的主要内容是电子商务治理体系的建设与电子商务治理能力的提升，其目标是实现电子商务治理体系与电子商务治理能力的现代化。电子商务治理体系的具体内容应当包括组织体系和制度体系两个方面。现行电子商务治理存在突出的多头管理问题，商务部、工信部、发改委、国家邮政局、国家工商总局、中国人民银行等部门都有相关管理职责，并出台了相应的指导文件、战略规划、政策法规等，因此在组织体系中应当明确各部门职责和联动机制。另外，完善制度环境、健全立法立规、建立信用体系，转变政府相关部门的职能，使得电子商务的运行发展有法可依、有规可遵、有章可循，是电子商务制度体系建设的主要内容。

电子商务治理的过程要以问题为导向，拿体制、机制方面存在的突出问题“开刀”。为了避免揭露了问题才去解决问题，需要统筹规划与顶层设计，还要激发电子商务企业自我管理、自我约束、自我提升的内生动力，而这需要法制和制度来保障。电子商务治理体系与治理能力的现代化最终就是要实现政府、市场、企业关系合理，管理监督权力结构优化，法治健全有保障，自我发展有动力。

二、现阶段我国电子商务治理水平

（一）我国电子商务发展状况

近年来，我国电子商务交易额高速增长，逐步成为经济活动的重要组成；各类经济体电子商务转型进程加快，企业业务流程持续优化；电子商务支撑体系逐步壮大，信用认证、支付安全、物流配送、软件开发、信息系统支撑等电子商务配套活动初见成效；移动互联、云计算、大数据等新技术不断推动电子商务应用创新，新型商业业态不断涌现；信息基础设施不断改善，资费水平不断降低，行业标准不断完善。概言之，我国电子商务正处于全面改造和提升经济社会商业运行模式阶段，发展势头良好，方兴未艾。

1. 我国电子商务快速发展

2006 年以来，我国电子商务呈现快速发展态势。电子商务市场交易规模从 2006 年的 1.5 万亿元井喷至 2013 年的 9.7 万亿元，年均复合增长率达到 30%；相当于当年国内生产总值（GDP）的比重也从 2006 年的 7.2%提升到 2013 年的 17.1%，增长近 10 个百分点（见图 3-1）。近年来，电子商务发展势头并未因国际金融危机冲击而减弱，增速不断高于 GDP，成为颇具活力的转型升级利器。

作为电子商务的重要组成部分，网络零售的市场规模高速发展。2006—2013 年，网络零售市场交易额从 258 亿元暴涨到约 1.85 万亿元，年均复合增长率达到 84.1%，即使在较高基数上 2013 年同比增长率仍高达 40.9%；占社会消费品零售总额的比重从 0.3%提升至 7.8%[20]（见图 3-2）。近年来，以手机网购为代表的移动电子商务开始得到消费者认可。截至 2013 年 6 月，我国移动购物用户规模达 7805 万人，移动电子商务市场交易规模达 532 亿元[21]。

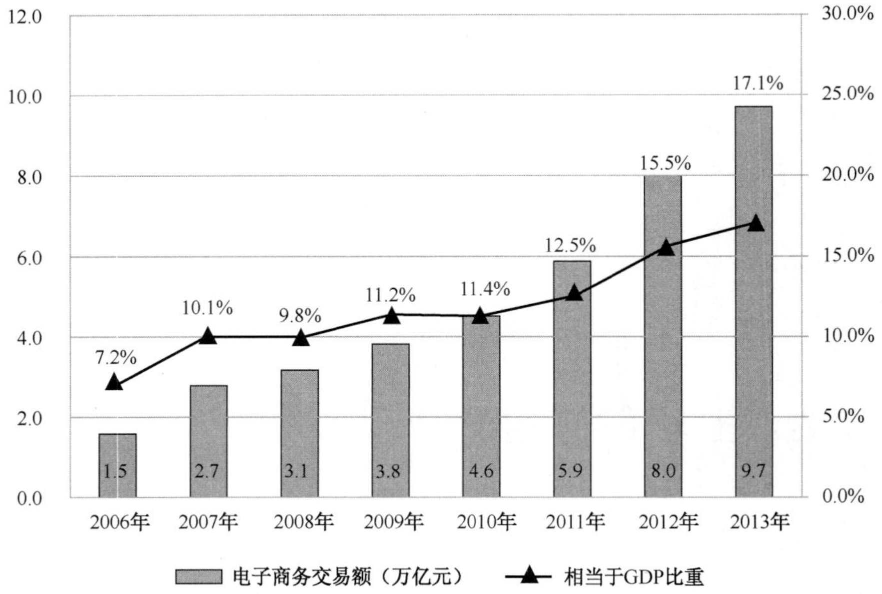

资料来源：根据商务部和工信部“电子商务交易额”数据和国家统计局 GDP 数据整理而得。

图 3-1 我国电子商务发展趋势（2006—2013 年）

2. 与实体经济融合日益紧密

电子商务与实体经济的结合日益紧密，信息技术不断渗透至我国工业、农业、商贸物流、金融咨询、旅游和零售消费等各个领域；大型骨干企业纷纷基于电子商务采购平台，实现企业间的信息流、物流和资金流的协同，2012 年我国重点行业典型企业在采购环节和销售环节的电子商务普及率分别达到了 63.05%和 69.61%[22]（见表 3-1）；电子商务在中小企业中的应用加快普及，截至 2013 年 6 月国内使用第三方电子商务平台的中小企业用户规模已经突破 1800 万[23]。

20 根据国家统计局“社会消费品零售总额”数据和中国互联网络信息中心“网络交易金额”数据整理而得。

21 根据工信部信息化推进司相关资料。

22 赛迪研究院数据。

23 根据工信部信息化推进司相关资料。

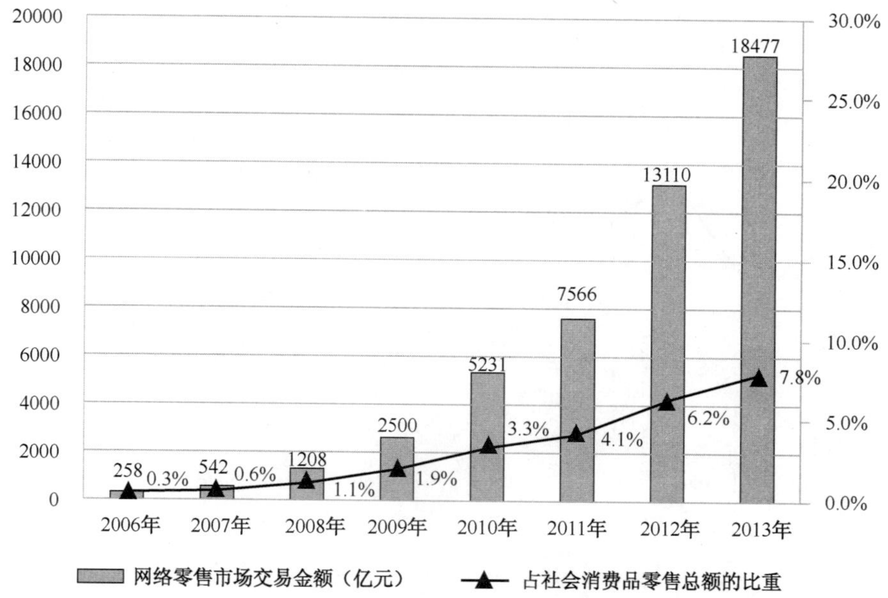

资料来源：根据国家统计局“社会消费品零售总额”数据和中国互联网络信息中心“网络交易金额”数据整理而得。

图 3-2　我国网络零售市场发展趋势（2006—2013 年）

表 3-1　2011—2012 年我国重点行业典型企业电子商务普及情况

年　　份	2011 年	2012 年	增　　量
采购环节电子商务应用	59.89%	63.05%	3.16%
销售环节电子商务应用	62.97%	69.61%	6.64%

资料来源：根据中国电子信息产业发展研究院数据整理。

3. 电子商务支撑体系逐步壮大

在我国电子商务快速发展过程中，物流配送、支付安全、信用认证和软件开发相配套电子商务服务业初具规模。其中，物流配送和电子支付发挥了举足轻重的作用。一方面，显著增强的物流保障能力支撑了电子商务交易标的物顺利地实现空间转移。我国物流业从行业集中度低、信息化管理水平低、流资源分散的低水平起步，通过信息化改造和与电子商务深度融合逐步向网络化、信息化、协同化发展，物流效率不断提升、物流环节不断减少、物流成本不断降低，有力地支撑了电子商务发展。物流业增加值从 2006 年的 1.4 万亿元增加到 2013 年的 3.9 万亿元，年复合增长 15.6%（见图 3-3）；快递业务量从 2.7 亿件增加到 91.9 亿件，年复合增长 65.5%[24]。

---

24 数据来自国家发展改革委、国家统计局、中国物流与采购联合会历年联合发布的《全国物流运行情况通报》。

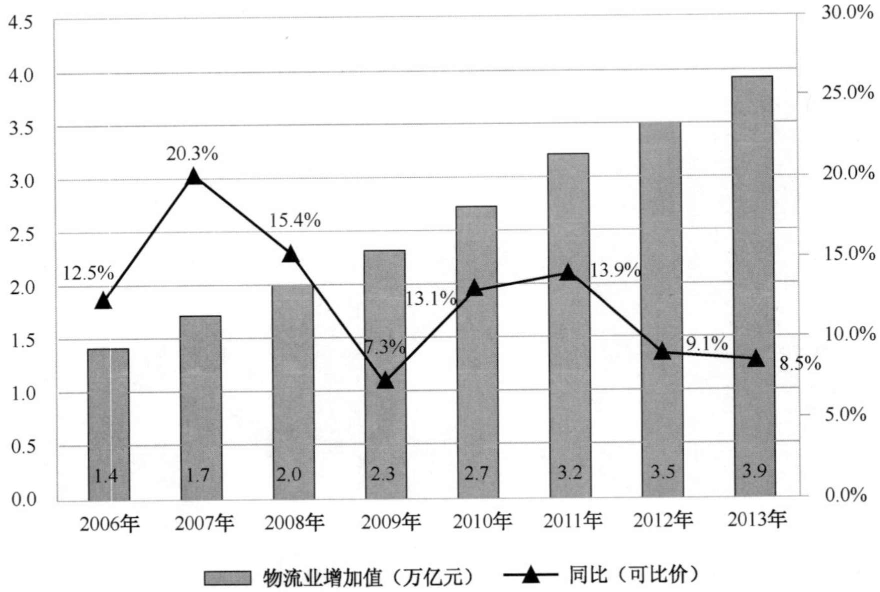

资料来源：根据国家发展改革委、国家统计局、中国物流与采购联合会历年联合发布的《全国物流运行情况通报》整理而得。

图 3-3　我国物流业发展情况

另一方面，持续提高的电子支付保障能力支撑电子交易资金的安全和便捷流动。随着我国电子支付法律法规的不断健全和电子支付相关软硬件设施的不断完善，我国电子支付业务快速发展。2007 年我国电子支付业务 22.57 亿笔，金额 259 万亿元，2013 年 257.83 亿笔，金额 1075.16 万亿元，2007—2013 年均复合增长分别达到了 50.1%和 26.8%。在网上支付、电话支付、移动支付三种电子支付方式中，网络支付占据主流地位，2013 年我国网上支付业务 236.74 亿笔，金额 1060.78 万亿元，占比分别达到 91.8%和 98.7%；而电话支付业务 4.35 亿笔，金额 4.74 万亿元，占比分别为 1.7%和 0.4%；移动支付业务 16.74 亿笔，金额 9.64 万亿元，占比分别为 6.5%和 0.9%。不过，移动支付业务呈现超速发展态势，2013 年同比分别增长 212.86%和 317.56%[25]。

（二）我国电子商务治理体系现状

1. 电子商务治理体系——组织体系

目前，我国电子商务主要监管部门及职责梳理如表 3-2 所示。

25 数据来自人民银行历年发布的《支付体系运行总体情况》等报告。

表 3-2 我国电子商务主要监管部门及职责梳理

一级管理部门	二级管理部门	相关职责
商务部	电子商务和信息化司	制定发展规划，推动企业运用电子商务开拓国内外市场；支持中小企业电子商务应用，促进网购等健康发展；推动服务体系建设，建立统计和评价体系；拟订相关标准、规则；组织和参与规则和标准的对外谈判、磋商和交流；推动国际合作
工业和信息化部	信息化推进司	指导推进信息化工作，协调信息化建设中的重大问题，协助推进重大信息化工程；指导协调电子政务和电子商务发展，协调推动跨行业、跨部门的互联互通；推动重要信息资源的开发利用、共享
国家发展和改革委员会	高技术产业司	统筹信息化的发展规划与国民经济和社会发展规划、计划的衔接平衡；拟订国民经济和社会信息化发展战略和规划，研究信息化发展的重大问题，衔接平衡信息化发展的相关政策；指导企业信息化，推进重点领域的信息化建设
人民银行	科技司	拟订金融业信息化发展规划，承担金融标准化的组织管理协调工作；指导、协调金融业信息安全和信息化工作；承担中国人民银行信息化及应用系统的规划、建设、安全、标准化及运行维护等工作；拟订银行卡业务技术标准，协调银行卡联网通用工作
税务总局	征管和科技发展司	拟订和组织实施税收管理信息化的总体规划和实施方案，承办税收管理信息化建设中业务需求整合和流程优化的综合管理工作
国家工商总局	市场规范管理司	承担监督管理网络商品交易及有关服务行为的工作
质检总局	科技司	开展质检科技相关信息系统和资源数据库的建立及应用管理
海关总署	科技发展司	组织全国海关业务信息化系统开发、推广应用和运行管理，归口管理海关业务数据的对外联网交换；研究提出口岸电子执法系统应用发展的中长期规划及年度计划，建立与口岸电子执法系统相关单位的工作联系，协调组织推动口岸电子执法系统应用项目的开发、试点和推广；联系指导全国海关信息中心和中国电子口岸数据中心

电子商务主管部门涉及到国家发改委、商务部、工信部、财政部、国家工商总局、海关总署等，各部门各司其职，在相应专业领域开展管理工作，其中国家发改委发挥了重要的统筹协调作用。在 2005 年国务院出台《关于加快电子商务发展的若干意见》后，发改委先后单独或牵头发布了《关于组织实施电子商务专项的通知》（2005 年）、《电子商务发展“十一五”规划》（2007 年）、《关于开展国家电子商务示范城市创建工作的指导意见》（2011 年）、《关于促进电子商务健康快速发展有关工作的通知》（2012 年）、《关于组织开展移动电子商务金融科技服务创新试点工作的通知》（2014 年）等一系列规划与政策。同时，商务部、工信部、工商总局等对电子商务治理也发挥了重要作用，先后出台了《“十

二五”电子商务发展指导意见》、《电子商务“十二五”发展规划》等。

在电子商务治理的组织体系中，已经初步形成了相对有效的外部监管格局，然而企业自身甚至是消费者层面对电子商务治理的互动参与还没有完全得以体现。这种不健全、不完善应当从根源入手，为他们共同参与治理搭建具有可行性的平台，畅通诉求传达的渠道。另外，电子商务治理要兼顾管理与服务，对电子商务的服务功能应该通过行业协会来体现，需要有针对性地为电子商务企业搭建交流合作平台，提供咨询服务、培训服务、信息支持服务等。

2. 电子商务治理体系——制度体系

在电子商务治理的制度体系中，与电子商务相关的现行法律、法规、政策是制度体系中的重要内容，表 3-3 所示为我国电子商务法律、法规、政策汇总，主要涉及价格竞争、知识产权、制售假冒伪劣商品、网络支付安全、信用体系建设等。

表 3-3 我国电子商务的相关法律、法规、政策

时间	发布机关	名称
	法律	
2000 年 12 月	全国人民代表大会常务委员会	全国人民代表大会常务委员会关于维护互联网安全的决定
2004 年 8 月	全国人民代表大会常务委员会	电子签名法
2009 年 8 月	全国人民代表大会常务委员会	中华人民共和国产品质量法（2009 年修正）
2009 年 12 月	全国人民代表大会常务委员会	侵权责任法第 36 条
2012 年 12 月	全国人民代表大会常务委员会	关于加强网络信息保护的决定
2013 年 10 月	全国人民代表大会常务委员	中华人民共和国消费者权益保护法（2013 年修正）
	法规	
1997 年 12 月	公安部	计算机信息网络国际联网安全保护管理办法
2000 年 9 月	国务院	电信条例
2000 年 9 月	国务院	互联网信息服务管理办法
2006 年 5 月	国务院	信息网络传播权保护条例
2010 年 5 月	国家工商总局	网络商品交易及有关服务行为管理暂行办法
2010 年 5 月	中国人民银行	非金融机构支付服务管理办法
2011 年 3 月	国家外汇管理局	电子银行个人结售汇业务管理
2011 年 4 月	商务部	第三方电子商务交易平台服务规范
2011 年 6 月	国家邮政局	邮政业消费者申诉处理办法（修订）
2011 年 8 月	国家邮政局	快递企业等级评定管理办法（试行）
2011 年 8 月	国家邮政局	快递业务操作指导规范

续表

时　　间	发布机关	名　　称
2011年12月	工信部	移动互联网恶意程序检测与处置机制
2011年12月	工信部	规范互联网信息服务市场秩序若干规定
2012年4月	最高人民法院	关于审理侵权信息网络传播权民事纠纷案件适用法律若干问题的规定
2012年5月	国家邮政局	快递业服务标准（升级版）
2012年9月	中国人民银行	支付机构预付卡业务管理办法
2012年9月	文化部	网络文化市场执法工作指引（试行）
2012年11月	最高人民法院	关于审理侵害信息网络传播权民事纠纷案件使用法律若干问题的规定
2012年12月	中国人民银行	中国金融移动支付系列技术标准
2013年1月	国务院	国务院关于修改《信息网络传播权保护条例》的决定
2013年1月	国务院	征信业管理条例
2013年11月	中国人民银行	征信机构管理办法
政　　策		
2005年1月	国务院办公厅	关于加快电子商务发展的若干意见
2005年2月	国家发展改革委	关于组织实施电子商务专项的通知
2007年3月	商务部	关于网上交易的指导意见（暂行）
2007年6月	国家发展改革委、原国务院信息办	电子商务发展“十一五”规划
2007年12月	商务部	关于促进电子商务规范发展的意见
2009年4月	商务部	电子商务模式规范
2009年4月	商务部	网络交易服务规范
2009年5月	商务部	商务部关于保护网上商业数据的指导意见（征求意见稿）
2009年11月	商务部	关于加快流通领域电子商务发展的意见
2010年2月	商务部	关于加强商务部网站信息和网络安全有关要求的通知
2010年6月	商务部	关于促进网络购物健康发展的指导意见
2010年12月	商务部、工信部、公安部、人民银行、海关总署、工商总局、质检总局、新闻出版总署（版权局）、知识产权局	关于印发打击侵犯知识产权和制售假冒伪劣商品专项行动网络购物领域实施方案的通知
2011年1月	商务部	关于规范网络购物促销行为的通知
2011年1月	商务部	关于规范网络购物促销行为的通知
2011年2月	商务部	第三方电子商务交易平台服务规范（征求意见稿）

续表

时　　间	发布机关	名　　称
2011 年 3 月	国家发展改革委、商务部、人民银行、税务总局、工商总局	关于开展国家电子商务示范城市创建工作的指导意见
2011 年 4 月	商务部、工信部、公安部、人民银行、海关总署、工商总局、质检总局、新闻出版总署（版权局）、知识产权局	关于进一步推进网络购物领域打击侵犯知识产权和制售假冒伪劣商品行动的通知
2011 年 4 月	科学技术部、财政部、商务部、国有资产监督管理委员会	关于加快推进信息化与工业化深度融合的若干意见
2011 年 4 月	商务部、工信部、公安部、中国人民银行、海关总署、工商总局、质监总局、新闻出版总署（版权局）、知识产权局	关于进一步推进网络购物领域打击侵权知识产权和制售假冒伪劣商品行动的通知
2011 年 7 月	国家工商总局	关于进一步加强市场监督管理加大打击假冒伪劣违法行为的若干措施
2011 年 9 月	国家工商总局	关于加强网络代购“洋奶粉”经营行为监管工作的通知
2011 年 10 月	商务部	“十二五”电子商务发展指导意见
2011 年 11 月	国家发展改革委、商务部、财政部、人民银行办公厅、税务总局办公厅、工商总局、海关总署办公厅、质检总局办公厅	关于同意北京市等 21 个城市创建国家电子商务示范城市的复函
2011 年 11 月	商务部	关于“十二五”电子商务信用体系建设的指导意见
2011 年 11 月	工信部	电子认证服务业“十二五”发展规划
2011 年 12 月	商务部	关于开展国家电子商务示范基地创建工作的指导意见
2011 年 12 月	商务部	关于“十二五”电子商务信用体系建设的指导意见
2011 年 12 月	商务部	关于开展电子商务示范基地创建工作的指导意见
2012 年 1 月	国家邮政局、商务部	关于促进快递服务与网络零售协同发展的指导意见
2012 年 2 月	国家发展改革委、财政部、商务部、人民银行、海关总署、税务总局、工商总局、质检总局	关于促进电子商务健康快速发展有关工作的通知
2012 年 3 月	工信部	电子商务“十二五”发展规划
2012 年 3 月	国家工商总局	关于加强网络团购经营活动管理的意见
2012 年 3 月	国家邮政局、商务部	关于促进快递服务与网络零售协同发展的指导意见

续表

时　　间	发布机关	名　　称
2012年3月	商务部	关于利用电子商务平台开展对外贸易的若干意见
2012年4月	商务部	对外贸易发展“十二五”规划
2012年5月	国家发展改革委	关于组织开展国家电子商务示范城市电子商务试点专项的通知
2012年5月	商务部	商务部关于确认首批国家电子商务示范基地的通知
2012年5月	国家发改委	关于组织快站国家电子商务示范城市电子商务试点专项的通知
2012年5月	国家发改委	国家发展改革委办公厅关于组织开展国家电子商务示范城市电子商务试点专项的通知
2012年5月	国务院	2012年全国打击侵犯知识产权和制售假冒伪劣产品工作要点
2012年8月	国务院	国务院办公厅关于开展重点领域网络与信息安全检查行动的通知
2012年9月	科技部	中国云科技发展“十二五”专项规划
2012年10月	商务部	电子合同在线订立流程规范（征求意见稿）
2012年10月	商务部	电子商务企业资质认定标准（征求意见稿）
2012年12月	国务院	国务院关于印发服务业发展“十二五”规划的通知
2012年12月	农业部	全国农村经营管理信息化发展规划（2013—2020年）
2012年12月	国家邮政局	关于严密防范寄递企业及从业人员非法泄露用户使用邮政服务或快递服务信息的通知
2013年4月	国家发展改革委、财政部、农业部、商务部、人民银行、海关总署、税务总局、工商总局、质检总局、林业局、旅游局、邮政局、国家标准委	关于进一步促进电子商务健康快速发展有关工作的通知
2013年4月	商务部	关于请申报扩大农村商务信息服务试点县（市）的函
2013年8月	国务院	关于促进信息消费扩大内需的若干意见
2013年9月	国家发展改革委、财政部、商务部、人民银行、海关总署、税务总局、工商总局、质检总局	关于启动第二批国家电子商务示范城市创建工作有关事项的通知
2013年10月	商务部	关于促进电子商务应用的实施意见
2013年11月	商务部	电子商务统计指标体系　第1部分：总体（征求意见稿）
2013年12月	财政部、国家税务总局	关于跨境电子商务零售出口税收政策的通知
2014年5月	国家发展改革委、人民银行	关于组织开展移动电子商务金融科技服务创新试点工作的通知

除了法律、法规、政策方面，电子商务信用体系建设是完善电子商务治理制度体系的重要内容。党的十七届六中全会提出，要把诚信建设摆在突出位置，大力推进政务诚信、商务诚信、社会诚信和司法诚信建设，抓紧建立覆盖全社会的征信系统。建立健全电子商务信用体系，不仅是实现电子商务行业健康持续发展的关键，也是社会信用体系建设的重要举措。

现阶段，我国电子商务发展环境还不完善，第三方的电子商务诚信测评并未得到消费者和网商普遍认可，诚信评价方法体系还不完善，诚信测评服务产业仍然处于起步阶段，电子商务诚信体系建设亟待加强。具体而言，建设电子商务信用体系必需的电子商务信用统计指标与监测体系并未成形，覆盖全国的电子商务信用信息基础数据库尚在酝酿过程中，基于电子商务信用信息基础数据库的电子商务信用评估机构实力不强。电子商务信用体系建设的目标是形成良好的信用环境，从而形成政府引导监管、第三方机构评估、消费者广泛参与的多元化、互动式机制，让电子商务经营主体不断增强信用意识、自律意识，促进电子商务健康发展。

（三）我国电子商务治理能力

1. 电子商务治理能力的特征

目前，我国电子商务治理能力的主要特征可以概括为：多放少管、多予少取、多帮少诿。

多放少管是指释放发展活力。多放，即开放市场，把发展壮大电子商务经济作为治理的目标，放宽市场准入，降低市场门槛，建立起开放、透明、平等、规范的电子商务市场准入制度。少管，即减少管制，对阻碍电子商务发展的法律、法规、政策、制度进行修订、废止，最大限度地减少对市场的行政干预，充分引导、发挥市场作用。

多予少取是指增强发展动力。多予，即加大电子商务领域的公共资源配置力度，扩大公共资源配置范围，加大对电子商务公共资源配置的倾斜力度。少取，即减少税费，减免创业期、培育期电子商务企业税费，调整跨境电子商务关税、退税政策，针对不同经营主体及经营性质的电子商务，建立起适应电子商务经济发展的税费管理体系。

多帮少诿是指提高发展实力。多帮，即支持电子商务经济的发展，加强各部门间的信息共享和业务协同，建立适应电子商务需要的公共服务模式。建立健全网络交易纠纷处理机制，支持企业开拓国际市场。少诿，即积极行动，主动解决电子商务发展过程中遇到的困难，杜绝相互推诿责任。

2．电子商务治理能力的表现

1）电子商务在社会各领域的应用水平不断提高

电子商务在我国工业、农业、商贸流通、交通运输、金融等领域的应用不断得到拓展，应用水平不断提高，除了立足于国内市场，跨境电子商务活动也日益频繁并正在不断推进。大型企业网上采购和销售的比重逐年上升，部分企业的电子商务已经与研发设计、生产制造和经营管理等协同发展。

2）电子商务在中小企业中的应用日益普及

2010 年中小企业网上交易和网络营销的利用率达到 42.1%，网络零售交易额迅速增长，“十一五”期间年均增速达 100.8%，占社会消费品零售总额比重逐年上升，成为拉动需求、优化消费结构的重要途径。2010 年我国网络零售用户规模达 1.61 亿人，交易额达到 5131 亿元，占社会消费品零售总额比重达到 3.3%。

3）电子商务支撑体系不断完善

电子商务平台服务、信用服务、电子支付、现代物流和电子认证等支撑体系不断完善，围绕电子商务信息、交易和技术等的服务企业不断涌现，电子商务信息和交易平台正在向专业化、集成化的方向发展。社会信用环境不断改善，为电子商务的诚信交易创造了有利条件。

4）电子商务试点示范稳步推进

国家电子商务示范基地创建工作稳步推进，通过树立典型、表彰先进，从而形成示范效应。首批国家电子商务示范城市已经确定，分别为：北京市、天津市、上海市、重庆市、青岛市、宁波市、厦门市、深圳市、哈尔滨市、武汉市、广州市、成都市、南京市、长春市、杭州市、福州市、郑州市、昆明市、银川市、南宁市、吉林市、苏州市、汕头市 23 个城市。国家电子商务示范基地的创建是促进电子商务规范、快速发展的重要举措；是发挥电子商务产业聚集优势、支撑城市现代市场体系建设的重要手段；是创新公共服务模式、整合社会服务资源、做大做强电子商务服务业的重要抓手；也是增强城市和区域经济发展活力、聚合资源、推动区域协同发展的有效途径。

（四）我国电子商务治理存在的问题

1．我国电子商务市场准入治理不完善

目前，我国 C2C 模式的电子商务商家在网上开店出售实物商品不需要工商登记，也不需要营业场地，更不需要预先进货，只需要商家先选择一个网络零售网站，比如淘宝网、易趣网、拍拍网注册会员，上传几张商品图片，网店就可以营业了。以淘宝网为例，

个人登录淘宝网，根据提示就可免费注册会员，上传身份证复印件通过认证，发布 10 件宝贝就可以免费开通网店，而且在此时，商家根本不用真实地拥有实物商品，只需几张照片即可。在这种不需要押金、不需要政府集中管理的情况下，商家的资产状况、信用程度政府都难以掌握，容易诱发商家没有信用、不遵守承诺的问题。

2．信息不对称引发的问题依旧严重

在电子商务活动中，消费者仅仅通过网络了解商品，并不能够直接看到商品实物。这种特殊的商务模式一方面方便了消费者，提高了交易效率；另一方面也使消费者无法对商品和服务进行进一步了解、询问、试用、查看，使消费者得到的信息量大打折扣，给商家欺瞒消费者提供了空间，使消费者要面临以下风险的冲击：一是商品信息不全。许多经营者在网络商店展示商品时，有意或无意向消费者提供不完整的商品信息，如遗漏商品产地、生产日期、有效期、检验合格证明、服务具体内容等。二是虚假信息。许多经营者有意向消费者提供虚假信息，欺骗消费者，如夸大产品性能和功效、虚假价格、虚假服务承诺等。三是虚假广告。许多经营者为了促销，发布虚假广告，误导消费者。由于真实的信息无法正确传达到消费者，导致消费者做出错误的决策，给消费者带来损失，而我国目前还未对这种信息不对称进行有效规制。

3．交易安全问题阻碍电子商务进一步发展

数据的安全保障、交易的安全保障和支付的安全保障亟待加强。我国信息安全保密体制尚不健全，容易遭受黑客攻击。由于没有建成有效的安全防范体系，不能形成解决处理信息安全问题的强大能力，无论数据、交易还是支付环节都有可能造成信息泄露或者被黑客攻击，所以人们对网上交易心存疑虑，阻碍了电子商务的进一步发展。

4．电子商务治理的法律法规不健全

目前我国还没有出台电子商务法来规范电子商务市场。尽管我国制定了一系列与电子商务相关的法规条例与部门规章，但是却始终没有形成一套系统的电子商务法。我国现在处在电子商务市场发展的关键时期，尤其需要相应的法律保障、宏观指导和政策扶持，为电子商务的发展创造良好的环境。电子商务不同于传统的经济活动，它有自己独特的交易方式和流通技术，而传统的法律制度、政策法规无法完全适用于电子商务的发展，所以需要制定专门的电子商务法来规范电子商务活动主体的行为。目前，我国政府对电子商务的规制明显滞后于电子商务的发展，无法妥善解决电子商务在电子合同的认证、支付与交易安全、知识产权保护以及隐私信息保护等方面存在的问题，立法进程的滞后已经严重阻碍了电子商务的发展。

5. 电子商务的信用体系建设滞后

在信用体系建设方面，我国金融机构尚未实现对每个用户信用的记录和评估，整个社会的信用体系也未建立起来，企业行为的外部监督与自我约束还不完善，假冒伪劣、虚假广告等现象时有发生，购买商品后退换货仍存在一定困难。交易双方相互信任度比较低，在虚拟的网络环境中，交易就变得更加困难，同时也为违法侵权行为提供了空间，为维护合法权益带来了很大的困难。

6. 电子商务的制度体系建设落后

现行的法律基本上是针对传统商业形式制定的，虽然随着电子商务的发展做了很多修订和完善，但就整体而言还是滞后于电子商务的发展。现行的制度框架主要以规定、通知、政策为主，还存在很多规范不明或无规范的法律盲点，具体而言有以下问题，比如，缺乏适用于电子商务纠纷仲裁的法规和条例，在产生纠纷时往往没有对应的仲裁依据，给予不法分子可乘之机；税收法规方面，电子商务以电子信息形式进行支付，如何对其依法征税以及税额比例、征缴方式、退换货后如何补偿等都是亟待解决的问题。2013 年 12 月 27 日，全国人大财经委员会召开了电子商务法起草组成立暨第一次全体会议，正式启动了电子商务法的立法工作，然而从启动立法到正式出台还需要一个漫长的过程，如何在此期间针对现有问题进行解决，是制度体系建设方面的重要问题。

三、加快我国电子商务治理体系和治理能力现代化的思考

（一）我国电子商务治理模式的发展方向

市场经济体制的不断完善、全球化和区域化的加快推进、信息技术的深化应用、大众消费的日益来临、虚实空间的互动影响，推动了我国电子商务的高速发展，低交易成本、海量交易信息、个性化需求、定制化服务等都使得传统的治理模式不能很好地适应电子商务的发展，客观上需要一种与之相适应的新型治理模式。

1. 由实体环境到虚拟环境

电子商务治理与传统商务模式治理的最大不同就是虚拟环境带来的影响：虚拟的主体、环境、权限、物品，买卖双方之间虽然可能已经对其喜好和习惯非常熟悉，但却不是一种面对面的交易。交易环境是虚拟的，交易过程是虚拟的，而风险和损害却是实实在在的。虚拟性是电子商务的本质，带来便利也衍生风险，因此电子商务需要解决如何在这种风险必然存在的前提下实施有效治理，最大限度地减少风险的发生和发生后的损失。针对

电子商务的虚拟化环境，其治理应该化虚为实、从实入虚，促进信息流动、公开透明。

2．从条块分割到有机互动

跨行业和区域是电子商务的又一大本质特点，与虚拟环境一样，这也是一把双刃剑，在带来便利和优化资源配置的同时，也衍生了很多管理上的难题，而这些难题又恰恰是对条块分割的既有模式的挑战。面对错综复杂的电子商务形态，政府管理职能的划分可能需要重构，即构建适应电子商务和信息社会发展的跨行业和区域的信息化的电子商务监管体制机制。近些年我国电子商务飞速发展，但相应的电子商务治理却相对滞后。今后，政府层面的电子商务治理必须从条块分割发展到网络空间下的信息共享、业务协同、有机互动。

3．从封闭简单到开放复杂

针对开放系统的治理是电子商务治理的又一大主题，也是一个巨大的挑战，而这种挑战又与虚拟环境、跨行业和区域等特征叠加，使得问题更加复杂化。随着微博、社交网络、团购的快速发展，网络空间中人与人之间关系的复杂性进一步加剧，已经远比原来简单的买卖或服务关系更“立体”，或者说，简单的买卖关系已经演化为一种复杂的交易关系，这种变化表现为开放平台服务的免费、服务形式人性化与个性化、交易目的多样化。

针对同样的问题，是在封闭环境内治理还是在开放环境下治理，解决方案很可能会大相径庭。在开放的电子商务市场，面对这样的复杂关系，传统的消费者保护、产品质量监管、广告监管和市场监管等都必须做出不同程度的调整。在一个开放系统和复杂关系的环境下，政府不再是单一的治理主体，更多的可能需要通过平台化治理、第三方治理、行业治理与他律等。平台化治理是指互联网时代平台型企业出于商业或社会责任的角度，对服务对象和合作伙伴等相关方实施的基于合同关系的规范和约束，它在电子商务法制建设中起着承上启下和先行先试的作用；他律是指市场主体之间的相互监督，是成熟市场经济国家实施治理的有效途径。

（二）电子商务治理的发展目标

1．治理的信息化

既然电子商务是以信息化为基础，成熟于信息社会大背景下，那么围绕电子商务的治理也一定是带有浓厚的信息化色彩的，可以称之为治理的信息化，或信息化的治理措施。

治理的信息化是信息社会电子商务对治理层面的必然要求，也是实现治理动态化、多样化、多元化的有效途径，围绕电子商务中的知识产权保护、假冒伪劣商品识别、身份认证、数字签名、信息安全、隐私保护、欺诈识别、权利救济等诸多方面的问题，僵化的监管政策与手段效果欠佳。

信息化使电子商务治理无处不在，也使治理大象无形，真正做到了发展与规范的统一；信息化使治理“软化”，善意的提醒和及时出现的警示纳入治理措施中，防患于未然；信息化使治理延展，横跨网络空间所及的地域，也使多年前的记录随时提取、一目了然。

2. 治理的生态化

庞大的电子商务服务业的出现，成为电子商务活动中各主体运行的润滑剂，并使参与电子商务的各主体突破了传统的线性关系，通过信息共享互补、相互合作等方式，形成了以平台为中心、各主体之间相互作用的电子商务生态系统，电子商务发展正进入全新的阶段。电子商务生态系统的初步形成是源于整个数据的开放，因为有了这些流动的数据，各主体可以将自己的能力发挥到极致。

电子商务生态化治理可以破解传统治理模式在网络时代的困境。电子商务生态化治理是指为了促进电子商务发展，由第三方电子商务平台、网商、消费者以及其他利益相关方共同制定电子商务的交易规则，以形成一个有利于电子商务发展的外部环境，并使电子商务系统内部的各因子之间的关系达到和谐，从而使各主体共享电子商务发展带来的利益。

电子商务生态化系统的形成，决定了电子商务治理是一种立体化的、系统性的治理，主要体现为治理手段和治理主体的多样性。从外部环境来说，形成一个有利于电子商务发展的外部环境；就系统内部而言，电子商务系统内部的各因子之间的关系达致和谐。生态化治理意味着，要在多元治理主体之间建立和谐、共赢、互助的生态化关系，达到有序、有为的生态化治理效果。

3. 治理的开放化

开放是国家经济社会发展的关键要件之一，也是互联网精神的核心，开放带来信息共享，带来信息不对称的消除，从而带来公正、透明、和谐与发展，带来枝繁叶茂的生态圈。因而，电子商务等新商业业态的治理就一定也是开放的、多元的。治理的开放带来透明、效率和公正，也使治理本身成为一个生机勃勃的有机体。电子商务治理要坚持开放理念，自律、他律、平台化治理、第三方治理等有效治理元素将有效地融入电子商务治理体系。

（三）完善电子商务治理体系的建议

我国电子商务是一个新兴市场，其基本特征是市场体系尚不健全，市场秩序尚未从根本上建立起来，亟须加强电子商务治理体系建设，提升治理能力。基本原则是尊重市场规律，充分发挥市场作用，健全保障电子商务市场有序运行的法律法规与政策措施，促进电子商务健康地可持续发展。

1. 加快相关法制建设

为了促进电子商务健康发展，需要建立健全电子商务相关法律制度，规定参与电子商务交易各方的权力与义务、交易行为主体的行为准则和规范、违反各项规范的惩处办法，等等。电子商务的立法应该适应电子商务的发展需要，在原有法律的基础上重新修订，并适时制定新法，完善我国电子商务的法律框架，营造电子商务规范发展的法律环境，构建起“立法主体层次分明、立法形式多样灵活、立法内容规范系统”的法制规范体系。在立法主体上，发挥全国人大、国务院、中央部委在调整和约束电商经营行为方面的行为规范作用，尤其在现代电子商务正在快速、深入渗透到国民经济各领域的发展趋势下，全国人大对电商经营活动调整的基础立法尤为重要；在立法形式上，包括国家法律、行政法规、部门规章等立法层次，以增强各类法律法规的科学性、可操作性和权威性；在立法内容上，应当统一在基本法律的调整范围内，明确政府部门、行业组织之间的职责分工，防止法律、法规、规章在立法内容上的重复和冲突，形成对电商经营行为调整的系统规范。

现阶段，我国在电子商务立法方面存在若干薄弱环节。下一阶段的法制建设要从保护消费者权益、加强第三方网络支付、完善隐私权保护等方面突破。

第一，要加强网络消费者权益保护。对涉及消费者权益保护方面的《消费者权益保护法》、《合同法》、《产品质量法》等法律法规进行修订和补充，针对网络购物中出现的新问题增加保护消费者权益的特别规定，及时解决网络购物过程中的新问题，为以后完善相关立法奠定坚实的基础。同时，随着跨国消费、欺诈的逐渐增多，由此而涉及的各国立法与管辖冲突也将日益突出，因此必须借鉴国外先进立法经验，通过签订双边协议、多边协议、国际公约等，尽快填补法律空白，制定一部与国际接轨的综合性法律，切实保护消费者的隐私权、投诉权等合法权益。

第二，加强第三方网络支付立法。人民银行已经根据第三方网络支付的实际需求加快对《支付机构客户备付金存管暂行办法（征求意见稿）》、《支付机构互联网支付业务管理办法（征求意见稿）》予以修改，完善对第三方网络支付的法律规范。从长远看，还需要根据第三方网络支付的发展趋势制定其他的相关法律，更加全面地规范第三方网络支付。同时，关于第三方网络支付专项法律的立法层级也需要根据第三方网络支付的发展状况进一步确定，人民银行提出的《非金融机构支付服务管理办法》只是部门规章，其未来的立法层级如何直接关系到对第三方网络支付的监管力度，如果第三方网络支付将来成为主流的支付方式，那么相应的立法层级也要提高。

第三，加快制定一部专门保护电子商务个人数据的法律。我国《民法通则》中明确规定了要对公民的生命健康权、肖像权、姓名权、名誉权等进行保护。但是针对于电子商务交易过程中的个人数据特别是个人隐私权的保护，仅有以上这些法律规定远远不够。专门保护电子商务个人数据的法律应该有以下几方面的规定：一是没有合法依据不得收集个人数据；二是界定哪些个人数据可以搜集以及搜集的方式必须合法；三是没有本人的许可，个人数据一般情况下不得公开，如有特殊情况需要公开，必须有翔实的公开记录；四是规定本人对其个人数据所拥有的权力；五是限制本人对其个人数据权利的扩大化，例如不得绝对禁止国家使用其个人数据；六是个人数据遭到侵权之后的法律救济。

2. 优化政府监管职能

我国现行的电子商务监管体制存在“多头管理、责权不明”的问题，需要切实优化政府体系内的电子商务监管，建立一个专门监督网络销售者、接受广大消费者投诉的网络监管体系。该体系坚持行政监督和司法救济相结合、国内规范和国际合作相结合的原则，对网络交易行为实施动态化监管，从而形成一个多部门联动且管理权限分级的综合体系。此体系可以分为三级。第一级为消费者权利保护组织和行业协会，其主要受理的范围一般是小额的网络购物问题或者可简单处理的纠纷问题。此外，这一级的机构可以采用一定的技术手段对所有的网络交易行为进行监测，如果发现有不法交易行为存在，可以采取关闭违规网页的方式，并责令网络销售者对其不法行为及时做出纠正。等网络销售者改正完后，须经消费者权利保护组织和行业协会审查通过，方可继续从事网络交易行为。第二级为网络销售者所属的当地工商行政管理部门。当第一级机构所受理的纠纷问题无法解决时，该纠纷问题自动转入第二级机构。如果仍不能解决，依次转入第三级的司法部门。以上监督体系的建立充分体现了政府的监督职责，而且还加入了社会团体与司法机关，将调解制度、行政管理以及法律判决充分地结合起来，不仅有效地减少了购物纠纷，而且也使纠纷当事人诉讼成本减少，有力地维护了消费者的合法权益。

3. 强化平台治理功能

B2B 与 B2C 的融合、电子商务平台化以及平台开放对于企业生产经营环境产生了重要的影响，企业不仅要接受来自政府职能部门和社会公众的监管，还要接受电商平台的规则制约。因此，电子商务平台实际上发挥着一种公共监管者的职能，从而成为电子商务治理体系中独特的一环。电子商务平台应自觉发挥行业自律作用，自觉地在法律规定的范围内对电子商务平台的相关规则进行修改和完善：依照法律规定严格控制供应商来源和用户的准入及退出标准，不断完善投诉、管辖和处理制度，降低权利人投诉成本，方便权利人维护权利；完善退换货等售后服务，让买到假货的消费者能够便捷退换，用提高售假成本来遏制假货交易；完善消费者保证金、店铺信用评价和评分等制度，以适应知识产权保护的要求。电子商务平台还应当建立不良商户的黑名单及相关信息共享机制，互相合作，共同创造一个良好的网络购物环境。

4．支持网商诚信测评

随着电子商务的快速发展，构建网商诚信测评体系已经成为一个迫在眉睫的问题。通过对网络购物中销售者、消费者的交易信息进行收集汇总，建立一个基于网络交易信息的电子档案。消费者在进行交易前可以对销售者以前所有的交易情况及诚信度进行查询，而销售者也可以通过该档案对消费者的消费能力进行查询评估。通过此信用体系的建立，不但可以增强网络购物中销售者的信息发布真实性，而且还能进一步增强销售者的交易信用和消费者的消费信用。首先，为了保证网络交易的安全性、过程的真实性以及网商诚信评价的公正性，需要出现若干个销售者和消费者都相信的而且具有一定权威性的第三方认证机构。其次，要鼓励诚信测评行业健全诚信考评机制，完善诚信等级评定，不断提高诚信测评的科学性、客观性和独立性，推动行业优胜劣汰和发展壮大。同时，诚信评价要想做到权威、客观、公正，诚信测评主体需要有权威性和中立性，政府或者法律授权一些符合条件且消费者及网商均认可的诚信测评机构，可以显著提高诚信评价主体的信誉度。

第四章　网络环境下的社会治理

从管理到治理的改革，是当前国家范围内公共管理领域最为重要的变革之一。十八大三中全会提出，“要推进国家治理体系和治理能力现代化”。那么，要推动完整的国家治理体系的现代化，一方面，在政治、经济、社会、文化、环境五位一体各个领域推动从管理到治理的变革；另一方面，网络技术的发展和网络社会的兴起，也对传统的公共管理体系产生了影响和冲击。因此，如何对网络社会实施有效治理也是整个国家治理体系的重要内容。

一、从社会管理到社会治理

相对于管理（Management）或者统治（Government），治理（Governance）作为一个概念的提出，所经历的时间并不长。从 20 世纪 80 年代中后期学者的陆续讨论，到 90 年代多个国际组织的正式报告[26]，均体现了一个基本事实，即从管理到治理的转变，是全球公共管理领域重要的突破和变革。1995 年，全球治理委员会将治理界定为治理是各类机构和个人管理其共同事务的诸多方式的总和。它是使相互冲突的或不同的利益得以调和并且采取联合行动的持续的过程。这既包括有权迫使人们服从的正式制度和规则，也包括各种人们同意或以符合其利益的非正式的制度安排。它有四个特征：治理不是一整套规则，也不是一种活动，而是一个过程；治理过程的基础不是控制，而是协调；治理既涉及公共部门，也包括私人部门；治理不是一种正式的制度，而是持续的互动[27]。

俞可平教授认为，“治理”与“统治”从词面上看似乎差别并不大，但其实际含义却有很大的不同。“治理与统治最基本的，甚至可以说是本质性的区别就是，治理虽然需要权威，但这个权威并非一定是政府机关；而统治的权威则必定是政府。”

此外，俞可平教授还认为，治理与统治另一个区别是权力运行的向度不同。“政府统治的权力运行方向总是自上而下的，它运用政府的政治权威，通过发号施令、制定政策和

26 如世界银行 1992 年度的报告《治理与发展》，经济合作与发展组织 1996 的报告《促进参与式发展和善治的项目评估》等。

27 俞可平. 治理与善治[M]. 北京：社会科学文献出版社，2000：1-2，4-5。

实施政策，对社会公共事务实行单一向度的管理。与此不同，治理则是一个上下互动的管理过程，它主要通过合作、协商、伙伴关系、确立认同和共同的目标等方式实施对公共事务的管理。治理的实质在于建立在市场原则、公共利益和认同之上的合作。它所拥有的管理机制主要不依靠政府的权威，而是合作网络的权威。其权力向度是多元的、相互的，而不是单一的和自上而下的。”[28]

根据以上的概念和讨论，我们可以进一步归纳出治理理念的若干核心特征。

（一）多元主体性

正如全球治理委员会所述，治理的主体是各类机构和个人。从这个定义来看，治理主体的多元性体现在以下几点。

首先是数量上呈现多元性，治理主体并不是单一的某个个体，而是各种个体的组合。

其次是属性上呈现多元性，即治理主体既可以是公共机构，如传统的政府，也可以是非政府控制下的社会公益组织，此外，公民个体以及公民私人所有的盈利性的组织，也是治理中的重要主体。也就是说，在治理中，治理主体并不受其自身属性的限制，只要是在法律框架下，具有法律赋予权利的主体，都是治理中的重要主体。

因此，无论是从数量而言，还是从属性而言，治理主体都呈现多元性，并且这种多元性是治理主体最重要的属性，决定了治理主体的其他基本属性。

（二）协同共治

治理的第二个特性是协同性。协同出自作为新三论的协同学。协同学研究协同系统在外参量的驱动下和在子系统之间的相互作用下，以自组织的方式在宏观尺度上形成空间、时间或功能有序结构的条件、特点及其演化规律。所谓协同，就是指在一个系统中两个或者两个以上的不同资源或者个体，通过互动以实现某种结构和完成某种功能的过程或能力。这种过程，描述了一种系统不是由单一的命令控制单元所控制，而是仅凭系统内部的微观单元的互动，从而在宏观上形成有序结构的过程。

具体到社会治理中，协同就体现为整个社会的基本秩序、行为准则和社会结构，并不是由单一的政府或者其他外力强制形成的，而是通过在整个社会中各种个体和组织之间的密切互动从而演化形成的。这种协同共治体现了治理中的动态特性，即社会秩序是由微观治理主体的互动从而形成协调的。

---

28 俞可平. 治理和善治引论[J]. 马克思主义与现实，1999（5）。

（三）正式性与非正式性

正式性与非正式性的混合是治理的又一重要特性。当社会秩序都是由政府或者其他单一的社会权威中心单一形成和提供时，社会秩序就主要体现为正式性。例如，在传统计划经济时代，政府社会市场的边界模糊，整个社会规则都是以正式形式形成的，如宪法、法律、政府的公文命令。

当治理的主体是由政府和政府所主导的社会组织以及其他不由政府主导的各种类型的主体所组成，特别是社会秩序是由各种类型的微观主体所互动形成，那么社会秩序必然既包括由政府所主导制定的各种法律法规，也包括其他由社会中各类主体在法律框架内通过合作和契约关系形成的各类非正式的制度规则。因此，社会规则的正式性与非正式性的混合是由治理主体多元性和协同共治所共同决定的。

（四）多方向性

治理中的多方向性是指整个社会秩序形成的方向是多维度的，既包括传统的自顶向下，也包括自底向上，还包括横向的传递和模仿等。

在传统由政府单一形成社会秩序的状态下，社会中秩序的形成必然是以自顶向下方式形成的。这种自顶向下包括两个阶段：一是在政府内部，秩序的形成是由政府最高层级逐层向下层政府传递的；二是在政府外部，是由政府作为主导形成并被整个社会所接受的。

随着社会的发展，当社会秩序逐渐由政府的单一提供转为由社会主体互动形成时，也必然打破了这种单一由政府自顶向下形成秩序的单向性。这种打破既包括秩序的自底向上，也包括秩序的横向形成。

自底向上的秩序包括两个阶段：第一阶段是由社会中的非政府的各类主体形成秩序并被基层政府所接受和吸纳；第二阶段是由基层政府向上级政府的政策传递，从而形成自底向上的政策形成过程，最终形成国家意志和法律，改革开放后的许多政策都说明了自底向上已经成为重要的政策形成方向。

此外，横向形成的秩序也是重要的秩序形成方向。这体现在两个方面，一是各类主体之间的相互影响和借鉴，例如许多非正式契约的形成都参考了其他主体之间类似的契约，这是一种横向的借鉴；另一种包括政府层面的横向借鉴，例如某一区域的政策明显借鉴了其他区域的政策，这就是区域间由于协同而形成的制度的横向影响。

二、网络环境下的社会治理与网络社会的治理

探讨网络环境下的社会治理最重要的是要搞清网络环境下的社会治理与网络社会治理之间的关系，当前一种普遍的误区是将网络环境下的社会治理与网络社会的治理割裂开来。实际上，这种观点还没有从本质上认清网络社会的实质。网络社会不仅只是存在于网络虚拟空间的一种虚拟存在，也是涵盖虚拟与现实的综合的混合状态。类似于工业社会，其描述的并不仅仅是工业流程内的过程，而是以工业为核心生产方式所塑造的整个社会状况。而网络社会也同样，其不仅仅指的是网络中形成的类似于现实社会的虚拟社会，而是指以互联网网络为核心连接方式和生产方式所塑造的整个社会。因此，网络社会是人类整体所形成的新的社会状态。在这种状态下，网络环境下的社会治理实际上与网络社会的治理是一体两面的结构。

（一）网络社会的本质和视角

总体上说，当前存在三种对于网络社会的不同视角的观点和相应的概念，以及由此产生的相应的治理理念和策略。这三种基本的视角和概念大体为：①网络社会的虚拟社会说；②网络社会的现实社会延伸说；③网络社会的虚拟真实社会混合态说。

1．网络社会的虚拟社会说

这种观点在网络社会初兴起时较为流行[29]，其基本出发点是将网络社会视为完全以计算机和网络技术为基础所构成的纯虚拟世界。而这一虚拟社会与现实社会并不存在密切的对照关系，网络社会中的主体以完全虚拟化的形态存在和交流。

网络社会的虚拟社会说的核心是认为网络社会是独立存在的，与现实社会不发生联系并以其完全不同的形态运行的虚拟空间。因此，网络社会的行为对现实社会的行为影响很有限，并且在网络社会中也不需要如现实社会中一样严格针对主体行为进行束缚。

网络社会的虚拟社会说所对应的基本价值观点是认为网络社会是自成一体的，应该采用自由放任的态度和策略来进行治理。因此，完全的放任和崇尚自由是网络社会虚拟社会说所秉承的一种治理理念。表现在实际治理策略上，就强调网络社会中的自由，反对实名制，反对制定网络法律，反对网络社会中行为受到实际法律制裁等。

2．网络社会的现实社会延伸说

与网络社会的虚拟社会说截然不同的另一种观点认为，网络社会只是一种通信手段的

29 刘友红．人在电脑网络社会里的“虚拟”生存——实践范畴的再思考[J]．哲学动态，2000（1）。

提升，与传统的通信网络、电话网络等没有实质的区别。因此，网络社会也只是现实社会的一种正常的延伸，网络社会的行为反映了行为主体的行为。

网络社会的现实社会延伸说的核心是否定网络社会的独立存在状态，认为网络社会的本质与现实社会没有不同，并不是独立存在的体系。网络社会是现实生活的延伸和投射，其反映了现实社会的需求，网络社会中的行为也是实际行为的反映，因此，网络社会中的行为个体都需要如同现实社会一样进行严格治理。

由于认为网络社会只是现实社会的一种自然延伸，网络社会的现实社会延伸说的相应的治理理念是认为应该将现实社会中的治理手段严格地应用在网络社会中，应该像治理现实社会一样治理网络社会，网络中的行为个体要严格为其行为负责并承担现实社会的实际责任。具体表现在治理策略上，就强调要严格实现网络的实名制，加强网络内容的审查控制，加强网络的监管和立法等。

3. 网络社会的虚拟真实社会混合态说

以上两种观点，一种认为网络社会是完全独立运行的虚拟社会；另一种认为网络社会只是实际社会的投射和反映。从治理策略来讲，一种强调网络社会的自由与独立，主张采取放任的办法；另一种强调网络社会是真实社会的反映，主张沿用现实社会中的治理手段进行严格监管和控制。但实际上以上两种观点都有所偏颇，因为一种没有看到网络社会与现实社会的巨大联系，而另一种也没有看到网络社会所具有的完全不同的特性。因此，对于网络社会，需要从一种新的视角来进行思考。这种观点可以称为网络社会的虚拟真实社会混合态说。

网络社会的虚拟真实社会混合态说对以上两种观点进行了扬弃，认为网络社会既不是完全独立的虚拟社会（因为的确体现了大量实际社会生活的要素），也不是完全意义上的现实生活的延伸（因为网络社会的确存在相对独立性和与现实社会运行的一些截然不同的特点），网络社会是完全严格意义的虚拟社会与实际现实社会的一种共生态。因此，这种视角下的网络社会的概念并不是单指计算机网络体系，而是认为虚拟空间已经与现实社会密切地融合在一起，形成了一个互相独立又相互影响的高度结合的共生的存在方式，因而网络社会就是这种既包括虚拟社会又囊括真实社会的共生态（或者称为第三态）社会。

在这种视角下，网络社会既具有纯粹虚拟世界的相对独立性和完全不同于真实社会的特点，又表现为与真实社会的高度关联性。这种混合态的观点，也是本书所采用看待网络社会的基本观点和相应的治理策略的基本出发点。就具体治理策略而言，网络社会的虚拟真实社会混合态说认为既不能采取自由放任的态度，也不能像现实世界一样加以治理，而要针对网络社会所形成的相对独立的新特点采用新的治理策略（见图 4-1）。

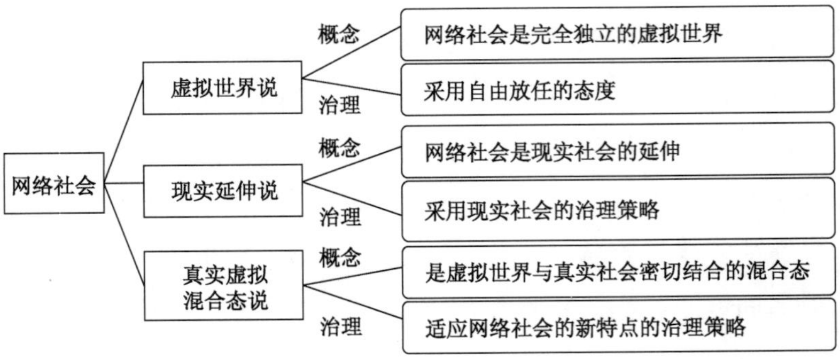

图 4-1　网络社会的三种不同视角

（二）网络环境下的社会治理与网络社会治理的本质

综上所述，网络社会并不是简单等同于完全存在于虚拟空间的虚拟社会，而是通过网络技术所形成的对人类社会的新的整合方式。在这种情况下，只谈现实社会的社会治理实际上是没有充分理解网络社会这种新的整合方式。

从现实情况看，由于网络的发展，频繁发生的群体性事件等当今大多数的社会治理问题虽然产生于现实，但是其组织、运作以及激化大多都是在网络中形成的，或者以网络作为主要的动员媒介。其他的诸如各种利益阶层的冲突、激化、网络抗争等行为，都呈现出了根植于现实而发展于网络的特点。可以说，现实的治理困境主要来自网络社会的治理困境。因此，从最一般的意义来讲，网络环境下的社会治理的主要内容和重点是对网络社会的治理。甚至更进一步而言，网络环境下的社会治理与网络社会的治理是一体两面的关系。

三、网络社会的特性和对传统社会的冲击

网络社会对现实社会产生了多方面的冲击，这些冲击主要是由网络社会的基本特性决定的，因此，研究网络社会的治理或者网络环境下的社会治理必须从网络社会的基础特性入手。

（一）网络社会的基础特性

网络社会的整体特性由三部分形成。首先，由网络社会特殊的技术形式决定的信息的超流动性等特性；其次，网络社会本质上是一个复杂巨系统，具有复杂巨系统的典型特征；再次，中国网络社会具有中国社会整体环境的特质。

1．由网络技术本身带来的特性

1）跨时空性

网络社会本质上是跨时空性的，主要表现为网络之间的交流超越了通常的时空限制，可以做到即时性和跨地域性，并且由于网络信息的存储与检索机制，既往的网络事件和信息也可以对后来的事件产生极为强烈的影响。

2）高度的流动性与动态性

由于网络信息传播与交流的跨时空性，使得网络社会中虚拟的个体本身具有高度的流动性。在极短的时间内，某一网络虚拟社区或者热点话题就会聚集大量的网络个体，产生极为强烈的公众舆论效果和动员能力。

3）冲击与对抗性

由于高度的流动性与跨时空性，使得不同地域、不同背景、持有不同观念的人们能够同时进行思想的交流和碰撞。原先被时空限制的思维碰撞在网络空间中得以爆发。

4）隐蔽性

隐蔽性是网络空间的重要特性。隐蔽性体现在现实个体可以拥有多个网络身份，并且可以伪造网络身份而不易被察觉。

5）权力的转移与技术的对等性

在传统社会中，政府由于拥有更大的资源优势和法定的行政权，所以从力量对比而言，政府拥有绝对的优势。而在网络时代，谁拥有技术谁就拥有网络的更大优势，所以，整体而言政府的绝对优势被极大地削弱。网络主体之间呈现出大体均等的态势。

6）极为松散的结构体系

由于权力的转移和技术的大体对等，使得网络整体上呈现极为松散的特性，一方面表现为基本组织结构的松散型；另一方面也表现为网络中缺乏主流的意识形态，而呈现极为多元的各种思想和观念的汇聚。

7）跨国性和文化干预性

传统时代，跨国之间的文化交流受制于传统媒介和渠道的控制，使得国与国之间的意识形态的交流更多地表现为间接性，然而在网络时代，各国网民之间可以互相通过网络进行直接的对话与交流，而有目的的意识形态输入也成为可能，这就更加增加了一国网络治理的复杂性。

2．网络社会的复杂巨系统的特性

系统理论是用来描述和解释系统的结构和特性的理论。系统既包括环境、物理、化学、生物等自然系统，也包括由人为制造和控制的机械系统和社会人文系统等。可以说，世界中所有事物都自成一个系统并且成为更复杂系统的功能单元。因此，系统理论是试图解释自然或者社会中凡是有结构的复杂体系的形态、结构、特性与运动规律的一种基础普适理论，不仅可以解释工程应用或者自然科学领域的问题，也广泛适用于解释社会系统的问题。

传统系统理论和相应的控制理论主要针对的是相对系统结构比较简单，能够比较精确地得知系统结构互相作用的传导机制，从而进行有效控制和干预的简单系统。而复杂巨系统理论描述的系统与传统的系统不同，主要是指由形态功能各异，个体具有自主性，个体之间互相作用机制高度复杂，并且数量极为庞大的个体组成的系统。由于系统中每个个体具有自主性，而且系统的运行规律是通过个体间互相作用而演化形成的，这一类系统往往也被称为多主体自适应系统。复杂巨系统最典型的代表是社会系统而不是人工设计的工程机械系统或者简单的自然系统。如果从以上定义出发，仅从单纯的构成结构来看，网络社会本质是一个复杂巨系统，因此，网络社会具有鲜明的复杂巨系统的特征。

1）网络社会的组织结构本质上是一个复杂巨系统

网络社会是一个复杂巨系统的界定，可从网络社会的基本构成特征来分析。

第一，组成网络社会的基本行为主体众多。

如果不考虑计算机硬件等设备，网络社会中的主体是由网络中的行为人所组成的，这一组成的数量是极为庞大的。根据中国互联网中心统计，如果仅以上网的自然人来统计，截至 2011 年 12 月，中国网民数量已经高达 5.13 亿人。这仅仅是自然人，而在网络社会中，同一个自然人往往具有多个网络身份（网络 ID），因此，网络社会中的网络人是远高于 5 亿的数量的。

第二，网络社会主体组成高度复杂。

以上仅仅是数量上的众多，而在网络社会中，网络主体不仅包括单个的网络人，还包括各种网络组织。网络组织不仅仅是现实生活组织的延伸，而且还由于兴趣、观点、身份等不同而形成了复杂的网络群落，并且这种复杂的网络群落的组成不受地域、身份等的限制。因此，网络中的主体组成复杂性远远超过了真实社会。

第三，网络社会的行为主体之间关系复杂。

由于网络通信的便利性，使得网络社会中的行为主体之间的沟通不但体现了现实社会中的互动关系（现实社会中的互动关系已经异常复杂），并且由于网络社会中的互动脱离了时空的限制，使得原先不存在的互动关系在网络社会中建立起来。从理论上说，网络中的任何人之间都可以发生互动关系，不仅是网络人个体，还包括网络社会中各种形态组织与组织之间，组织与个人之间的互动，这就产生了极为复杂的互动关系机制。

第四，网络社会的脱离时空性加剧了网络社会的复杂性。

以上的复杂性其实在真实社会中也是存在的，然而，网络社会由于网络中主体的交流不受时间地域限制，因此，这极大地增强了网络社会的复杂特性，因为传统社会中的交流受地域的约束很大，故而，传统社会的交互性和复杂性比网络社会要低得多。此外，网络社会所具有的匿名性、多身份性、隐蔽性等特征也加剧了复杂社会的特征。从以上的基本构成特征可以看出，网络社会的本质就是一个多主体（自适应）的复杂巨系统，并且这一复杂巨系统的特征比传统社会更加明显。

2）网络社会作为复杂巨系统的特性

由于网络社会从结构组成和运行特征上都表现出复杂巨系统的明显特征，因此我们首先要分析复杂巨系统的一些基本特征。复杂巨系统的特征很多，但通常来说，与网络社会治理高度相关的特征主要包括非中心性、协同性、自组织性、不确定性、突发性。

非中心性主要是从复杂巨系统的静态结构和动态的运行机制来界定的，从静态的组织结构来讲，非中心性表现为系统不是围绕某一个中心节点和组织展开的。在网络社会中，体现为不存在一个节点和主体（包括个体和组织），所有的节点和主体都是围绕这一节点或者主体展开的。而从动态机制来说，非中心性是指系统中不存在一个部分对其他部分发布控制命令，从而控制整个系统的运动。针对网络社会而言，动态的非中心性就是网络中的主体是互相对等的，不存在一个网络主体能够对其他主体的行为发布命令，从而控制整个网络的运行。

协同性主要是描述复杂巨系统运动机制的，由于复杂巨系统中不存在协调其他部分的中心控制部分，因此，系统中的运动机制是由于组成系统的部分之间的互动而形成的。而具体在网络社会中，协同性表现为主体的行动是相互影响、相互作用的，而不是由于某种单一的控制形成的。

自组织性是与协同性高度相关的，由于复杂巨系统的协同性，从而能演化出一套有序的自发运动规律，尽管这种自发运动规律不是由于预先的设计形成的，但其整体上依然表现出了有序的规律。具体在网络社会中，体现为在大量主体之间互动的情况下，依然演化出了一些有序的规律。

不确定性是与非中心性、协同性、自组织性高度相关的。由于网络主体的数量众多和复杂性，以及运动中的非中心性和协同性，对于网络中具体的某个点和某个事件而言，其状态呈现依然是不确定的。具体在网络社会中，表现为由于网络社会主体和运行机制的复杂性及信息的高度流动性，使得某件事情上的网络信息，所酝酿的情绪、意见，以及发生的事件等是无法明确获知的。

突变性是与不确定性高度相关的。这种突变性在复杂巨系统中常常描述为涌现机制。具体而言，由于网络中的某个具体节点和事件的状态是无法明确获知的，并且网络社会中高度的信息流动性和脱离时空性，使得网络社会在某个点或者事件上，在某个时刻可以突然聚集极大的舆情能量，并产生明显的网络事件，并影响到现实社会，从而导致现实社会事件的发生。

以上就是网络社会作为复杂巨系统所呈现的特征，较之传统社会本质上的巨系统更为复杂。表 4-1 呈现了传统社会与网络社会特征的对比。

表 4-1　传统社会与网络社会特征的对比

	传统社会	网络社会
组成方式	稳定的层次分别	典型的非中心性组成
控制机制	存在单一的权威中心	不存在单一的权威中心
组成的个体	复杂的个体和社会组织	复杂个体和组织，然而个体具有多个身份和隐蔽性
运动机制	受已经制定的明显社会规则制约	受原有社会机制的约束较少
社会规则的产生	有着明显的程序性产生社会规则	没有明显程序性产生社会规则，社会中运动机制是由于自发互动产生的
主体互动受条件的制约	明显受到地域、身份等的约束	不受地域、身份等制约
是否不确定性	事物发展特征较为明显，不确定性相对较低	事物发展阶段性不太明显，呈现出明显的不确定性
突发性	存在突发性，然而公共事件发展需要的资源聚集、特征等较为明显	高度突发性，事件发展需要的资源聚集，发展特征等不太明显，公共事件发生存在明显的突发性

3．中国网络社会所具有的特殊性

以上只是单纯从复杂巨系统角度分析了网络社会的特征，然而，任何国家的网络社会都是受制于自身的政治、经济、乃至文化、民族等特征。因此，当分析某一具体的网络社会治理策略时，还需要研究具体网络的社会特征。

中国的网络社会与其他国家的网络社会呈现诸多明显的不同，其中高度的分化性、冲突性和政治性最为明显。

1）中国网络社会的高度分化性

中国网络社会的高度分化性既是当前中国在转型时期高度分化的现实社会的网络反映，也是与中国网络社会出现的独特时机相关的，即中国在工业化的同时推进信息化。在传统的工业化社会中，工业化所产生的稳定的社会结构和较为一致的主流价值观念和社会运行规则，在网络社会出现后，自然而然形成有利于网络社会的较为稳定和一致的结构。而中国的网络社会是伴随着农业经济向工业经济转型，农业社会向工业乃至后工业社会转型，原本的价值体系被新的价值体系所高度替代时产生的。因此，网络社会中呈现出高度的分化性，这种分化性既表现为网络主体身份的分化性，也表现为观念、价值、利益的高度分化性。

2）中国网络社会的高度冲突性和暴力倾向

高度冲突性是与高度分化性相关的，由于网络社会中主体的复杂性以及所具有的身份、观念、价值、利益等的分化性，网络中呈现不同观念的高度对立。这种高度对立体现为网络中缺乏明显的共识的价值，并且这种价值的冲突无法用有效的方式进行消解，在现实生活中往往最终演化为现实暴力活动的发生，而在网络社会中则表现为高度的网络暴力倾向，这在当前频频爆发的网络暴力事件和由网络所引发的现实暴力活动中可以得到证明。

3）中国网络社会的高度的政治性

以上两种特性虽然明显存在，然而还并不是中国网络社会最明显的特性。中国网络社会最为明显和复杂并产生治理困境的是中国网络社会的高度的政治性。这种高度的政治性可以从很多方面发现，例如，中国网络中所讨论的内容相当一大部分是政治内容，包括小到自身的政治诉求、投诉、抱怨，大到讨论国家大事等。另一个明显的特征是，世界各国的网络社会发展都经历了从第一代的电子布告栏（BBS），第二代的点对点的即时通信（MSN、QQ 等），到第三代的互动网络社区（Facebook 等）的阶段。而在中国的网络社会，第一代 BBS 依然大量存在，并且 BBS 中主要集中了大量的政治性内容。

中国网络社会的政治性是与多种因素高度相关的，例如中国传统文化中家国天下的传承，以及当前从小对公民的教育强调要关心国家大事等。但是最为重要的是，中国公民的政治诉求反映渠道素来不甚畅通。而在传统正常的政治诉求渠道不通时，网络提供了一个公民自由宣泄和表达自身政治情绪的渠道和平台。因而，大量政治观点被席卷到网络平台中，并且经过各种个体和组织之间的互动与发酵，有些仅停留在口头表达，有些就积蓄到不可遏制的程度，从而在现实生活中宣泄出来，产生对传统社会挑战的公共事件。

对国际互联网各国网民的行为比较调查也支持了这种观点，根据 2000 年“全球互联网项目”（WIP）显示，大多数国家和地区的人并不相信互联网给人们更多对政府工作的发言权，中国大陆成为一个例外。数据显示，逾六成（60.8%）的中国 18 岁以上的受访者给出肯定的答复，并有 79.2%的网民认为互联网可以更好地理解政治[30]。

4）中国网络社会对现实的高度影响性

网络社会是一个虚拟与现实形成的混合态，网络生活天然地会影响到现实社会，这种影响在中国表现得更为明显。这基本上是由两方面的原因造成的，一方面，中国传统政治对于民意的重视，直接反映为治理方政府对当前网络民意的高度重视；另一方面，直接与中国网络社会的高度政治性和暴力性相关。如果不是高度的政治性，网络社会中的各种思潮的汇聚也不会危及实际治理体系的运行；而如果不是高度的暴力性，也不会对传统现实社会生活产生极大的冲击。现实也证明了这一点，近来的大多数群体性事件都通过网络传播和组织动员的。

正是因为网络社会对现实政治的高度影响性，才使得对网络社会的治理策略进行研究更加紧迫和重要。

（二）网络社会对传统社会的冲击

1．网络社会产生了新的社会个体形式

在传统社会中，社会个体只能是一一对应的自然人。而在网络社会中，首先，网络个体既可以是一一对应的自然人，即一个网络个体可能对应着多个自然人，同时一个自然人也可以以多个网络面目出现。其次，社会组织、企业、政府等组织都可以以网络个体的形式出现，从而与自然人以对等的方式交流。这对传统的社会关系产生了颠覆性的影响。

2．网络社会改变了人类基本的生产、生活与交往等行为方式

在新的网络个体产生的基础上，网络社会对传统社会最大的改变是改变了传统社会中面对面的交往方式，以及直接、即时和必须身临现场的生产生活方式，从而打破了原有在生产生活中的时间与空间限制，生产生活和交际从此进入一个全新的模式中。

3．网络社会改变了人们对空间和时间以及存在的认知

当人类基本的交际和生产生活方式脱离了真实空间和时间的限制，从现实生活中转移到网络空间和时间中，对于空间和时间的认识也随之改变。时空并不仅仅被唯一理解为真实的物理时空，虚拟现实技术甚至使得人类可以在网络时空中保持大体相当的存在感，从而引发了人类对什么是存在的重新思索。

30“全球互联网项目”（WIP）国际比较研究结果简介，http://www.chinanews.com/n/2004-01-16/26/392568.html。

4．网络社会改变了人们传统的信息获取和思维模式

在网络社会之前，人们获取的信息量是非常有限的；而在网络社会时代，人们获取信息的手段多样化，信息呈现出极端爆炸性，无论对信息的辨别、筛选，还是信息的处理和加工以至于人们的思维模式都发生了明显的变化。典型的是从串行的线性信息处理向并行的信息处理转化。

5．网络社会改变了人们思想和言论发布的渠道和方式

在传统社会下，人们发布自己言论的方式是通过直接的言语传播和间接的文字传播，而公开发布文字是需要比较烦琐的程序和审核的。而在网络社会中，任何个体都有不经过审核向其他无特定目的的第三方公众群体发布消息和传播信息的能力，这就极大地颠覆了原先单一、简单的传统社会信息发布模式。

6．网络社会易于形成新思想、新思潮

在信息获取和处理的渠道以及人们发布信息的方式改变后，由于大量信息的融合和交汇，更容易产生新的思想火花，加之快速的传播渠道，一方面容易形成创新，另一方面新的思想也更容易扩大影响，找到认同，从而汇集成新的思潮。因此，在网络社会中，各种思潮不断风起云涌是一种常态。

7．网络社会构成了新的公共空间，特别是新的政治空间

在传统社会中，所谓的人类的公共空间是极为有限的，只有广场等实际可以聚集公众的场所才能称为真正的公共空间。而在网络社会中，任何一个网络社区，任何一个网络沟通媒介都可以形成一个有效的公共空间。这就人为地创造了人们对公共事务更多的交流，从而对政治、社会、公共管理等都容易产生更多的思考、议论和行动。

8．网络社会更加促进了社会组织的发展和繁荣

传统社会中，社会组织的发展受制于物理空间和时间的限制，同时其运作和组织也受到沟通成本和隐蔽性等的制约。而网络社会极大地改变了这种制约，一方面，网络技术拓展了社会组织沟通的物理条件限制，做到了超越时间、空间；另一方面，网络也使得不同的群体之间能够相互辨识和靠拢，更容易形成大面积的相似人群的聚集。此外，网络技术的更加隐蔽性和沟通的即时性及几乎零成本也极大地降低了社会组织的沟通和运作的复杂度和成本，使得社会组织能够以更加便利、隐蔽、低成本的形态存在和运作。

9．网络社会推动了国家间制度与文明的交流和碰撞

传统社会中，信息的交流主要受地理疆界和文字的制约，从而停留在一国的实际疆域内，即便是跨文明的交流，也受到地域和时间的限制。而网络社会直接打破了国家范围的信息域界，进一步导致了全球范围的信息交换和整合。这种整合一方面极大地促进了全球化的发展，使得生产交换等经济活动的范围更广泛，形式更完备，效率更高；另一方面也导致了国与国之间的制度与文明之间的交流和碰撞，使得相对落后国家的制度和文明更易受到发达国家制度和文明的侵袭，更加难以保证其独立性。因此，在网络时代下，社会治理已经不是一个国家能够解决的事情，而是成为需要各国协作和真正的全球参与的治理。

10. 网络社会拓展了现实对人的各方面制约，重新整合了社会

网络社会通过及时，便捷的超越时空的沟通能力和强大的信息发布与检索存储机制，极大地扩展了现实对人的各种约束，既包括生产和生活层面的，也包括对思想和精神层面的约束。人的能力得到了极大的提高，同时社会以前所未有的方式更加紧密地整合在一起。在网络社会中，个体和社会的界限将逐渐模糊，从而个体的能力也得到了极大的提升。

四、网络社会对公共治理体系的挑战和需要解决的核心问题

（一）网络社会对公共治理的挑战

网络社会对传统社会的冲击是全方位的，但其对传统治理结构的冲击更为明显，其核心集中表现在以下八个方面。

1. 经济、社会多元化导致的监管困难

网络社会首先改变的是社会中经济运行和社会组织的基本方式，越来越多的经济和社会活动由传统方式迁移为网络方式，改变了人们基本的生产生活方式。例如，从经济活动的改变包括异地办公、虚拟企业、远程生产、电子交易、虚拟货币，等等。而从社会行为角度，网络社会通过高度的跨时空性使得人们的社会交际行为可以不受地域和时间限制。此外，经济与社会活动的网络化还增加了经济交易与社会交际的隐蔽性。这些使得对传统的经济、社会行为的监管产生了极大的困难。

2. 经济、社会系统脆弱性加剧乃至国家安全更易受到侵害

在网络社会加速和便利了经济与社会的活动与交流后，通过网络维系的经济与社会活动变得对网络高度依赖和更加脆弱。在网络上，拥有技术优势的一方更容易对处于技术劣势的网络和其中的个体产生攻击。在此基础上，由于各种经济、社会以及科技、军事等关乎国家安全的活动高度依赖网络，也因此变得更加脆弱。

3．侵犯个人权利的网络犯罪与网络暴力行为频发

由于网络社会中个人在参与和使用网络的同时，个人的信息和行为也同时暴露在网络之中，这使得个人权利极易受到损害。这种损害体现在两方面，一方面，个人的信息往往极易泄露，从而产生经济和其他的损失，侵害了个人的财产权等；另一方面，由于信息泄露和发布所导致的侵害隐私权、名誉权等针对个人的网络暴力行为也频频产生。

4．政治意识不受控制的涌动和民意的制造

在经济、社会活动之外，网络社会的特点是创造了公共的政治空间，并且在中国的特殊国情下，网络社会的政治性更加明显。政治性很强的网络社会中，由于信息快速地传播和交流速度的加快，使得各种政治思潮在网络上涌动和碰撞。并且由于信息不对称、网民交流的跨时间、空间性，以及网络身份的匿名性和便于复制性，使得可以通过低成本和短时间内大量的扭曲信息和聚集关注的方式制造民意。

5．社会权力转移，原有社会和相应的政治结构被打破

在网络公共空间构建的同时，原有的正常的社会政治结构也不得不让渡一部分权力于网络结构。典型的特征就是社会权力的转移，社会权力由原先的少数社会精英逐渐让渡为匿名的大众群体。与此同时，原先层级的社会结构被非层级的混沌形态的网络社会逐渐吸收和消融。整体社会呈现更加复杂和非固定结构的特征。

6．社会动员能力转移，群体性事件频发

社会权力的转移、原先社会结构的打破，以及网络本身具有的便捷性和隐蔽性，使得原先政府单一具有的社会动员能力被分散和转移，从而导致动员和组织大规模的群体性事件变得更加容易。尽管群体性事件的爆发与社会中的实际治理问题有着高度的联系和更深的现实根源，然而，越来越多的群体性事件与网络环境下群体性事件更加易于组织和与隐蔽性也高度相关。

7．对政府的监督和不信任被放大

尽管对政府的监督是公民本身具有的权利并且透明政府的建设也是政府自身的努力方向，但必须承认的一个事实是网络社会的突然兴起极大地增加了网民对政府的诉求和监督，使得政府不得不分担大量的精力去面对大量的网络质疑。与此同时，由于政府突然被暴露在网络面前所产生的不适应，以及网络独特的信息放大和扭曲效应使得政府面对的不信任也被无限制地放大。

8．治理策略和治理体系的缺失

面对网络社会，当前最大的挑战是网络社会治理策略以及相应的治理体系特别是法律法规体系均严重缺乏。准确地说，面对网络社会的快速发展，公共管理的实践者和研究者

还未完全适应变化。在一些重要的理论和手段方面准备不足，实践上也缺乏探索，整体处于还缺乏有效针对性的治理手段和体系的状况。

（二）网络社会治理需要解决的若干关键理论问题

如上种种的网络社会治理的难题，固然有技术手段相应缺乏等因素，然而更为重要的因素是对网络社会的一些基本问题还未形成共识。在网络治理实践中，也需要对一些关键问题进行清晰的探讨，只有在形成关键的共识之后，才能对网络社会的治理（包括制度治理和技术治理）体系和手段进行完善。这些关键的问题至少包括以下十个方面。

1. 网络社会的基本属性：网络社会是一种什么样的社会状态

网络社会治理首先要搞清楚的第一个基本问题是，网络社会到底是一种什么样的社会状态。这个问题是所有网络社会治理策略的出发点。现有的观点大概有三种，第一种认为网络社会是完全的虚拟社会，因此要制定虚拟世界新的法则或者应该用完全自由的方式处理；第二种认为，网络社会是现实社会的延伸，因此要按照现实社会治理的原则来治理网络社会（比如实名化）；第三种认为网络社会已经与现实社会高度融合，产生了介于虚拟社会与现实社会的高度融合的新的混合状态，因此需要采用虚实结合的治理策略。

2. 网络社会的复杂性与可治性问题

网络社会最基本的特性当属网络社会本身所具有的复杂性以及由复杂性所引发的可治性问题，这是着手制定网络社会治理策略的基础。复杂性是指网络社会本身的构成高度复杂并且由于高度复杂所具有的突变性、不确定性、非中心性等特点。鉴于网络社会的复杂性本质，网络社会不能沿用传统社会的治理方式来从根本上实现治理。

3. 网络社会中个体的身份属性与个体权利问题

网络社会中的个体是网络中的基本活动单元。然而网络社会中个体的身份属性到底是什么，这一问题尚未有明确回答。在现实生活中，个体属性是与人的基本权利高度相关的，如生存权、财产权、受教育权、发展权等。而网络社会中的虚拟主体的属性和个体的权利及相关的法律保障有待界定。

4. 网络社会治理与保障公民权利的关系问题

在网络社会治理中一个重要的政治伦理悖论是认为网络社会极大地扩展了公民的参政议政的权利和渠道，同时网络的言论自由等权利是公民重要的人身权利，而推动网络的治理过程中处理不当会损害公民权利。因此，保障公民权利和形成政治平衡成为反对网络管理的一种主要阻力。而这种担忧并不是没有道理的，因此如何能够在保障公民基本网络权利和自由的情况下同时实现网络社会的有效治理，这是需要认真考虑的问题。

5．政府、企业、社会组织、公民在网络社会中的位置和角色关系问题

网络社会中重要的特性就是由于网络社会颠覆了原有的相对固定的层级关系，使得政府、企业、社会组织、公民等各种主体都以大致平等的身份来参与网络社会的互动，这些在原本真实社会具有明显层级地位和力量不平衡的主体在网络社会中应该扮演什么样的角色，这个问题需要重点认真剖析。

6．网络社会治理与推进信息化建设、经济发展之间的关系问题

网络社会的发展与推进信息化等重大的产业措施高度相连，也是中国快速推动信息社会建设的重要成果。一个基本的问题是，对于网络社会的治理会不会损害和抑制正在蓬勃发展的信息化进程和网络经济？这需要在设计和研究网络社会的治理策略和机制时进行统筹考虑。过严的限制和管制必然会伤害和抑制网络活动的繁荣，从而抑制经济的进一步发展。

7．网络社会的治理与政务公开、效能建设、反腐败等政府建设的关系

如前所述，对政府管制体系的挑战是网络社会治理的重要压力之一。然而，网络社会的治理与政务公开、效能建设、反腐败提高政府能力和廉洁程度之间的关系如何？一个基本的原则是对网络社会的治理并不能成为阻碍或者拖延政务公开、效能建设、反腐败等的理由和解决政府缺乏网络信任的办法。怎样将两者结合起来，通过政府自身的建设以建立网络社会的官民信任，化解问题冲突，提高政府治理能力，也是需要认真研究的问题。

8．网络暴力与犯罪行为的界定和属性问题

网络暴力的治理是网络治理的主要对象和难点。然而，网络暴力的界定，网络暴力与网络虚拟主体以及真实主体行为人的关系问题，网络暴力行为在什么程度上属于网络虚拟空间的惩罚范围，而在什么程度上应该属于真实空间的惩罚范围，其各自的处罚尺度和程序如何等问题，需要深入探索。

9．网络组织的群体性事件的界定与干预问题

网络成为群体性事件的主要组织渠道，然而不是所有在网络上的组织活动都是非法的。因此，怎么界定网络组织活动的属性？对于那些开始组织但是诉求合理的群体性事件应该如何界定？对于仅在网络上参与组织或者群体性事件未在现实中开始的那些行为如何界定？这些问题都需要认真考虑。

10．公众人物的权利以及网络反腐的程序与合法性问题

网络反腐成为重要的网络现象，并且产生两方面的影响：①的确促进了反腐工作的开展，对官员的腐败行为产生威慑；②产生了泄露官员隐私，以及歪曲、造谣、肆意扩大化侵害其他无关公民的隐私问题等。这就涉及网络反腐本身的合法性和如何纳入正常的反腐

渠道中的问题。

五、网络社会治理的政策取向

（一）构建网络社会治理策略的基本前提

根据之前对于网络社会概念的辨析、对网络社会本质上是复杂巨系统和中国网络社会自身特殊性的探讨，可以发现，网络社会治理需要依据以下若干前提。

1．要尊重网络社会的相对独立性和独特性

在谈及网络社会的公共治理问题时，要明确的第一个原则就是要认识到网络社会与传统的现实社会有明显不同，具有自身的相对独立性和独特性。在本章开始，讨论了三种对网络社会不同理解的观点。对于第一种自由放任的倾向，目前已经逐渐并不被支持，对于网络社会进行管理已经成为一种共识；对于第二种观点，目前依然有相当数量的支持者，即认为网络社会与传统社会一样，应该如同对传统社会治理一样用严密的控制手段进行细致的控制。这种观点实际上是抹杀了网络社会的相对独立性。正如之前细致的分析表明，网络社会本质上是与传统社会明显不同的，无论从静态结构还是从动态机制来说，网络社会与传统社会的组织行为方式都明显不同。那种认为试图用传统手段就可以把网络社会控制住的想法，无论从技术上，或是从能力上，还是从实施的效果上都是不可能实现的。因此，对网络社会进行治理，就首先要打破和放下这种试图用传统手段进行权威控制的观念。

2．要尊重网络社会的非中心性的基本结构特性

从静态组织的角度，网络社会与传统社会最大的区别在于网络社会具有一个彻底的非中心性结构。在网络社会中，传统意义上的权威已经消失，任何两个节点和节点之间虽然都可以发生密切的互动，但这两个节点之间没有相互的约束关系。传统社会中基于阶层、教育、知识、身份等用以形成有序社会结构的约束要素在网络社会中全部变成非约束性的要素。因此，传统的权威中心在网络社会被彻底消解。每个节点都自成一个中心，然后各个中心以互动的形式结成整个网络，这就是网络社会非中心性的最根本含义。“在网络时代，人人面前都有麦克风，人人都是媒体，人人都是记者”[31]。

承认网络社会非中心性的客观事实，就要求在制定网络社会公共治理策略时，要进一步放弃只是寄希望传统的通过行政手段控制某些消息源，辟谣等传统方式和幻想，而是要

31 这句话最早来自广东省委副书记对“乌坎事件”的总结。

进一步重视网络社会的全节点参与。

3．要重视网络社会动态协同性的作用

协同性是指网络中节点与节点之间的互相干涉影响的互动关系。在网络社会中，对某个具体的行为个体影响最大的不是某一两个所谓权威信息源，而是与该个体有密切关系的其他行为个体。因此，网络中个体行为与其他个体的行为高度相关，这就加大了网络社会公共治理的难度，也从另一个方面体现了治理网络社会难以通过原先的单一权威控制的手段进行，而是要加强对整个群体的影响，这种影响并不是一朝一夕可以形成，而是与社会信任等高度相连。

4．要高度警惕网络社会中涌现机制的影响

涌现机制如前所述是与不确定性、突变性等高度相关的，具体在网络社会中体现为某些公共事件发生的突然性。这种作用是由网络社会所具有的非中心性、高度复杂性、隐蔽性、超空间性、协同性等因素而产生的。涌现机制的存在，使得网络社会的实质状况不体现在所反映的信息的表面，而是不断蕴含着变化的可能和风险。就如同平静的水面下可能蕴含着极大的漩涡和湍流并随时能够掀起很大的巨浪。认识到这种涌现机制的存在，就要求在治理网络社会时，不能仅仅以事发后的事件治理为主，只专注于水面出现的波浪，而忽略了整个网络社会中所蕴含的暗流。

（二）网络社会治理策略的基本原则

在之前的前提基础上，网络社会治理必须遵循以下原则。

1．遵循网络社会的基本特点与规律

网络社会治理中的首要原则是必须要认识和遵循网络社会所具有的特殊规律。当前一种较为具有代表性的观点认为，网络社会与传统社会本质上没有区别，因此只需要进行严格管制和实名制等手段就可以实现有效治理。这种观点实际上没有认识到网络社会与传统社会的独特性。

根据之前的分析，网络社会与传统社会相比，至少具有以下八个方面的特点。①高度的复杂性。网络社会的复杂性体现在几个方面：首先，网络社会中的主体数量众多；其次，主体多样性，既有成年网民，又有大量的未成年网民；再次，社会组织中既有企业、普通公民组织，也有各种原因形成的特殊群体；然后，非中心性，网络社会中缺乏稳定的权力中心，使得监管无法沿用简单的自上而下监管；最后，激励机制与突发性，网络社会由于信息的高度传播和交互，产生了复杂的激励和演化机制，往往网络事件和引发的群体性事件极具有突发性，难以被察觉和预测。②跨时空性。网络社会本质是跨时空性的，主

要表现为网络之间的交流超越了通常的时空限制，可以做到即时性、跨地域性，并且由于网络信息的存储与检索机制，既往的网络事件和信息也可以对后来的事件产生极为强烈的影响。③高度的流动性与动态性。由于网络信息传播与交流的跨时空性，使得网络社会中虚拟的个体本身具有高度的流动性。在极短的时间内，某一网络虚拟社区或者热点话题就会聚集大量的网络个体，产生极为强烈的公众舆论效果和动员能力。④冲击与对抗性。由于高度的流动性与跨时空性，使得不同地域、不同背景、持有不同观念的人们能够同时进行思想的交流和碰撞。原先被时空限制的思维碰撞在网络空间中得以爆发。⑤隐蔽性。隐蔽性是网络空间的重要特性。隐蔽性体现在现实个体可以拥有多个网络身份，并且可以伪造网络身份而不易被察觉。⑥权力的转移与技术的对等性。在传统社会中，政府由于拥有更大的资源优势和法定的暴力垄断权，所以从力量对比而言，政府拥有绝对的优势。在网络时代，谁拥有技术谁就拥有网络的更大优势，所以，整体而言政府的绝对优势被极大地削弱。网络主体之间呈现出大体均等的态势。⑦极为松散的结构体系。由于权力的转移和技术的大体对等，使得网络整体上呈现极为松散的特性。一方面表现为基本组织结构的松散型；另一方面也表现为网络中缺乏主流的意识形态，而呈现极为多元的各种思想和观念的汇聚。⑧跨国性和文化干预性。传统时代，跨国之间的文化交流受制于传统媒介和渠道的控制，从而使得国与国之间的意识形态的交流是间接的，然而在网络时代，各国网民之间可以互相通过网络进行直接的对话与交流，而有目的的意识形态输入也成为可能，这就更加增加了一国网络治理的复杂性。以上的八个特点是网络社会治理时必须要考虑的，任何治理策略都不能回避和无视以上的特点。

2．协同共治的原则

由于网络社会以上的诸多特点，使得网络社会的治理必须要改变传统的管制思想，而是采用协同共治的原则。所谓协同共治，就是网络社会的治理并不是由政府通过管制单方面提供公共秩序，而是由社会中的各个主体（包括政府、社会组织、企业、公民）共同在基本的网络社会准则和规定下通过互动以建立公共秩序。由于网络社会的高度复杂性（包括非中心性、不确定性、突发性等），使得协同共治是网络社会唯一有可能形成稳定治理结构的途径。在协同共治原则下，要积极促进网络社区的自治，从而形成网络社会的多元主体共同治理的格局。

3．全民治理的原则

与协同共治相一致，网络社会也要求实现全民治理。也就是说，所有网民都是网络社会治理的主体，只有每个公民都在网络社会的规范下对自己的言行负责，并且积极参与网络社会秩序的维护，才能实现网络社会的有效治理。这同时也要求网民有高度的网络社会基本价值的共识。

4．虚实结合的原则

所谓虚实结合，是指在网络社会的治理中既要考虑到网络社会本身的特殊性，又要结合现有实际社会治理体系中的优点和机制。例如，对于不同的侵害他人权益和危害公共安全的行为，要进行系统、合理的界定，给予不同程度上的规制。哪些行为适用于网络世界的处罚规定，而哪些行为应该对实际的真实个体进行违法犯罪处罚，应该给予具体的界定；并且在网络处罚和现实处罚中，还需要进行更为详细的界定。总而言之，要形成完整的从对虚拟个体行为到对现实个体行为约束的体系。

5．以法治网的原则

法律是网络治理和约束网络个体行为规范的基本指导原则。网络社会是否能够最终得以有效治理，其根本的保障是能否形成对网络基本价值的共识并在此基础上形成具体的约束网络行为的规范体系。这种规范最终是以法律法规体系的形式呈现的。只有在法律体系完善的情况下，才能够有效地对什么是允许的行为，什么是不允许的行为以及将受到何种处罚进行明确的界定。如果没有这样的清晰的法律体系界定，则会陷入两种可能：①要么管制的努力流于形式；②要么由于缺乏明确的行为界限而使得正常的网络言行也受到干扰，从而压制正常的网络活动和交往。因此，必须要树立以法治网的理念、原则和完善相应的体系。

（三）网络社会的公共治理策略

根据以上的分析，我们正式提出网络社会的若干公共治理策略。

1．形成全面治理、全民治理的理念

所谓全面治理，就是治理的内容和导向是多目标的[32]；所谓全民治理，就是强调每个公民，每个社会组织都要参与到网络社会的治理中。从全面治理的角度，网络社会包括了社会、经济、政治的各项内容，是纯粹的虚拟社会与现实社会的混合态。因此，治理网络社会既包括政治维度，也包括经济、社会等各方面的维度等。全面治理至少要体现政治的包容与有序，经济的效率与秩序，社会的信任与发展等维度。从全民治理的角度，就要放弃政府单一治理的思想，而是重视每个网络公民，每个网络主体的治理作用，通过整体网络环境的改善，从改善网络微观主体的行为出发进行网络治理。

32 俞可平．增量政治改革与社会主义政治文明建设[J]．公共管理学报，2004（1）。

2. 建立真实与虚拟相结合的治理策略

本章多次强调网络社会是真实与虚拟社会的混合态，因此在治理上要兼顾两种不同的特性。反映在治理上，既不能将网络行为与真实行为一一比照，完全依赖对自然人的控制实现网络主体治理，也不能绝对放任。对某些不影响实际社会生活的个别轻微的网络不理性行为可以仅用网络规范进行约束，而对于严重危害实际生活秩序的网络暴力行为采用实际的现实控制方式。当然，对这种边界和尺度的掌握亦是一个需要反复实践的过程。

3. 强调网络社会的自治性，但应该加强引导

由于网络社会的非中心性等特性，网络社会的治理必然不能（也不可能）简单地依靠政府的单一治理。最终良好的治理是依赖于网络社会的自治。而这种自治，并不能简单地等待网络社会自发地形成各种治理，而是要进行有序的引导。因此，要在民主与法治的基础上加强对网络社会自治的引导。

4. 建立民主与法治基础上的网络社会的自治

民主与法治不仅是在现实社会中实现“善治”的必然条件，也适用于网络社会。而且由于网络社会天然的特性，也只能够依靠民主与法治进行治理。在民主与法治的基础上，要利用网络社会自治原则，将网络社会自发形成秩序的自组织性引导归纳到有序的民主与法治中。具体地讲，就是要逐步完善网络社会的立法，不仅包括简单的规定，还要包括如整个网络社会的基本原则。

5. 加强网络舆情的系统监测，逐渐建立对未发生事件的预测方法和体系

网络舆情是影响到非理性公共事件发生的重要因素，因此，要加强网络舆情的监控。但是由于网络的复杂性，对于网络舆情的监控并不是简单的一两个指标或者数据就可以得来的，而是要对海量信息进行长期的综合分析和判断。从某种意义上说，对舆情的分析，更像是对气候的分析，而对公共事件发生的预测，就像是天气预报一样，整体来说，只能得到一个相对发生的概率而不能进行精确的预测，并且要在长期监测的基础上，建立系统的分析模型并对可能发生的公共事件进行预测。从难度来讲，对于舆情的监测难度比天气预报要复杂得多，可能需要大量的投入和长期艰深的研究，要建立系统的观测网络，研究相应的观测方法和预测模型，并进行复杂且大量的人工判断。尽管如此，这项工作一定要及时地开展和运行。

6. 加强实际政府治理的公开、透明、参与和信任度

如前所述，中国网络社会的重要特征就是高度的政治化和对现实的高度影响。这种影响直接的来源是现实社会中公民参与政治渠道的不甚通畅和法治相对薄弱，使得正义偶尔

无法有效地在现实社会中彰显，只能以非理性的形式在网络社会中传播并以激发起突变性的公共事件为一个暂时结束。无论是非理性公共事件起因的源头也好，还是传播过程中的放大也好，都是与现实社会中的实际治理问题高度相关的。只有真正解决了现实社会中的政府的公开、透明、参与和信任等问题，才能够真正地使得政府成为一种被信任的消息源存在于网络，从而也才有助于网络社会的治理。

7. 加强实际政治的民主与法治，构建良好有序的社会治理状况

只有在真实的社会中，通过民主与法治实现了良好的治理，才能够实现网络社会的有序治理。也只有通过民主与法治实现了实际生活中的公平正义，才能有效地消减引发网络社会种种暴力事件发生的根源。反过来，也要通过网络社会的手段和尝试，进一步改进和增强现实社会中的民主与法治，实现整个社会的善治。

（四）建立“引导—协商—立法—自治”的网络社会综合治理体系

由于网络社会的治理是一个还远未形成共识的领域，因此，这儿只能勾勒出大致的治理格局与框架。在以上分析的基础上以及网络社会若干治理准则下，网络社会的治理最终需要建立起“引导—协商—立法—自治”四位一体的综合治理体系。其中，引导—协商—立法—自治既是一个完整的治理体系，也是逐步完善网络社会治理体系的过程。

1. 引导

所谓引导，是指在网络社会治理初期，由于缺乏可以借鉴或者成形的制度和经验，政府和权威机构对网络社会的运行主要通过宣传教育，以道德约束的手段来对网络社会的基本行为进行规范，并逐渐形成关于网络社会内部价值和运行规范的基本共识。

2. 协商

所谓协商，从对象来看，既包括政府与网民之间关于网络社会治理的协商，也包括网络社会中各个主体之间的互动协商。从内容来看，既包括对网络社会基本伦理价值、治理体制等软性约束要素的协商，也包括对关于网络社会行为立法的硬性约束的协商。

3. 立法

所谓立法，就是要通过法律体系的手段形成对网络社会基本行为规范的硬约束。网络社会的法律体系不仅包括对真实社会中的行为人的网络行为的约束和处罚，也包括网络社会本身内部对虚拟的网络主体的行为约束和惩罚，从而形成跨越真实与虚拟社会的共同的法律体系。

4．自治

以上关于网络社会的共同伦理价值的软约束以及法律体系的硬约束形成后，网络社会内更多的是要在法律体系和引导与协商的机制下，形成各个网络社区的自治，最终促进整个网络社会治理结构的形成。而在自治过程中，不仅需要法律体系的规范的保障，也需要协商机制的建立和政府以及权威组织对网络社会个体的引导。

第五章　网络环境下的政府治理

我国当前处在转型社会特殊发展阶段，改革的艰巨性及其紧迫性随着我国政治体制改革的深入而愈发明显。因此，在网络环境下，把握政府治理模式的变迁，分析政府治理的进展，处理好政府治理所面临的问题，是理论和实践当中值得深入探讨的问题。

一、网络环境下政府治理模式的变迁

（一）政府治理的概念及内涵

政府治理的概念是在治理语境下形成的，即政府是与市场、社会并行的主体。从语源学上讲，英语中的“治理”（Govern 或 Governance）一词源于拉丁文和古希腊语，原意为操舵、引导和控制。按照全球治理委员会的说法，治理是各种或公或私的个人和机构管理其共同事务的诸多方式的总和，它是使相互冲突或不同利益得以调和并采取联合行动的持续过程。这既包括有权迫使人们服从的正式制度和规则，也包括各种人们同意或以为符合其利益的非正式的制度安排。其主要有四个特征：治理不是一整套规则，也不是一种活动，而是一个过程；治理过程的基础不是控制，而是协调；治理既涉及公共部门，也包括私人部门；治理不是一种正式的制度，而是持续的互动[33]。

关于政府治理的概念，张成福教授认为，政府治理是政府运用自身的公共权力以及自身所建立的政治权威维持社会秩序的一个过程[34]。张国庆教授则认为，政府治理的主体是国家，客体是社会公共事务，还包含政府对自身的治理。因此，政府治理既是一种对社会客观事务的外部治理，也是一种对自身的内部治理[35]。可见，政府治理是一种不同于政府

33 俞可平. 治理与善治[M]. 北京：社会科学文献出版社，2000：4-5。
34 张成福. 责任政府论[M]. 北京：中国人民大学出版社，2000：46-47。
35 张国庆. 行政管理学概论[M]. 北京：北京大学出版社，2000：65。

统治和政府管理的新型政府管理模式，主要有如下内涵：

第一，治理主体的多元性。在传统的政府统治中，公共机构一定是统治主体，发挥着自身的绝对性权威。政府治理则是一个广泛的行动网络体系，政府不再是最高权威，而是与其他参与主体一样发挥自己的作用。它不是政府单方面行使公共权力、提供服务、解决社会问题的过程，而是形成政府与市场、政府与社会、政府与社会公众之间共同治理的新格局。

第二，权力运行的上下互动。在传统模式中，政府依靠政治权威，采取自上而下的强制性行政命令来对公共事务进行单一维度的管理，这种模式强调政府管理权力运行的单向性和闭合性，由此形成一种单一权威中心的“金字塔”式闭合结构。政府治理则是多元主体建立在市场原则、公共利益和认同之上的相互合作，强调政府与非政府的各个组织通过对话协商等方式来对社会公共事务进行管理，由此形成多元、分散、上下互动的权威。

第三，治理工具的多样性。传统治国理政过程中，政府依靠自身垄断地位，通过颁布命令或运用权威来实现目标。在政府治理中，政府不再仅仅依赖传统权威，而是重新界定自身作用，通过运用治理理念、治理方法等创造条件来加强政府与其他治理主体（公共部门、私营部门和公众等）之间的沟通、协商、谈判、合作等，以引导社会力量有序参与公共事务管理的活动过程。与传统的科层制和市场机制“二分法”的框架不同的是，政府治理是借助于科层制、市场机制、自组织制等混合机制来形成的多中心治理，能利用法律规章、公共政策、行业规范、对话协商等多种治理工具。

（二）互联网对政府治理的影响

肇始于 20 世纪末 21 世纪初的互联网作为一种技术力量对人类的生产、生活都产生了很大的影响，同时也为政府治理提供了全新的行政环境，使政府治理在广度和深度方面都得到了进一步的提升。现代政府治理在重新反思政府与市场、社会的关系之后，主张在转变政府的职能基础上，对政府、市场、社会的力量进行整合，把公民和其他所有行动者的服务需求放进同一个包裹中，在合作共治并相互依赖中实现效益最大化，以期达到对公共事务的良善治理。

第一，网络有助于政府问政于民，让政府和有关部门履行其责任。泰普斯科特在《数字化成长》中提到，“在过去资讯垄断的权威时代里，人们无法找到真相，而掌握及控制资讯就可以轻易欺骗他们”，“但在网络的世界里，一切都会透明化，极权和欺骗将不容易存在[36]。网络时代，网络成为公民实现参与国家政治生活的重要工具，也成为国家法治化进程的重要助推力。网络传播为监督信息的反馈提供了便捷的传递渠道，可以防止监督信息的失真。网络问政平台非实名制的特点，在一定程度上减少了监督者为了保护自身利益而放弃监督权的现象，使公众可以放心地对公共决策主体进行网络监督与网络问责。一个个网络监督事件，从邓玉娇事件到茂名 PX 事件，无不体现出网络监督的力量，显示了网络监督对于公共责任落实的影响。

第二，网络是整合治理者和被治理者的虚拟平台。网络时代的通用工具就是网络和各种信息技术。不断创新的电子信息技术和互联网络在政府运作中的应用，创造了新的政府管理模式。网络时代将非政府组织、第三部门以及公众等各方力量通过网络平台在政策执行过程中的踊跃参与视为根本，并且政府通过价值观引导以达成共同愿景，促进参与者对话以消除矛盾，最终实现网络的工具价值。网络构建了一个虚拟公共领域，允许公民以真实身份或虚拟身份自由出入，增强了公民的权利意识。它使传统的政府形态在实体政府之外又存在一个虚拟的政府。在这个背景下，公民面对的是一个虚拟的一体化的政府，公民不必关心同自己打交道的是哪级政府或哪个部门，也不必直接到政府办公场所获取服务。这促使政府传统的运行方式被彻底改变，转向依靠网络平台联合其他主体，弥合传统官僚制背景下的部门之间的利益冲突，以及便捷地将网民与政府或者政府与社会连接起来。由此可见，虚拟的网民与现实中的公民以及现实的政治过程以网络平台为媒介相互联系起来，日益形成了统一体。

第三，网络可提升政府运行的透明度和公开化。传统环境下，政府因自身的规模优势而控制着信息，促使信息传播具有较强的地域性，受时空的限制。当前网络环境下，网络信息得以快速渗透并在全球范围内扩散蔓延，其原因是网络技术不受任何国家政府权力阻碍。它从根本上改变了政府与企业、社会、公众的信息不对称状态，使得通过网络就能实现信息从传播者到接受者的即时传播。网民的权力彻底地改变了原来政治权力的运作逻辑，政府也逐渐走向虚拟政府与现实政府的完美结合。同时，以超文本、超链接等形式存在的新媒体还促使信息在图像、文本、声音之间进行互相转换，这种信息传播形式的多样化使得信息能更加迅速、更大范围地得到传播。这一过程中，传统的自上而下的权利瞬间遭到弱化，使得政府重新审视自身治理能力，转而需要将公民社会的积极性调动起来。网络改变了现有环境下政府的定位，促使其以更有效的行政流程，为公众提供高效服务，加

36 [美]唐·泰普斯科特. 数字化成长网络时代的崛起[M]. 陈晓开，袁世佩，译. 大连：东北财经大学出版社，1999：3-4。

速政府与民众的沟通，从而提升治理能力。

（三）网络环境下政府治理的基本特征

网络环境下政府治理是一个网络化、数字化的集体协商过程，这个过程中包括多元行为主体、丰富可靠的信息互动、合作协商的运作程序，以问题解决机制为导向，最终实现善治的总体目标，其特征如下。

第一，治理模式转型。传统的政府管理强调单向权力的控制，下级对上级的服从，这种“等级制的结构虽然保证了确定性，但是行动起来却常常显得迟钝，在强调工作标准化的同时却以牺牲创新为代价，而且在确保责任方面，政治控制模式也显得问题重重”[37]。因此，这种模式必然会导致服务的异化。“随着知识和信息成为社会的中轴，官僚制所赖以生长的土壤也日益遭到侵蚀”[38]，网络技术以其提供的信息知识和技术手段打破了传统政府机关的物理组织界限，有效地破坏了纵向的官僚等级结构，使得服务的执政理念渗透到治理的过程、方式当中，让政府治理的核心放置于服务，而不是局限于传统的管制。换言之，政府治理正在由以权力为基础的管制型向以个人责任为基础的服务型转变，这也成为构建服务型政府治理模式的逻辑起点。服务型政府建设是我国新一轮政府改革的重要目标，要求政府治理从管控方式向服务方式转变。这种转变意味着政府要从实施管控的主人转变成为“公民权利”服务的公仆，而网络的发展进一步推动了政府治理理念的转变。

第二，治理角色转变：掌舵而非划桨。传统社会里，政府通过规制和政令来指导公民行为，政府与社会之间是一种管理与被管理的关系，政府对社会公共问题处理具有绝对的垄断权，让社会被动地接受政府所提供的公共服务。在网络时代，由于组织和个体网民的积极参与，政府与公民之间是一种新型的协作关系。政府在治理过程中除了运用新治理方法和技术重塑和整合传统管理方式之外，还把公共权力进行制度性的让渡，让更多的社会组织和个人参与进来，实现参与主体间功能互补和协同倍增。换言之，政府不再扮演公共物品、公共服务供给者的角色，而是将服务项目委托给公共部门、私营机构、非营利组织等机构，自身成为一个掌舵人，把握整体走势，为企业和群众搭建一个平台和提供制度支持。

第三，治理过程的互动性。“与传统自上而下单向权力运行的统治不同，现代治理则是一个上下互动，权力双向运行的过程。公共事务管理的成效越来越依靠政府与公民团体之间的相互影响和良性互动。”[39]政府治理的实质是政府与公民组织、公民等社会力量共

---

37 [美]欧文·E·休斯. 公共管理导论[M]. 北京：中国人民大学出版社，2001：11。

38 李承，王运生. 当代公共行政的民主范式[J]. 政治学研究，2000（4）：37。

39 徐勇. 治理转型与竞争——合作主义[J]. 开放时代，2001（7）：28。

同参与社会事务的管理。因此，公民积极参与公共事务管理和公民与政府之间的良好互动与合作是政府治理得以实现的基础，是推动政府治理走向政府善治的动力。网络的便捷性与互动性为公民的政治参与创造了新的条件，而且具有传统政治参与方式所不可比拟的优势。网民参与政治生活，有时不必像在现实社会中那样必须具有相应的身份，比如人大政协会议期间，代表提交提案，不是代表的网民就可以在网络平台上以相应的身份提交自己的提案。

第四，治理结构网络化。治理组织的产生来自各个治理主体间的协商，而不是通过政府的授权。互联网提供一个广阔的网络平台让政务活动深入而广泛地伸向机构、公众和所有服务对象；同时，社会公众也在政府网络平台上以各种不同的方式发表各自的见解，给政府提供更多了解基层民众的真实信息，给社会其他组织成员共同参与社会管理提供新的参与途径。在这一模式下，政府治理机制不再是传统层级节制的科层制，而是通过网络将各个主体联结起来的网状结构。一方面，网络是政府问计于民、了解民意的渠道；另一方面，网络也强化了公民对于政府的监督。这种结构不仅推动政府的政务公开、政府管理的透明化、科学化与民主化，还以“迅速、便捷、高效、低廉”的特征，激发了公民参与的积极性，催生了网络民主。

二、网络环境下政府治理的进展

随着公共事务复杂性日益增加，政府难以依靠一己之力进行有效应对，使得各国政府纷纷加大对信息技术的研发和利用，力图通过信息技术来将政府之外的非国家行为体联结起来，从而实现网络环境下有效的政府治理。电子政务的“电子”特征决定了信息通信技术在其发展中起着重要作用，尤其是以 3G 网络技术、云计算、下一代互联网、社交网络为代表的新技术、新理念的出现，给政府运行方式及人们的互动方式带来了极大影响。如何借助互联网时代的信息技术和管理手段应对这些挑战，实现政府治理的调整与创新是新时期面临的重要任务，而加快电子政务建设、实现政府治理能力现代化成为必然选择。

（一）网上信息公开有效推进了阳光政府建设

政府信息公开是信息由政府流向社会的重要渠道，各个国家亦通过制定相应法律法规来对信息公开范围、公开方式、公开程序、公开的救济等方面进行详细规范，如我国的《政府信息公开条例》就规定了信息公开的两种方式。一种方式是政府通过公报、门户网站、新闻发布会、广播电视来主动公开政府信息，另一种方式是公民根据个人信息需求依照相应程序向政府部门提出申请获取政府信息。从委托—代理的角度来看，政府只是受人民委托暂时占有信息资源，“为人民服务”的宗旨决定了政府信息资源的最终享有者是公众，因而政府应改变部门“私有化”的观念，履行对政府信息资源进行及时、有效公开的义务，实现在全社会范围内的共享，而公众则可以利用这些数据参与到公共事务治理当中。

1．政府网站成为政府信息公开的第一平台

截至 2013 年 12 月，我国互联网普及率为 45.8%，较 2012 年年底提升了 3.7 个百分点；“GOV.CN”的域名达 55207 个，占“.CN”域名数的 0.5%[40]，这些硬件条件为政府信息公开提供了良好的平台。自 2007 年《中华人民共和国政府信息公开条例》发布以来，各级政府进一步加大了通过政府网站公开政府信息的工作力度，政府网站的内容建设得到全面提升。据各地公布的政府信息公开年度报告显示，政府网站已成为政府信息公开的主渠道，依托政府网站公开政府信息逐步规范化、常态化，政府网站的访问量也逐年上升，一些地方政府更是积极将政府网站打造成当地政府信息公开的第一平台。

以中央层面为例，2013 年，中央国家机关网站建设稳步发展，信息公开力度不断加大。中央国家机关网站以通知公告、行政决策、财政预决算等为主要内容的信息公开范围不断扩大，能够围绕业务需求和公众关注的重点、热点建设公开专题，并对于有关政策进行详尽、权威的解读，深化了信息公开力度。中央政府门户网站自 2006 年正式上线运行，尤其是 2014 年 2 月 28 日改版升级以来，信息不断丰富完善，充分发挥了其作为国务院和国务院各部门以及各省、自治区、直辖市人民政府在互联网上发布政府信息的作用。此外，为了整合政府信息资源，国家图书馆联合公共图书馆也开发了中国政府公开信息整合服务平台，该平台将各级地方政府门户的公开栏目下的内容进行整合，并提供政府信息来源及链接。

近年来，随着大数据理念的引入，美国、英国都纷纷建立了自己的开放政府数据网站，我国的北京等地也开始建设政府数据开放平台，这些网站并不是单纯围绕信息发布而设立的公告板，而是允许公众在数据门户中提交评论和数据请求，体现了网络环境下政府治理的开放、参与、互动等特征。例如，北京政府数据资源网（www.bjdata.gov.cn）就致力于提供北京市政务部门可公开各类数据的下载与服务，为企业和个人开展政务信息资源的社会化开发利用提供数据支撑，推动信息资源增值服务业的发展及相关数据分析与研究

40 中国互联网络信息中心. 第 33 次中国互联网络发展状况统计报告[EB/OL].[2014-04-15]. http://www.cnnic.net.cn/hlwfzyj/hlwxzbg/hlwtjbg/201401/P020140116395418429515.pdf。

工作的开展。

2. 多项政策措施陆续出台为政府信息公开保驾护航

要充分发挥各种平台在政府信息公开中的重要作用，需要一定机制保障，因而我国近年发布了一系列相关文件来指导政府信息公开工作（见表 5-1）。

表 5-1　我国近年为了推进政务公开的相关文件内容

文件名称	发布时间	发　布　者	主要内容
工程项目建设领域信息公开和诚信体系建设工作实施意见	2011 年 3 月	中央纪委、中央工程治理领导小组	积极推进项目信息和信用信息公开，完善信息检索平台建设
关于进一步加强政府网站管理工作的通知	2011 年 4 月	国务院办公厅	重视网站管理的领导；加强检查管理；加强政府信息公开；提升政府网站工作水平
关于深化政务公开加强政务服务的意见	2011 年 8 月	中共中央办公厅及国务院办公厅	文件进一步重申了深化政务公开的重要性，明确了公开的总体要求，指出了各级政府政务公开的重点内容
关于开展依托电子政务平台加强县级政府政务公开和政务服务试点工作意见的通知	2011 年 9 月	全国政务公开领导小组	要求用一年左右时间，在全国选择 100 个县（市、区）开展依托电子政务平台加强政务公开的试点工作
国务院办公厅关于进一步加强政府信息公开回应社会关切提升政府公信力的意见	2013 年 10 月	国务院办公厅	就进一步做好政府信息公开工作、增强公开实效、提升政府公信力方面提出十条意见
2014 年政府信息公开工作要点	2014 年 3 月	国务院办公厅	指导 2014 年政府信息公开工作

没有完备的机制“护航”，再好的平台也会沦为摆设。《政府信息公开条例》施行 6 年多，一些地方和部门之所以仍然存在公开不主动、不及时，面对公众关切不回应、不发声等问题，机制欠缺是一个很重要的原因。从这些发布的文件可以看出，政府不再仅停留在保障政府信息公开的“公告板”的作用，而是进一步突出了“互动交流”。例如，2013 年 10 月 18 日，国务院办公厅《国务院办公厅关于进一步加强政府信息公开回应社会关切提升政府公信力的意见》（以下简称《意见》），就进一步做好政府信息公开工作、增强公开实效、提升政府公信力方面提出十条意见：进一步加强新闻发言人制度建设、充分发挥政府网站在信息公开中的平台作用、着力建设基于新媒体的政务信息发布和与公众互动交流新渠道、健全舆情收集和回应机制、完善主动发布机制、建立专家解读机制、建立沟通协

调机制、加强组织领导、加强业务培训、加强督查指导[41]。此次国务院出台《意见》，对政府信息公开作了更为详尽、细化的要求，突出了对民声的回应。平台建设与机制建设“双管齐下”，在与公众“互动交流”的过程中，把人民群众的期盼融入政府决策之中，把政府信息公开作为一项基本制度和常态性要求融入政府工作之中。《意见》要求健全舆情收集和回应机制、完善主动发布机制、建立专家解读机制、建立沟通协调机制，通过“建立”、“健全”、“完善”这些字眼，说明政府信息公开在回应方面仍然有很大的提升空间。

此外，2014 年 3 月 17 日，国务院办公厅发布《2014 年政府信息公开工作要点》，提出 2014 年政府信息公开工作的总体要求是：紧紧围绕党和政府中心工作及公众期盼，坚持把公开透明作为政府工作的基本制度，以保障人民群众知情、参与和监督为目标，深入贯彻落实《中华人民共和国政府信息公开条例》，统筹推进政府信息公开，加强信息发布、解读和回应工作，强化制度机制建设，不断增强政府信息公开实效，进一步提高政府公信力，更好地发挥信息公开对建设法治政府、创新政府、廉洁政府的促进作用[42]，这一文件也进一步提出做好政府信息公开、政策解读、回应的联动。

3. 行政权力网上运行让政府行为更透明

从行政学的角度来看，行政审批是权力寻租等各种腐败行为的重要源头，尤其是土地、建设工程、产权交易等行政审批环节多的领域，有些已成为腐败重灾区。为此，2013 年 5 月 15 日，国务院发布《国务院关于取消和下放一批行政审批项目等事项的决定》，决定取消和下放一批行政审批项目等事项，共计 117 项。其中，取消行政审批项目 71 项，下放管理层级行政审批项目 20 项，取消评比达标表彰项目 10 项，取消行政事业性收费项目 3 项；取消或下放管理层级的机关内部事项和涉密事项 13 项。2013 年 7 月 1 日，国务院办公厅印发了《当前政府信息公开重点工作安排》，列出了信息公开工作的 9 个重点领域，行政审批信息公开列首位。2014 年 2 月 14 日，国务院发布《国务院关于取消和下放一批行政审批项目的决定》，决定再取消和下放 64 项行政审批项目和 18 个子项，加强对行政审批权运行的监督，不断提高政府管理科学化、规范化水平。2014 年 3 月 17 日，中编办在其官网公布了“国务院各部门行政审批项目汇总清单”，涉及国务院 60 个部门正在实施的行政审批事项共 1235 项。按照国务院要求，各部门将不得在清单之外实施行政审批。李克强总理在全国两会强调公布权力清单之后不到一周，国务院 60 个部门集体以

41 国务院办公厅关于进一步加强政府信息公开回应社会关切提升政府公信力的意见. http://www.gov.cn/zhengce/content/2013-10/18/content_1219.htm。

42 国务院办公厅关于印发 2014 年政府信息公开工作要点的通知[EB/OL].[2014-04-15]. http://www.gov.cn/zhengce/content/2014-04/01/content_8728.htm。

“晒”权力清单形式向社会公开，表明政府要把权力关进制度的笼子，让公众知道政府的权力边界。

（二）电子政务建设大大提高了政府治理能力

总体上看，我国电子政务建设取得重大进展，各级政务部门主要业务电子政务覆盖率持续提高，中央和省级政务部门主要业务信息化覆盖率分别超过了 80%和 75%，地市和县区分别超过 60%和 40%[43]。截至 2013 年年底，我国 85%以上的省（自治区、直辖市）开展了食品药品监管、安全生产等领域的应用，70%以上的地市开展了公共安全、区域卫生信息化等应用，60%以上的县开展了教育领域的信息化建设，多领域业务融合程度越来越高，在整合提升政府公共服务和管理能力等方面发挥了越来越大的作用[44]。例如，对部分重大电子政务工程项目建设情况的统计分析表明（见表 5-2），18 个国家级重大电子政务工程项目共建设信息系统 70 多个，支撑的政府核心业务超过 100 项，其中多数信息系统已经在政府宏观调控、市场监管、社会管理和公共服务方面发挥了不可替代的作用，关系国计民生的重大政府行政事务都在不同程度上得到了电子政务的支撑。

表 5-2　部分重大电子政务工程项目建设情况

序号	工程名称	覆盖的主要部门	支撑的主要业务
1	金关工程	海关、商务部、工商、税务、外汇、交通运输等行业	配额许可证管理、进出口统计、出退税、出口收汇和进口付汇核销、口岸电子执法系统、加工贸易联网审批 6 个业务应用系统
2	金税工程	省、市、县级三级税务机关	增值税防伪税控开票、防伪税控认证、增值税计算机交叉稽核、发票协查等 5 个业务应用系统
3	金财工程	财政部，以及全国各级财政管理部门	财政综合业务管理系统包括预算编审、国库集中支付管理、现金管理、工资发放管理、国债管理、政府采购管理、固定资产管理、收入管理、财政经济景气分析、标准代码和外部接口 11 个子系统
4	金宏工程	国家发展和改革委员会牵头，财政部、商务部、中国人民银行、国有资产监督管理委员会、海关总署、国家统计局和国家外汇管理局	宏观经济管理信息业务应用系统，国民经济和社会发展规划与计划系统、价格监管信息系统、固定资产投资项目管理信息系统、战略性资源信息系统、财政经济分析预测系统、金融运行分析信息系统、国际收支平衡管理信息系统和国有重点企业业务信息系统（8 个业务应用系统）

43 工业和信息化部信息化推进司 组织编写. 国家电子政务发展报告，2013：3。
44 工业和信息化部信息化推进司 组织编写. 国家电子政务发展报告，2013：5-17。

续表

序号	工程名称	覆盖的主要部门	支撑的主要业务
5	金盾工程	公安系统	全国人口信息管理系统、派出所综合信息管理系统、全国消防安全重点单位信息系统、全国违法犯罪人员信息系统、全国被盗抢汽车信息系统、全国经济犯罪案件信息管理系统、全国公安人事管理信息系统、民警违法违纪案件线索受理查办系统（8 个业务应用系统）
6	金卡工程	金融系统； 社会服务部门	除银行卡之外，智能 IC 卡在电信、社会保障、公安、税务、交通、建设及公用事业、卫生、石油石化、组织机构代码管理等多个领域得到广泛应用
7	金审工程	审计系统	现场审计实施系统、联网审计实施系统、审计办公系统（3 个业务应用系统）
8	金农工程	农业系统	农产品市场预警系统、农产品和生产资料市场监管信息系统、农村市场与科技信息服务系统（3 个业务应用系统）
9	金保工程	人力资源和社会保障部门	社会保险信息系统、劳动力市场信息系统（2 个业务应用系统）
10	金质工程	质量监督系统	质检业务监督管理系统、质检业务申报审批系统、质检信息服务系统（3 个业务应用系统）
11	金旅工程	旅游行业	一是行政管理部门的办公自动化网络，二是行业的业务管理网络系统，三是公众旅游资讯网络体系（3 个业务应用系统）
12	金水工程	水利水电部门	城市水资源实时监控与管理系统、全国水土保持监测网络和信息系统、中国农村水利管理信息系统、全国水库移民管理信息系统、国家自然资源和地理空间信息库项目水利资源数据分中心、“数字黄河”工程（6 个业务应用系统）
13	金土工程	国土资源管理部门	耕地保护国家监管系统、矿产资源国家安全保障系统、地质灾害预警预报及应急指挥系统、国土资源数据库（3 个业务应用系统）
14	金信工程	工商管理部门	商标审查业务系统、网上服务系统、企业登记管理系统、流通领域商品质量检测系统、工商总局新版执法证管理系统、全国工商行政管理系统视频会议系统（5 个业务应用系统）
15	金智工程	教育科研部门	全国最大的公益性计算机互联网网络，也是世界上规模最大的学术网
16	银行监管系统	银监会	非现场监管信息系统、银监会现场检查（EAST）系统（2 个业务应用系统）

续表

序号	工程名称	覆盖的主要部门	支撑的主要业务
17	全国最低生活保障信息系统	民政部门	全国最低生活保障信息系统
18	公共卫生信息系统	卫生部门	国家公共卫生信息系统

资料来源：国家信息中心，《中国信息年鉴（2013）》、《中国信息年鉴（2012）》。

1. 政府行政效率明显提高

据对部分中央重点业务系统的调查，与政务手工作业相比，电子政务系统政务工作效率普遍提高 3 倍以上，数据采集类业务和行政管理类业务的准确性与合规性提高 8 倍以上。通过电子政务系统的普及应用，政府管理流程不断优化、行政效能大大提高。例如，金财工程通过应用支撑平台、预算管理系统、国库管理系统、非税收入管理系统、工资统一发放系统、财政经济景气分析与预测系统等建设，核心业务信息化的普及工作基本完成。其中，预算编审系统中央版已在 171 个全部中央一级预算单位和近 11 万个基层预算单位应用，完成了全国农民补贴网络信息系统及其数据库的升级完善，大大提高了服务三农工作的质量。

2. 市场监管能力显著提升

通过跨部门信息共享和业务协同，政府原本管不到、管不好的事务现在可以做得更好。例如，在金融监管领域，通过人民银行反洗钱系统、外汇管理局外汇监管系统与海关"金关"系统的"通关单联网核查"，堵塞了洗钱、骗汇等违法渠道，每年为国家挽回经济损失数亿元。公安部和人民银行共同建设了人口信息联网检查系统，为全国 160 多家银行的超过 15 万个网点提供联网核查，利用假名开设账户进行诈骗的案件得到有效遏制。国土资源部与银监会共同建立银行与国土资源部门信息查询机制，积极促进部门间的业务协同，大大提高了国土资源监管水平。此外，在税收管理、食品药品安全管理、环境监测、应急管理等方面都实现了突破，政府跨部门协同能力有了明显提升。

3. 社会管理方式不断创新

传统的社会管理方式单一、范围有限、时效性不强，难以应对越来越复杂的社会问题。近年来，在电子政务发展过程中，涌现不少通过信息技术手段创新社会管理的典型。全国公安机关实施"金盾"工程以来，纳入计算机管理的人口总数超过 13 亿。每年使用信息系统检查出入境人员 3 亿人次。通过人口信息共享大大提高了工商、税务、银行、海关等部门的管理能力。公安、民政、计生、教育等部门间以及跨地域之间共享信息，大大提高了对流动人口的管理水平。公安机关还通过开展网上侦查，显著提高治安管理水平。2005 年，“全国在逃人员信息系统”上线，当年就抓获在逃人员 23.8 万人，一大批隐藏多年、影响恶劣的重大在逃人员落入法网。人力资源和社会保障部门建设的“金保”工程已经覆盖 1.5 亿参保人员，低保、养老等资金发放的准确性、及时性、便捷性大大提高，面向社会弱势群体的服务和管理能力得到前所未有的提高。

4．公共服务水平逐步提高

在服务提供方面，电子政务也创造了很多新的服务内容和服务方式。许多部委通过梳理整合办事资源，提高了在线办事服务的规范性、丰富度和人性化程度。例如，商务部网站专门开辟了在线办事系统，人保部在网站上提供公务员报考、职业介绍、网上缴费等办事服务，农业部网站也提供了十余项在线办事服务。此外，北京、上海、广州等一批电子政务发展较快的在线处理的比例普遍超过 50%，电子政务为民服务的功能逐步增强。例如，北京市东城区在万米网格化管理系统基础上，建设社区医疗服务信息化体系，大大提高了社区医疗服务水平，开创了社区医疗服务的新局面，成为促进和谐发展的典范，得到了中央领导的高度肯定。宁波市 81890 求助服务中心以电话、互联网和手机短信等信息沟通手段，面向咨询、预约预定和特殊服务三个层次，为居民提供衣食住行、生老病死等 17 大类一体化服务。内蒙古自治区锡林郭勒盟要求所有行政许可和行政审批项目进入行政服务中心，并建立了全程办事代理服务平台，推进“一门受理、全程代办”，提高了服务效率和水平。

5．应急指挥能力有效增强

电子政务在城市应急管理方面也得到了加强，很多城市开始利用信息化手段整合各类应急资源。北京市于 2003 年建立了统一的市、区县（委办局）两级应急指挥系统，以快速应对反恐、重大火灾事故、突发公共卫生事件、重大交通事故等各类突发事件，其 9 大子系统研究内容分为反恐和刑事案件、消防安全、交通安全、安全生产、突发公共卫生事件、防汛、抗震救灾、城市公用设施突发事件指挥系统。上海等城市也建立了城市统一应急联合指挥系统，初步实现了公安、交警、消防、急救、城管等多个部门的联动，大大提高了城市应急反应能力。特别是电子政务在 2008 年北京奥运会、2010 年上海世博会以及广州亚运会中的应急保障应用，对这些城市成功举办大型国际盛会起到重要的保障作用。总体而言，通过技术应用创新和发展模式创新，电子政务与城市发展的结合更加紧密，为促进经济社会和谐发展发挥了重要作用。

（三）以网络为媒介的公民参与方式不断创新

政府包含“政治”和“行政”两种功能，“政治”是国家意志的表达，“行政”是国家意志的执行，这两者是不同的功能，而公共参与意指公民能参与到“国家意志”的界定当中[45]。公民作为社会原子化的个体，亦是社会中最重要也是最基本的主体，在日益成熟的民主政治进程中，他们通过各种形式、各种途径在政府治理中发挥着越来越重要的作用。随着公共事务复杂性的提高，政府仅靠自身的实力难以应对，因而开始推动公民参与，共同解决公共问题。近年来，互联网信息技术的发展更是催生了电子参与，为公民参与政府治理提供了一个更为灵活、高效的工具，它使公民参与的空间由现时转为虚拟，时间上由耗时转为方便快捷，进而形成了一种以网络为媒介的公民参与新方式。

1. 网络大大拓展了公众参与的渠道

过去，政府出于对信息利用的控制及信息安全的考虑，不愿意公众参与到国家事务治理当中，然而随着由用户高度参与才能发挥作用的 Web 2.0 技术的出现，政府开始加大对博客（BLOG）、RSS、百科全书（Wiki）、社会网络（SNS）等 Web 2.0 交互工具的应用。网络新媒体传播技术的广泛应用在引导网络舆情、进行政民互动、提供部分网上办事、权威信息发布、解决民众实际问题等方面起着越来越大的作用与影响力，着实成为沟通中央国家机关与广大民众、企业的桥梁与纽带。这种电子参与方式所产生的效益更多地体现在社会效益中，如维基百科和搜索引擎能帮助人们获取更多贴切的信息；博客让任何人都可以通过互联网媒介来表达个人思想，并针对某个话题同大家讨论。作为倾听民间声音、与民间互动交流的重要渠道，政务微博、微信一直受到了各级政府的高度重视，开通的级别也越来越高，越来越多地将政务微博微信列入政府政绩考核机制。

2. 政务微博微信成为政民互动的重要平台

在 2012 年政务微博普遍兴起与大范围应用的基础上，2013 年有更多的中央国家机关开设了部委政务微博，政务微博的活跃程度也不断提升，内容更加丰富，与民众的互动越来越频繁、实用，已经成为政民互动、引导网络舆论的主要阵地，成为践行创新为民服务的具体体现。如果说 2012 年是中国政务微博诞生的元年，那么 2013 年就是中央国家机关政务微博深入发展、不断壮大的重要一年。据《2013 年中国政务微博客评估报告》统计，截至 2013 年 12 月 31 日，在新浪网、腾讯网、人民网、新华网四家微博客网站上认

45 公共参与这一概念最早起源于威尔逊的“政治—行政”二分法，威尔逊最大的功劳在于将行政学从政治学中分离出来。

证的政务微博客账号总数为 258737 个，其中党政机构微博客账号 183232 个；党政干部微博客账号 75505 个[46]。中央国家机关和地方政府积极探索利用政务微博、微信等新媒体，及时发布各类权威政务信息，与公众进行互动交流。

以微博为例，2013 年，商务部、外交部、公安部、气象局、药监总局等部委开通了政务微博，关注“粉丝”过百万，如公安部的“微博打拐”和“打四黑除四害”、气象局的“气象微博”、商务部的“商务微新闻”等都已成为广大公众普遍关注的政务渠道。一些地方政府也通过政务微博积极推进网络问政，取得了良好的成效。例如，北京市住房城乡建设委通过“安居北京”政务微博，第一时间澄清“北京限价房要涨价”的不实报道；陕西省政府政务微博“陕西发布”自 2012 年 11 月正式上线以来，针对“网上质疑陕西城镇社区招考存在舞弊问题”、“咸阳 PX 项目引发围观”等舆情事件，及时反馈相关信息，积极引导舆情。通过政民互动，政府与政府以外的各行动主体借助虚拟媒介，围绕推进“网络问政”的宗旨，紧紧围绕政府工作重点、时事政策焦点和社会民生热点制作播出节目，栏目内容更加贴近民生，关注度日益提高，成为各部门、各机构服务公众的信息发布、政民互动平台。

以微信为例，2013 年，有多个部委尝试利用移动互联网新媒体技术的另一个典型代表微信平台，开设部门专属的政务微信账号，在微信平台上进行政民互动。此外，2013 年 10 月 11 日，中华人民共和国中央人民政府门户网站（以下简称中国政府网）官方微信在腾讯微信正式开通，中国政府网官方微信主要发布国务院领导同志政务活动信息、国务院重要会议信息、国务院和国务院办公厅公开发布的政策文件及解读稿件等政务信息。作为中国最高级别的信息平台，中国政府网官方微信提供的信息权威性强，主要公布国务院的行政法规和决定、命令等文件，国务院批准的有关机构调整、行政区划变动和人事任免的决定等，使民众可以通过手机轻松获取国家最权威资讯信息。同时，微信的开通，进一步拉近了中央国家机关与普通民众之间的距离，具有较强的亲民性，通过政务公开，倾听百姓真实声音，政府能够更好地掌握群众真实需要，推进社会管理创新。

三、网络环境下政府治理面临的问题与挑战

对于政府而言，网络一方面便捷了政府治理；另一方面网络也对政府治理提出了新的挑战。据中国互联网络信息中心（CNNIC）发布的最新统计报告显示，截至 2013 年 12 月，

46 国家行政学院电子政务研究中心. 2013 年中国政务微博客评估报告[EB/OL].[2014-03-10]. http://www.egovernment.gov.cn/art/2014/4/8/art_162_432.html。

中国网民规模达 6.18 亿人，全年共计新增网民 5358 万人。互联网普及率为 45.8%，较 2012 年年底提升 3.7 个百分点[47]。从这些数字来看，我国网络参与主体已经形成规模，但如何构建和完善良好的参与渠道和路径，是网络环境下政府治理面临的挑战。

（一）网络环境下政府治理的参与主体存在非理性倾向

网络一方面可能推动民主政治的发展，实现所谓的网络民主；另一方面因为网络本身的虚拟性，网络谣言的增多也是存在的一大问题，直接影响了政府治理的有效性。换言之，网络谣言的散播会误导网民的认知和价值判断，形成集体非理性或集体无意识状态。究其原因在于，互联网本身的虚拟性与隐蔽性，使“网络政治参与”具有非正式性、渗透性等特征，在给信息传播带来方便的同时，也加大了政府信息甄别的难度。一方面，由于网络媒体传播的便捷性，任何人都可以成为信息源，而且随着网络技术的发展，接入网络的人数越来越多，使得来自不同群体的信息杂乱无章，有的信息是真实有效的，有的信息是虚假甚至是恶意的。另一方面，网络媒体传播的信息量极大，信息数量往往在资源的交流平台中迅速累积，而且信息在交叉沟通的过程中又能衍生出新的信息，使得信息量大大增加。大量的重复信息、干扰信息和虚假信息的出现，致使政府在治理过程中对公民政治参与的有效信息的筛选与甄别的难度也随着增加，这就对政府的信息甄别能力提出了更高要求。

（二）网络环境下政府治理所必要的信息化基础尚不完善

如果说网络环境下政府治理模式是推进公民网络参与的现实制度安排，那么加强政府电子政务建设则是推进政府治理创新中公民网络参与的技术保障。目前国内电子政务建设不同部门条块分割情况仍很严重。各地方、各部门根据自成系统的工作流程，自建、自管、自用电子政务基础设施。电子政务建设中缺乏统一布局和整体推进，分散建设、低水平重复、投资浪费等现象没有得到明显改观。一项调查统计显示，全国省级和副省级城市、地市级、区县级设有独立机房的部门平均比例分别为 70%、32%、22%；省级、地市级、区县级政府网站分散建设的比例分别平均为 78%、32%、30%[48]。这种分散的状况导致各级地方电子政务应用和建设发展十分困难，网络互联互通难以推进，跨部门、跨地区的信息共享和业务协同实施面临障碍，电子政务整体应用成效难以体现。另一项调查统计

47 中国互联网络信息中心. 第 33 次中国互联网络发展状况统计报告[EB/OL].[2014-04-19].http://www.cnnic.net.cn/hlwfzyj/hlwxzbg/hlwtjbg/201401/P020140116395418429515.pdf。

48 工业和信息化部信息化推进司 组织编写. 国家电子政务发展报告，2013:19-20。

显示，区域部门间基本实现共享的省级地方仅占 13%，区域部门间少量实现共享的地市和区县仅占 32%和 28%。信息共享和业务协同在地市和区县进展缓慢，信息共享成为制约部门业务协同的重要因素，严重影响到多部门协同为民服务，严重阻碍了地方政府公共服务和社会管理职能的履行，严重制约了电子政务总体效益的显现，难以适应全面深化改革形势下各项政务工作对跨部门、跨地区、跨层级信息联动的深层次需求，难以适应公共服务、社会管理、综合监管、宏观调控对协同政务的现实要求。

（三）数字鸿沟使网络环境下政府治理面临难题

"数字鸿沟"又称信息鸿沟，即"信息富有者和信息贫困者之间的鸿沟"。在我国，"数字鸿沟"问题影响重大，不仅关系到国家信息化战略目标的实现，也将对统筹城乡和区域发展产生深远影响，日益成为网络环境下政府治理创新过程中必须面对的重大难题。网络有可能因为"数字鸿沟"而产生网络扰政或者"网络暴政"，即公民因为物质财富、社会地位的差异而导致在接触信息、拥有信息、处理信息等方面的差异。策托夫勒曾这样描述："各个高技术国家的政府所面临的一个潜在的可怕的威胁来自国民分裂成信息富有者和信息贫困者两部分，下层阶级与主流社会之间的鸿沟实际上是随着新的传媒系统的普及而扩大了。这条大峡谷一样深的信息鸿沟最终会威胁到民主"[49]。

信息强势群体拥有强大的计算机和良好的网络服务，具备与生活、工作相关的信息技能和意识，他们通过手中掌握的信息资源积极参与到公共事务和公共生活中，成为网络参与的主要力量和主宰网络社会的"喉舌"，因而在政府治理的过程中留下了更多的声音和足迹。信息弱势群体由于主客观原因，不具备使用计算机的条件和能力，先进的网络技术对他们而言意义不大，在信息社会里被逐步边缘化。尤其是对农民工、城市平民阶层这些信息弱势群体而言，他们的利益诉求渠道本身就相当有限，而数字鸿沟进一步剥夺了他们平等享有知识和信息的能力和权利，加剧了政治参与的无力感和挫折感，使他们游离于信息社会之外。

公民利用信息技术参与公共事务治理的前提是信息技术的普遍服务。网络环境下政府治理的本义是促进社会对公共事务的共同治理，但是如果只是那些拥有信息技术的人才能参与，而不拥有信息技术的人被排除在外，那么就失去了政府治理的要义。因此"数字鸿沟"是最大的挑战之一。从根本上讲，这将造成这么一个困境：受过计算机教育或是有电脑购买力的公民能够自由地参与网络政治生活，而不会操作计算机、没有电脑购买力的公

---

49 [美]A·托夫勒. 力量的转移：临近 21 世纪的知识、财富与权力[M]. 北京：新华出版社，1991：345。

民则处在网络政治参与的门槛之外，这最终限制了信息弱势群体公平参加网络政治生活的机会，给其与政府普遍合作带来障碍，造成与政府关系的疏离。

（四）政府互联网治理面临新挑战

互联网的普及应用使得我国经济社会发展的人文基础发生了质的变化，使政府互联网治理面临新的形势和挑战。与传统媒体相比，互联网信息传播的成本低、速度快、范围广，越来越多的人习惯选择在互联网中表达诉求和观点，并通过互联网获取各类信息和服务。特别是随着搜索引擎、微博、移动终端用户的快速增长，网民获取信息的渠道越来越多样化，每个网民既是互联网信息的浏览者，同时也是网上信息的制造者和传播者，而且传播速度比政府信息发布要快得多，政府网站信息与民间信息在互联网信息传播中形成了事实上的竞争关系，在这个竞争的过程中政府总体上处于被动局面。目前，对于互联网舆论的监控防堵体系已经得到不断加强和完善，相比之下，国家通过建设政府网站、重点新闻网站和政务微博平台着力打造的网上舆论宣传体系的正面引导效果还很不理想，关键是国家掌握的这些政府网上信息多数不能出现在搜索结果中，网民在搜索引擎上能够看到的政府权威信息十分有限。以互联网搜索为例，据 2011 年美国皮尤（Pew）调查显示，网民在互联网上查找信息时，92%的网民会首选使用搜索引擎[50]。另据中国互联网络信息中心（CNNIC）报告显示，2013 年我国网民使用搜索引擎的比例已达到 79.3%[51]，搜索已经成为公众获取信息的代名词。搜索引擎的普及应用，对政府网上信息的传播方式带来了前所未有的深刻影响。由于目前我国绝大多数政府网站对互联网发展环境变化、特别是网民普遍使用搜索引擎这一新变化准备不足、应对不力，中央部委、省、市级政府网站信息能够在搜索引擎上被公众查找到的比例分别不足 10%、8%、5%，这就意味着政府网站经过十几年积累的海量信息总体上处于“不可见”的状态，致使来自政府官方的信息无法及时被公众方便、快捷地查找到，甚至被一些负面、失实、诋毁的信息所取代。另据国家信息中心最新发布的报告显示，我国政府网站互联网影响力总指数仅为 50.90[52]，总体处于中等偏弱水平，难以在互联网信息传播中占据优势。面对互联网上质量参差不齐的海量信息，公众对政府权威信息的需求越来越高，对政府积极主动的回应愈加期盼。

---

50 Search and email remain the top online activities. http://www.pewinternet.org/Reports/2011/Search-and-email/Report.aspx。

51 中国互联网络信息中心. 中国互联网络发展状况统计报告（2013 年 12 月）. http://www.cnnic.net.cn/hlwfzyj/hlwxzbg/hlwtjbg/201403/P020140305346585959798.pdf。

52 杜平，于施洋. 中国政府网站互联网影响力评估报告（2013）[M]. 北京：社会科学文献出版社，2013：3。

再以微博为例，目前微博用户数量已经增长到 3.09 亿人，网民使用率达到 54.7%[53]，网民在微博上对政府信息和服务的诉求越来越高，给政府造成了很大压力，尽管部分政府开通了微博，但在及时性、回应性等方面还远远无法满足公众需求。此外，据 CNNIC 数据显示[54]，2013 年 12 月，通过手机接入互联网的网民数量达到 5 亿人，中国网民互联网接入越来越呈现移动化、智能化的特点，但是绝大多数政府网站都还没有针对移动终端用户提供有针对性的在线服务，政府移动服务应用屈指可数。正是由于没有意识到互联网新技术、新应用对政府信息传播的影响，致使政府互联网响应能力严重滞后，不仅无法有效满足用户需求，还可能会拉远政府与公众的距离。当前，必须深刻把握并积极适应互联网的信息传播特性，主动将政府信息推送出去，确保公众能够及时、准确地找到政府权威信息，提高政府在互联网上的响应能力，这是提高政府互联网治理能力的重要前提。

四、提升网络环境下政府治理能力的建议

（一）培育理性网络参与主体

成熟的网络参与主体，它的思想是理性的、行为是规范的、心态是积极的，只有具备一定理性的公民进行网络政治参与，才能在政府治理过程中作为一个有丰富经验的社会主体加入进来，才能够在政府治理中发挥越来越重要的帮手作用，体现越来越大的影响力。为培育理性参与主体，可以从几方面着手。

第一，加强法治建设。网络参与普遍化的前提下，完善电子政务，规范网络秩序，变无序参与为有序参与，为政府治理献计献策，是提升政府治理质量的有效对策之一。如何规范网络参与，把网络参与和网络问政纳入政府日常工作制度中，建立网络法规和制度，保证其规范化、法律化与制度化则尤为重要。例如，当前政府相继出台了《中华人民共和国信息系统安全保护条例》、《互联网信息服务管理办法》、《关于维护互联网安全的决定》、《互联新闻信息服务管理规定》、《中国人民共和国政府信息公开条例》、《网络信息服务管理办法》、《非经营性互联网信息服务备案管理办法》等法律规章，正有效地维护网络秩序。

第二，注重培育公民社会。网络虚拟社会是现实世界的缩影，社会自组织能力与自我

53 于施洋，杨道玲，等. 基于大数据的智慧政府门户——从理念到实践[J]. 电子政务，2013（5）。

54 中国互联网络信息中心. 中国互联网络发展状况统计报告（2013 年 12 月）. http://www.cnnic.net.cn/hlwfzyj/hlwxzbg/hlwtjbg/201403/P020140305346585959798.pdf。

治理能力直接关系到网络虚拟社区中的自组织能力与自我治理能力的强弱。因此，我国应加大公民社会培育的力度，一方面，要明确国家、政府与社会之间的活动界限，形成三者和谐互动的关系格局，为公民社会的发展创造良好的空间；另一方面，要培育公民的公民意识、自治意识和自律意识，使公民具有现代公民的民主意识、权利意识、参与意识和法律意识，并且能够合理地表达自己的利益诉求，从而为网络政治的发展提供良好的现实基础。

第三，提升参与主体的公共精神。公民的网络参与时常表现为一种为参与而参与、没有内涵和实质作用的形式，有时甚至是泄愤式的谩骂或者嬉皮士式的恶搞。这种严重影响公民政治参与质量和网络问政效果的行为与公共理性的缺失有直接的关系。从道德层面看，自觉遵守网络文明公约，约束和规范自身的网络行为；树立网络社会的整体意识，将自己的网络行为限制在自由限度之内；积极履行信用责任，不在网上随意发表自己不能准确判断的事物、观点和现象的言论，不传递来路不明的信息。公民理性地参与公共事务治理不仅是法律赋予公民的权利，而且也是公民对国家应尽的责任和义务。

（二）加强电子政务建设

在我国政策、法治和体制环境下，如何走出一条低成本、集约化、见实效的电子政务发展道路，这是一个重大问题。为此，各级政府应充分认识到整合现有资源、集约建设集中统一的电子政务基础设施的必要性，推动重要政务信息系统互联互通、信息共享和业务协同是电子政务发挥成效的关键。以中央机关为例，各个部委都积极制定相关规范文件来推动电子政务建设（见表 5-3）。

表 5-3 中央国家机关有关信息化的通知与指导意见统计

部　　委	政策文件
财政部	《关于做好财政信息化项目政府采购技术需求编制工作的通知》
国土资源部	《国土资源信息安全等级保护工作指导意见》
工业和信息化部	《基于云计算的电子政务公共平台顶层设计指南》
环境保护部	《省级信息安全等级保护工作指导意见》
住房和城乡建设部	《关于组织信息系统等级测评的意见》 《关于做好信息系统安全等级测评工作的通知》
交通运输部	《公路水路交通运输信息化“十二五”发展规划建设推进方案》 《关于共同推进电子口岸建设的通知》 《关于进一步开展交通运输行业信息安全等级保护工作的通知》
水利部	《关于在建部分水利工程同步实施信息化建设的通知》
海关总署	《金关工程二期可行性研究报告》

续表

部　　委	政策文件
国家质检总局	《2013 年质检系统信息安全工作要点》 《关于加强质检系统政府网站信息安全保障工作的通知》 《关于加强质检系统互联网邮件系统安全的通知》
国家安全生产监督管理总局	《国家安全监管总局办公厅关于开展重要网络和信息系统安全检查的通知》
国家统计局	《国家统计局办公室关于在全国统计系统开展信息系统安全等级保护建设整改工作的通知》 《网络视频直播技术保障、视频会议室建设指导意见》 《统计信息系统安全等级保护定级指南》
能源局（国家电力监管委员会）	《关于开展电力监管实时信息系统接入工作的通知》 《关于加快电力监管信息化建设的实施意见》 《关于电力监管信息系统建设和管理的意见》 《关于加强电监会门户网站建设和管理的意见》
食品药品监督管理局	《关于进一步加强食品药品监管信息化建设的指导意见》 《药品电子监管技术指导意见》 《国家食品药品监督管理局关于进一步加强食品药品监管信息化建设的指导意见》
民政部	《关于推进社区公共服务综合信息平台建设的指导意见》
文化部	《关于开展文化行业信息安全等级保护工作的指导意见》

为了更好地推进电子政务建设的统筹协调，中央国家机关和地方政府机构应一方面出台相关规范，积极推进跨地区、跨部门、跨层级信息共享和业务协同，丰富信息共享内容，扩大信息共享覆盖面，提高信息共享使用成效；另一方面不同部门之间应建立必要的信息资源协调共享机制，促进信息资源开放、共享，实现各中央国家机关基于不同业务系统的面向社会、市场的政务信息资源的开发利用与信息公开。

（三）大力缩减数字鸿沟

一个良好治理的社会是一个公正的社会。公正作为人类群体生活的基本原则，在社会生活的宏观层面上，已成为人们合作的基本概念。只有实现了公正，才能为各个治理主体之间的合作奠定基础和可能。

第一，加强信息基础设施建设。基础设施是支撑政府信息公开和电子化公共服务等应用的基础。对于那些处于基础设施普及程度较高地区的人来说，要比没有这些资源的人具有更多机会参与电子投票以及同政府进行协商。在我国，尽管网民的总体规模有所增加，但不同地区在互联网、计算机、固定电话、移动电话、彩色电视机普及率等方面存在差距。因此，我国应一方面引入竞争机制，改变通信产业垄断格局，降低信息产品和服务的价格，尤其是网络使用的费用，减少贫困地区的宽带费用或免费提供互联网服务，从而降低公民上网门槛；另一方面在加快 3G 网络、云技术等信息技术应用的同时，应依照其地方产业特色选择适当地点建立上网据点及专属网站，从而照顾到信息弱势群体。

第二，完善信息素养教育。政治参与不均衡性的原因是多方面的。我国目前的网络参与主体以知识分子和市民为主，而作为人口占绝大部分的农民还不具有广泛参与的可能。理论上而言，往往最需要政府服务的人因为不拥有技术而不能获得服务，而实践证明，“数字鸿沟”的背后是社会经济的鸿沟，信息技术可能促进社会经济鸿沟的弥合。网络环境下政府治理创新的实现，不仅是让这些人获得电脑，更重要的是提高他们的知识水平，获得相应的技能培训。在政府治理体系中，必须通过提高治理主体的信息技能来确保信息和服务的有效获取，从而保障治理效果。对于公务员，政府不仅应加强信息技术培训来提高他们的业务能力，还应提高其服务意识，把通过互联网来推动公众参与政府决策作为他们的一项义务；对于广大用户，政府应积极发挥公共图书馆等文化机构的作用，让它们（指公共图书馆等）依照《公共图书馆宣言》的相关规定来对其进行指导和培训，并让图书馆员提供诸如参考咨询、信息共享、馆际互借等服务，从而缩减主体间的信息差距。另外，公共图书馆应以社会包容形式向那些不能获取信息和服务的特殊人群提供平等服务。

第三，制定信息政策。从计划行为的角度看，任何行为都是受行为的意图或动机所影响，而意图或动机则受社会规范所影响。因此，有必要利用公共政策提高弱势群体对信息易用性的认知，从而站在认知的角度来考虑残障人士与普通群体之间的数字鸿沟。具体而言，我国应构建非均衡的信息政策环境，分别从信息技术投资力度、信息人才培养、信息产业竞争等方面对经济落后区域进行倾斜，力图减少弱势群体因外部因素而产生信息技术应用的自卑感。例如，政府通过长期稳定的经费投入来改造落后地区政府网站的无障碍化，并发布残障设施分布及使用手册，从而提升信息无障碍化能力。

（四）增强政府互联网舆论引导能力

习近平总书记指出，做好网上舆论工作是一项长期任务，要创新改进网上宣传，运用网络传播规律，弘扬主旋律，激发正能量，大力培育和践行社会主义核心价值观，把握好网上舆论引导的时、度、效，使网络空间清朗起来。为此，针对互联网舆论传播，应该积极做好“正面引导”工作。一方面，强化统筹协调。建议成立互联网信息传播引导工程专项工作组，由中央网络安全与信息化领导小组办公室（以下简称网信办）牵头，国办政府信息公开办、国家互联网信息办公室、国家发改委、财政部、工信部等相关部门配合。网信办负责总体协调工程建设，国办政府信息公开办主要负责政府网站可见性优化，国家互联网信息办公室重点负责国家重点新闻网站的可见性优化工作，国家发改委负责落实工程建设经费，财政部负责落实日常运维经费，工信部负责组织编制政府网站可见性优化工作的相关指导性文件和标准规范。同时，选择政治过硬、有经验、有实力的机构做好保障工作。另一方面，为引导正面舆论做好相关基础工作。一是开展基础数据采集与分析工作。采集全国地市级以上政府网站和主流新闻网站的可见性基础数据，整合分析主要论坛和微博上的舆情信息，为舆论引导工作开展奠定基础。二是加强基础研究。有关研究机构要紧扣全球互联网信息传播新趋势，加强前瞻性、基础性理论和战略研究，充分总结吸收欧美发达国家可见性优化工作的成功经验，开展可见性优化相关技术攻关，不断丰富和完善掌控互联网信息传播主导权的技术和方法。

第六章　互联网信息内容传播的治理

互联网是一个信息交流和传播平台，这一平台具有传统传播媒介所无法比拟的优势，并且从根本上颠覆了传统的大众传播模式。但由此也带来了许多新的问题，诸如互联网信息内容传播对监管部门的挑战、非法和不良信息内容的泛滥，知识产权和个人隐私权的保护等。如何加强互联网信息内容治理体系建设，在保持互联网信息内容传播技术和服务模式快速创新的同时，使之更好地服务于公共利益，是政府、社会团体、互联网公司以及公众所普遍关注的一个热点议题。

一、互联网信息内容传播的特点

互联网被称为“网络的网络”，它连接着全球各地的计算机，这些计算机相互之间能够传输、交换和分享各种形式的信息内容，包括文字、声音、图形和图像。也就是说，所有的传统的信息内容传播形式（从报纸、杂志和图书到广播、电视和电影等）都可以在计算机和互联网上被融合在一起，并在一个共同的平台上传播。相对于人们所熟悉的传统的信息内容传播活动而言，互联网信息内容的传播具有许多截然不同的特点。理解这些特点，对于我们研究和分析互联网信息内容传播与治理规律是至关重要的。

（一）准入的自由化

互联网信息内容传播的一个显著特点是服务的准入更加自由。传统的信息内容传播服务，无论是新闻出版、广播电视和电影，还是广告和文化娱乐服务等，都面临着异常严格的准入管理制度，包括成熟与完善的法律法规，按传播方式划分的各司其职的行政监管机构，以及严苛的服务进入门槛——各种各样的服务许可证，对办公场所、注册资金、人员、隶属关系甚至产权结构的要求，以及获得服务许可所必须经过的严格而漫长的审批程序。

相比之下，互联网信息内容传播服务的准入则更加自由、门槛也更低。这主要是由于以下两个方面的原因。一是与互联网接入的自由化和互联网域名注册制度有关。互联网接入的自由化以及域名注册所遵守的自由申请原则，使得任何一个机构或个人都可以相对自由的，受到较少限制地设立自己的网站，并通过互联网提供信息内容服务。二是互联网技术的进步极大地降低了信息内容服务进入的资金门槛。传统的内容服务，无论是图书出版和报刊杂志，还是广播电视和电影，其初始的投入动辄上百万元，甚至上千万元或上亿元，而从事互联网信息内容服务所需的初始投入则要少得多，花费数千元就可以建立一个个人网站并可开展信息服务。

互联网信息内容服务准入的自由化带来了以下三个方面的结果。一是互联网信息内容服务提供者数量大幅度增长。根据互联网信息中心的统计，2000 年我国约有网站数量 26.5 万个，2005 年增加到约 69.4 万个，2010 年增加到约 191 万个，2013 年则高达 320 万个[55]。二是互联网信息内容数量快速增长，而社交网站的兴起和各种即时通信工具的创新应用则使得互联网信息内容数量呈现爆炸性增长势头。三是与传统信息内容服务提供者（主要是国有或国有控股机构）不同，互联网信息内容服务提供者的产权结构更加多元化，并且私人资本（包括来自国外的风险投资）扮演着更为重要的角色。上述三个方面的结果，使得监管机构在面对互联网信息内容的监管时，将比传统信息内容服务的监管面临更加严峻的挑战。

（二）融合性

传统的信息内容传播服务基于媒介的分立，这种分立很大程度上是由信息内容传播媒介的物理属性所决定的，并使得每种形式的信息内容活动在制作、传播以及受众方面都与其他形式的信息内容活动截然不同。也就是说，各种信息内容服务活动是自成体系，相对独立的。相比之下，互联网彻底打破了传统信息内容服务活动的分立特征，不同形式的信息内容（文字、声音、图形和图像）都被融合成一种计算机可读的数字形式，并打包成一个个数据包加载到网站，而后通过互联网这一信息高速公路传输到网络的各个节点和终端，供人们浏览、访问和交流。

传统信息内容传播服务活动的分立特征，使得不同形式的信息内容传播服务活动的边界泾渭分明，从而为不同信息内容传播服务活动的分类监管和分而治之提供了巨大的便

55 数据来自中国互联网信息中心相应年份的《中国互联网络发展状况统计报告》。需要说明的是，网站数量虽然并非互联网信息内容服务提供者数量的一个十分可信的衡量指标，但仍然是一个有重要参照价值的指标。

利。但是，互联网打破了传统信息内容传播服务的分立模式，真正实现了不同形式信息内容的相互融合。由此带来的一个问题是，针对传统信息内容传播分而治之的模式很难被移植到以融合为特征的互联网信息内容传播活动中。因为这种融合性特征使得明确地划定各个监管部门在互联网上的“领地”变得极其困难，从而使传统的、分而治之的信息内容传播模式失去了根基。

（三）交互性

传统信息内容的传播都是单向的，并遵从大众传播研究学家威尔伯·施拉姆所描述的SMCR（Source-Message-Channel-Receiver）模式，即“信源—信息—信道—受众”模式。在这一传播过程中，信息内容被从单一的信源传播给成千上万的受众，而受众反过来传播给信源的机会则非常有限。同时，受众是一个不加区分的群体，不为信源所知，是信息内容的被动接收者。由于信息内容主要是单向传播，因此，大众媒介所组成的精英团体（包括评论家、记者、编辑和内容服务商）扮演了内容把关者的角色，他们决定着受众应该接受什么样的信息内容[56]。

互联网则从根本上改变了传统信息内容的单向传播模式，转向一种双向互动的交流模式。互联网既可以一对多传播，也可以一对一、多对一、多对多传播。而且任何一个网民既可以是受众，也可以是一个信息发布者和传播源。这一特征在电子邮件、博客、微博、微信、社交网站以及各种即时通信中尤其明显。交互性使得受众和传播源的界限变得模糊。

与传统信息内容的单向传播和信息源的高度集中相比，互联网信息内容传播的交互性和传播源的高度分散性，使得对信息内容传播的监管难度变得难以想象。一方面，信息内容服务商对信息内容传播过程的控制力和影响力不可避免地下降，其作为把关者的角色也必然被淡化；另一方面，传统信息内容监管所依赖的事先审查机制很难应用于交互式的信息内容传播活动，很难设想监管机构有足够多的人手和预算来对互联网信息内容进行事先审查。

二、互联网信息内容治理面对的问题

互联网信息内容治理问题的出现，部分是由于公众对互联网早期的自由放任不满，特

56 有关 SMCR 模式的介绍参见罗伯特·拉罗斯和约瑟夫·斯特巴哈著的《信息时代的传播媒介》，第11-12页（清华大学出版社，2002年）。

别是政府在相当大程度上游离于互联网发展进程之外，扮演了一个消极“看客”的角色；部分是由于互联网用户的爆炸性增长、超强的渗透性和不断增大的影响力，使得互联网信息内容传播和服务活动引发了广泛的公共政策问题，这些问题包括服务的准入问题、非法信息内容传播问题、网络著作权问题以及隐私权保护问题等。

（一）信息内容服务的准入监管问题

强化互联网信息内容服务的准入管理已经成为一种趋势，但由此也给信息内容监管部门带来了一系列棘手的问题。是否要对目前的互联网信息内容服务实行更严厉的准入管理，以便使之与传统信息内容服务的准入管理相一致？监管部门能否像它们管理传统信息内容服务那样得心应手，尤其是紧跟互联网传播技术和服务模式的快速变迁并做出及时的反应？面对一个统一的、高度融合的互联网传播平台，应当如何划分不同监管部门的管辖“领地”？如何设定监管的规则，以便在监管与互联网技术和服务的创新之间取得恰当的平衡？上述问题的答案并不是显而易见的，而且也正在经历广泛的社会争论。

在这里，我们将互联网信息内容的准入管理划分为三个领域。

一是作为互联网信息内容服务基础的互联网平台的准入监管问题，包括信息内容服务提供者的网络接入的许可、网站域名注册的许可以及网站的准入许可，同时也包括在何种情况下暂停或中止网络接入、注销域名以及关闭网站等问题。上述问题涉及法律法规的制定、许可的申请条件和程序以及年度审核等许多方面。

二是与现行信息内容监管部门职能有关的准入问题，诸如互联网新闻内容服务的准入、互联网出版服务的准入、互联网视听节目服务的准入以及互联网文化服务（包括网络游戏）的准入等。由于上述的准入管理依托于传统的信息内容监管部门，因而也引发了部门职责与公共利益偶尔冲突的问题[57]。

三是新型的互联网信息内容服务的准入管理问题。服务内容和服务方式的不断创新是互联网信息内容传播的一个重要特点。诸如博客（包括播客）、即时聊天、社交网站、微博、微信等新型互联网信息内容服务的不断涌现带来了两个方面的问题：一方面，由于很难明确界定这些新型服务应当划归哪个部门来监管，上述服务几乎处于一种无章可循、无

57 网络电视的准入问题极具代表性。自 2006 年年底以来，广电部门按照《互联网等信息网络传播视听节目管理办法》叫停多家未经其审批的网络电视台，同时严令广电系统内各机构不得与未经其批准的网络电视台进行业务合作，但由于该办法既由广电部门制定，许可证也由广电部门审批，因此，广电以外的机构获得网络电视许可就比较困难。（白瀛，广电总局再次要求查封网络电视台，《光明日报》，2007 年 3 月 9 日）。

人监管的自由放任状态；另一方面，像即时通信、社交网站、微博和微信等，往往在短短的三五年之内就可发展数以亿计的用户，并成为互联网信息内容传播覆盖面最广、影响力最大的传播方式[58]，即使监管部门想对这些服务的准入和运营进行监管，也往往有措手不及之感。如何跟上网络技术和信息内容服务模式的创新，不仅是当前，也是未来很长一段时期监管部门所面对的最大挑战。

（二）非法和不良信息内容治理问题

与普通商品和服务不同，信息内容具有很强的政治、社会和文化属性，其传播会影响人们的思维和行为方式，并产生极其重要的社会后果。这些后果有些被法律和社会规范所允许，有些则有悖于法律和社会规范，从而引发社会伦理和法律问题。一般而言，在《刑法》和互联网信息内容管理的众多法规中，都对非法信息内容有着明确的法律界定。非法信息内容主要包括网络上非法的煽动内容、严重干扰正常社会的网络谣言、邪教组织及成员的网上宣传信息、淫秽色情内容、网上诽谤行为、网络诈骗、网络赌博信息、损害国家机关信誉的信息等。相对于非法信息内容，不良信息内容的界定则缺乏明确、正式的标准，通常是指有悖传统习惯、伦理道德的信息内容，包括与色情和性有关的低俗信息、恶意谩骂、侮辱他人的信息、迷信、垃圾短信和垃圾邮件等。

由于互联网信息内容传播的隐蔽性、传播方式的多样性、即时性、跨国性等特点，加之互联网内容传播技术和模式的快速创新，尤其是社交媒体、即时通信、微博、微信等的兴起和快速扩散，非法和不良信息内容治理面临的挑战也越来越严峻。即使多年来有关监管部门一直保持高压严打态势，并且多次组织开展集中打击整治专项行动，但是，互联网非法和不良信息内容的传播依然屡禁不止，死灰复燃。互联网违法和低俗信息内容的传播，尤其是淫秽色情内容、网络谣言、网络诈骗、非法网络公关行为已严重威胁社会稳定和青少年身心健康，并成为社会各界普遍关注的热点议题。

（三）著作权保护问题

相对于传统信息内容的著作权保护而言，互联网著作侵权现象更为普遍，著作权保护面临的挑战也更加艰巨。互联网著作权的保护涉及许多复杂的网络技术问题，这使得网络

58 根据中国互联网信息中心 2014 年 1 月发布的《中国互联网络发展统计报告》的统计，截至 2013 年年底，我国即时通信网民规模达 5.32 亿人，博客和个人空间用户数量为 4.37 亿人，微博用户规模为 2.81 亿人，社交网站用户规模达 2.78 亿人。另外，根据腾讯公司发布的 2013 年度财报，截至 2013 年年底，仅微信活跃用户就高达 3.55 亿人。

著作权保护较传统信息内容的著作权保护难度要大得多，政府监管的成本也更高。另外，相对于传统信息内容的著作权保护而言，互联网信息内容服务的侵权成本更低，面临的惩罚也相对较弱，这在一定程度上为互联网著作的侵权行为提供了“激励”。

互联网著作权保护所面对的问题首先是立法问题。传统的著作权保护法规是经过 100 多年的历史才逐渐成熟和完善的，而互联网著作权保护则是新近才遇到的问题，不论是相关立法的研究制订，还是司法实践都处于探索阶段。网络信息内容著作权的保护力度较之《著作权法》对传统内容著作权的保护力度要小得多，这导致了著作权保护的“双重标准”，即在传统内容活动中许多被认为是侵权的行为，在网络活动中则不会被认定为侵权行为，或者即使被认定为侵权行为，面临的惩罚也要弱得多。“双重标准”问题与网络著作权保护所面对的一些特定问题，如搜索和链接、数字图书馆的服务边界等有关，也与立法机关与公众对网络著作权保护的价值取向有关，特别是《著作权法》更倾向于著作权人的保护，而网络著作权法规更多地顾及网络服务提供者和使用者的权利。“双重标准”问题显然与立法所应遵从的普适性和公平性原则相冲突，而且也容易导致内容服务商的机会主义行为。

除了立法问题以外，如何使法规落到实处，从而建立相应的法规执行机制，诸如行政处罚和司法诉讼等也是面对的挑战之一。从当前情况看，无论是行政监管还是司法机构，在打击互联网著作侵权行为方面的作用还没有完全发挥出来。另外，发展数字著作权保护技术也是更有效保护网络著作权的途径之一。

（四）其他治理问题

除了上述问题以外，互联网内容治理还面临着其他一些问题，例如互联网用户的实名制管理问题、隐私保护问题等。

互联网用户的实名制管理问题。互联网用户应该以实名的方式还是以匿名的方式登录和访问互联网，一直是互联网大规模商业化以来不断争论的一个问题。主张网络匿名制的人一直将匿名制看成有效保护网络空间中个人隐私和个人言论自由的主要手段之一，这导致匿名制一直以来成为用户在互联网上访问、交流和互动时普遍遵从的一种模式。但是，随着利用电子邮件、电子公告、博客和即时聊天、微博、微信等进行的骚扰、诽谤、欺诈、谣言以及各种非法与不良信息内容传播活动的日益泛滥，越来越多的公众开始对网络匿名制从支持转变为批评态度，即网民不仅应当对其现实世界的言行负责，而且也应当对其网络世界的言行承担相应的法律和道义责任。除了公众态度的转变之外，互联网管理部门出于监管的需要，也有强烈的愿望推动网络由匿名制向实名制转变。

目前，关于网络匿名制和实名制的讨论依然是热火朝天，争论的焦点是如何在网络实名与个人隐私保护之间保持必要的平衡。网络实名制的推行既涉及立法问题，也涉及广泛的技术问题，诸如身份认证技术、加密技术以及防止个人身份和隐私信息盗用的安全技术等。

隐私保护。对个人隐私权的侵犯虽然也广泛地存在于现实世界，但在互联网世界则更为普遍。长期以来，由于缺乏网络隐私保护的正式法规以及网络运营商、网站和网民缺乏必要的自律，互联网上侵犯个人隐私权的例子层出不穷，主要是：网络运营商、网站往往在网民不知情或未经许可的情况下收集、下载用户的个人身份信息和隐私材料，并将收集和整理的隐私信息用于商业用途，甚至非法出售所收集的信息用于牟利；有些网民在博客、BBS、即时通信、微博和微信等社交媒体上面泄露他人的隐私信息；政府的有些部门出于自身的需要，也在广泛利用网络收集个人信息，而且这种行为往往缺乏有效的法规约束。

从国际社会隐私保护的广泛经验来看，相对于传统的隐私保护而言，网络隐私保护所面临的困难更大，挑战也更为严峻。首先是互联网强大的信息收集和监控能力，使得用户在网络上的一举一动、一言一行都难逃网络服务提供者的跟踪和监视。其次是互联网上收集和侵犯个人隐私信息的手段更加隐蔽，侵权者和被侵权者之间存在的信息不对称性也更为严重，这种不对称性也使得网民对网络服务提供者（包括政府部门）的侵权行为的监督变得更加困难。最后是社交网络的快速发展所带来的一系列新问题，诸如为了与其他人互动，网民普遍地在社交网站和平台上共享他们自身的个人信息（包括上传照片、个人身份信息等）；利用强大的搜索引擎，可以迅速地搜索目标人物的个人信息（如“人肉搜索”）等。上述困难和挑战，意味着互联网隐私保护不仅需要加快制定隐私权保护的正式法规，而且需要同步地推进内容服务商、网民和政府的自律机制建设。

三、互联网信息内容治理体系建设的主要进展

随着人们对互联网信息内容治理问题的关注与重视程度的不断提高，我国互联网信息内容治理体系逐步建立，互联网信息内容的治理能力也在迅速提高。主要表现是：互联网信息内容治理主体从单一的以政府为主导的模式向政府、社会组织、互联网企业以及网民共同参与、互动合作的模式转变；与此相适应，治理手段也从较为单一的行政监管手段向综合运用行政、法律、技术、市场和自律等多种手段转变。

（一）互联网信息内容的行政监管

1. 行政监管体制建设

由于传统信息内容的分立特征，我国对传统信息内容的监管也采用分立的形式，即针对每一类型的信息内容活动设立相应的监管机构，如新闻出版和广电部门负责图书和报刊杂志等出版物以及广播、电视、电影活动的监管，文化部门负责文化活动的监管，新闻管理部门负责新闻活动的监管。同时，像广告、著作权保护、打击非法信息内容传播活动等则由工商、版权和公安等部门分别监管。因此，传统信息内容监管体制可以用八个字来概括，即“多头监管、分而治之”。随着互联网的迅速崛起，传统的信息内容监管部门也开始不断地向互联网信息内容领域逐步延伸，因此，从传统信息内容监管框架衍生而来的互联网内容监管框架具有典型的路径依赖特征，并且也在很大程度上继承了传统信息内容监管体制“多头监管、分而治之”的特征。

在互联网发展的早期阶段，这一监管体制具有一定的合理性。一是可以更好地利用原有部门在信息内容监管方面长期积累的经验和专业知识，诸如信息内容服务的准入管理、非法信息内容传播的管理以及信息内容服务机构的管理等。二是依托于原有的监管架构，可以避免另起炉灶以及由此导致的体制调整所带来的困难，并且可以更好地适应传统信息内容服务和网络信息内容服务相互交织和共生的状况。但是、随着互联网传播技术和信息内容服务模式，尤其是社交网站、即时通信、微博、微信等各种新型服务的不断推出和加速扩散，以及互联网信息内容服务对传统信息内容服务方式替代的加快，这种“多头监管、分而治之”的监管模式的弊病也随之凸显：一是基于传统信息内容监管所积累的经验和专业知识，已经越来越难以适应互联网环境下信息内容服务所面对的各种复杂问题。例如，互联网的交互性、多源性和非中心化，严重地弱化了以信息源为中心的传统监管模式的作用；二是很难像传统信息内容那样，对不同形式的互联网信息内容进行严格的分类和界定，并以此作为不同监管机构进行职责分工的依据。其结果，既导致不同部门之间职能不清、职能交叉和相互推诿，同时也导致“监管真空”地带的出现。例如，那些与传统信息内容活动很难对应的互联网信息内容活动，如博客、搜索引擎、维基百科、微博、微信等，究竟应该由哪些部门来监管变得难以界定，更谈不上实施监管了。

正是在上述背景下，国家互联网信息管理办公室（以下简称国信办）在 2011 年应运而生。作为一个专门的、全方位的互联网信息管理机构，国信办不仅负有推动和落实国家互联网信息传播的大政方针和法律法规的职责，而且负有指导、协调、督促有关部门互联网信息内容管理的广泛职责（参见专栏 6-1）。该机构的设立是我国互联网信息内容监管体制建设的一个里程碑事件，也是加强互联网信息内容管理的一个重要的机制保证，对改变“多头管理、分而治之”的弊病，强化各监管部门之间的协调合作具有重要的意义。同时，作为从中央到地方的一个高度垂直化的管理机构，也将彻底改变各地方管理机构名称和隶属关系不相统一的混乱局面[59]。2011 年 12 月，国信办在江苏省镇江市召开网络文化建设和管理现场经验交流会，会议通过“镇江经验”，并强调各地要认真贯彻落实“谁主管、谁负责”的原则，切实履行互联网属地管理责任。

专栏 6-1　国家互联网信息管理办公室的职责

落实互联网信息传播方针政策和推动互联网信息传播法制建设，指导、协调、督促有关部门加强互联网信息内容管理，负责网络新闻业务及其他相关业务的审批和日常监管，指导有关部门做好网络游戏、网络视听、网络出版等网络文化领域业务布局规划，协调有关部门做好网络文化阵地建设的规划和实施工作，负责重点新闻网站的规划建设，组织、协调网上宣传工作，依法查处违法违规网站，指导有关部门督促电信运营企业、接入服务企业、域名注册管理和服务机构等做好域名注册、互联网地址（IP 地址）分配、网站登记备案、接入等互联网基础管理工作，在职责范围内指导各地互联网有关部门开展工作。

资料来源：国家互联网信息办公室设立，新华网，2011 年 5 月 4 日。

2. 互联网实名制管理加速推进

推进互联网实名制是互联网信息内容监管的一项基础性工作。这一工作既涉及电信和互联网基础资源，如网站、域名、IP 地址和电话用户的实名登记和备案，也涉及网民登录和访问 BBS、网络游戏、博客、微博、微信、即时通信和社交网站时的实名注册。在这里，我们对互联网主要领域实名制的推进状况加以简要回顾。

网吧。网吧是最早推行实名制的一个领域。为了防止未成年人进入网吧，使其免受互联网不良信息内容以及沉迷网络游戏所带来的伤害，从 2003 年起，网吧管理部门就开始推行实名制，要求所有在网吧上网的用户必须向网吧提供身份证并进行实名登记。

域名、IP 地址和网站。从 2004 年开始，原信息产业部开始推动域名、IP 地址和网站的实名制登记和备案的规章制定和实施工作。2004 年修订的《互联网域名管理办法》第二十八条规定，“域名注册申请者应当提交真实、准确、完整的域名注册信息”； 2005 年 2 月出台的《互联网 IP 地址备案管理办法》第八条规定，“各级 IP 地址分配机构在进行 IP 地址备案时，应当如实、完整地报备 IP 地址信息”；2005 年 3 月出台的《非经营性互

59 闵大洪. 2011 年的中国网络媒体与网络传播，人民网，2011 年 12 月 26 日。

联网信息服务备案管理办法》规定，无论是企、事业单位网站，或是个人网站，都必须在通信管理部门备案，并在备案时提供有效证件号码。随着上述规章的出台，域名注册和网站实名制的登记备案工作开始加速推进。到 2012 年，在域名实名注册方面，已建立两家域名注册管理机构、82 家域名注册服务机构的域名注册服务体系，“.cn”的实名率达到 98%；在网站的实名登记备案方面，网站备案率达到 99%[60]。

电话用户。电话尤其是智能化的移动电话和无线上网卡作为互联网接入的一个最为普及的终端设备，是互联网实名制体系的一个至关重要的组成部分。2010 年，工信部提出实行手机实名制规定。但截至 2013 年 3 月，仍有约 2.8 亿的手机用户没有进行实名登记。如此数量的匿名用户成为互联网信息管理的一大潜在隐患，并为少数不法分子利用匿名移动电话传播淫秽信息、发送垃圾短信、散布有害信息、实施诈骗等提供了便利。鉴于此，2013 年 7 月工信部出台了《电话用户真实身份信息登记规定》，将电话用户真实身份信息登记从手机扩展到固定电话、宽带用户和无线上网卡用户，并要求这些用户在办理上网手续时，都必须提供个人的真实身份信息（身份证或户口本等）。上述规定不仅适用于新用户，同时也适用于那些欲办理新业务但未登记真实身份的老用户。由于历史原因，要对匿名移动电话用户全部进行实名登记依然是一项长期而艰巨的任务。

网络用户。相对于前面的各种实名制管理，数以亿计的网民身份的实名注册和登记工作面临着更多的问题和困难，诸如相关法规的缺失以及执法问题、网民真实身份的认证以及信息保护等问题、实名制所带来的运营成本增加问题，以及来自社会公众的不满。这些困难和问题使得网民的实名注册和登记工作长期以来难有实质性进展。网络用户实名制进展比较大的一个领域是微博服务。2011 年 12 月，北京市人民政府新闻办、市公安局、市通信管理局和市互联网信息办公室共同制定了《北京市微博客发展管理若干规定》，要求任何组织或者个人注册微博账号，应当使用真实身份信息；网站开展微博客服务，应当保证注册用户信息真实。当年 12 月 22 日起，广州和深圳市的腾讯网、金羊网、大洋网等 7 家开展微博业务的网站，也开始实行微博用户实名注册[61]。

法规先行是推动网络用户实名制的基础。2012 年 12 月 29 日，全国人大常委会通过的《关于加强网络信息保护的决定》（以下简称《决定》），为推动网络用户实名制定下了基调。《决定》第六条规定：“网络服务提供者为用户办理网站接入服务，办理固定电话、移动电话等入网手续，或者为用户提供信息发布服务，应当在与用户签订协议或者确

60 苗圩. 我国互联网行业的发展与管理，http://www.miit.gov.cn。

61 闵大洪. 2011 年的中国网络媒体与网络传播，人民网，2011 年 12 月 26 日。

认提供服务时，要求用户提供真实身份信息。”《决定》出于保护个人隐私信息的考虑允许有限度的网络匿名，即允许前台匿名，后台实名。2013 年 3 月 29 日，国务院办公厅发布《关于实施〈国务院机构改革和职能转变方案〉任务分工的通知》，其中“2014 年完成的任务”第十三条为“出台并实施信息网络实名登记制度。此一任务由工业和信息化部、国家互联网信息办公室会同公安部负责，并于 2014 年 6 月底前完成。”可以预期，随着网络用户实名制相关法规的出台，为用户提供信息内容发布服务的各网站将不可避免地全面引入用户实名制。

3. 部门间协同监管不断加强

互联网信息内容监管不仅需要有关职能部门各司其职、分兵把守，也需要有关职能部门加强业务的协同配合，以应对互联网信息内容治理所面对的严峻形势。部门间协同监管的一个最为突出的形式是多部门联合行动。自 2006 年以来，国家扫黄打非办、公安部、工信部、国新办、国家新闻出版总局、国家版权局等多个部门就密切配合，定期围绕社会公众反映强烈的网络淫秽色情和低俗信息传播、网络谣言、网络诈骗、网络诽谤以及侵犯网络著作权等违法犯罪问题，联合开展集中打击整治互联网违法犯罪专项行动。仅 2014 年上半年，就开展了多个专项整治行动，主要是：

2014 年 4 月，全国“扫黄打非”办、国信办、工信部和公安部联合开展为期 8 个月的“扫黄打非·净网 2014”专项行动。已依法查处淫秽色情网站 110 家，关闭相关频道、栏目 250 个，关闭微博客、博客、微信、论坛等各类账号 3300 多个，关停广告链接 7000 多个，删除涉黄信息 20 余万条[62]。

2014 年 5 月，国信办联合工信部、公安部等部门做出部署，决定在全国范围内开展为期一个月的微信等移动即时通信工具专项治理行动，集中整治移动即时通信公众信息发布服务中的违法违规行为。

2014 年 6 月，国家版权局、国信办、工信部和公安部联合开展为期 6 个月的打击网络侵权盗版“剑网 2014”专项行动，重点围绕文字、影视、音乐、游戏、软件等作品的数字版权保护，加大对互联网网站、网络销售平台、移动智能终端应用软件商店的监管力度，严厉打击各种网络侵权盗版行为，加强网络版权保护，规范网络版权秩序。

（二）互联网信息内容的法律监管

将互联网信息内容治理纳入法治化轨道，是推进互联网信息内容治理体系建设和治理

62 国信办开展“扫黄打非·净网 2014”专项行动，新华网，2014 年 4 月 21 日。

能立提升的基石所在。从最近 10 多年的发展经验来看，我国互联网信息内容法律法规体系建设在不断加快，不仅相关法律法规的数量不断增长，而且法律法规的覆盖范围不断扩大。从互联网重要基础资源的管理、各种互联网信息内容服务的准入和许可证管理、信息内容服务行为的规范和监管，到网络著作权保护、隐私保护等主要领域都已制定专项法规。互联网信息内容监管的法律体系的主要进展如下。

1．互联网基础资源管理法规

域名、IP 地址、网站等互联网基础资源的管理法规的制定，一直是互联网信息内容监管法规体系建设的一项基础性工作，在域名管理方面，原国务院信息化工作领导小组办公室在 1997 年即颁布《中国互联网络域名注册暂行管理办法》，之后，原信息产业部分别在 2002 年和 2004 年两次修订。在 IP 地址管理方面，原信息产业部在 2005 年 1 月发布《互联网 IP 地址备案管理办法》，对 IP 地址分配使用备案做出了明确的规定；在网站备案管理方面，原信息产业部在 2005 年 2 月发布《非经营性互联网信息服务备案管理办法》，对网站备案提出了强制性要求。

2．互联网信息内容服务监管法规

准入和行为规范的监管是互联网信息内容服务法规体系建设的重点，已出台的法规多达十余项，具体如表 6-1 所示。其中，2000 年 9 月由国务院发布的《互联网信息服务管理办法》（以下简称《办法》）是该领域的综合性和基础性行政法规。该《办法》首次对互联网信息内容服务的准入管理进行了明确规定，“对经营性互联网信息服务实行许可制度；对非经营性互联网信息服务实行备案制度。”此外，该《办法》还针对非法信息内容的界定、监管部门的职责、网络运营商和网站的责任以及违法行为的处罚也做出了规定。《办法》为互联网信息内容服务的准入和行为规范的监管确立了一般性原则，但针对不同形式的互联网信息内容服务，还需要有关职能部门根据该《办法》制定具体的部门规章。自该《办法》出台之后，工信部（原信息产业部）、国务院新闻办、广电总局、新闻出版总署、文化部等部门陆续针对互联网信息内容服务的主要领域，如互联网电子公告、互联网出版、互联网新闻、互联网视听节目、互联网文化、网络游戏、电子邮件等出台了多个部门规章。

3．与互联网信息内容有关的其他法规

除上述两个领域的法规之外，在互联网著作权保护、互联网个人信息保护、打击互联网非法信息内容犯罪方面的法规建设也取得了积极进展。

表 6-1　互联网信息内容监管主要法规一览

法规名称	发布机构	制定时间	监管范围
互联网信息服务管理办法	国务院	2000 年 9 月	互联网信息服务的许可和备案、行为规范等
互联网电子公告服务管理规定	信息产业部	2000 年 10 月	电子公告服务的申请和备案、行为规范
互联网出版管理暂行规定	新闻出版总署 信息产业部	2002 年 6 月	监管在线出版内容
互联网等信息网络传播视听节目管理办法	广电总局	2004 年 6 月	信息网络传播视听节目许可证及业务监管
互联网文化管理暂行规定	文化部	2004 年 7 月	互联网文化单位的许可证和备案、监管
互联网新闻信息服务管理规定	国务院新闻办 信息产业部	2005 年 9 月	在线新闻服务的监管
互联网电子邮件服务管理办法	信息产业部	2005 年 11 月	电子邮件服务的监管
信息网络传播权保护条例	国务院	2006 年 5 月	网络信息著作权保护
互联网视听节目服务管理规定	广电总局、工信部	2007 年 12 月	互联网视听节目的许可和监管
网络游戏管理暂行办法	文化部	2010 年 6 月	网络游戏经营活动的许可和监管
互联网文化管理暂行规定	文化部	2011 年 2 月	互联网文化活动的许可与监管
规范互联网信息服务市场秩序若干规定	工信部	2011 年 12 月	互联网信息服务提供者的行为

网络著作权保护。由于立法条件尚不成熟，2001 年新修订的《著作权法》并未涉及网络著作权问题，而是在第五十八条中规定，“计算机软件、信息网络传播权的保护办法由国务院另行规定”。2005 年 4 月，国家版权局和原信息产业部联合制定了《互联网著作权行政保护办法》。2006 年 5 月，国务院颁布《信息网络传播权保护条例》。至此，互联网著作权保护的法规体系趋于成熟。

个人信息保护。2012 年 12 月，全国人大常委会通过《关于加强网络信息保护的决定》，这是我国互联网个人信息保护的一个具有里程碑意义的法律。该项法律第一条就明确提出：“国家保护能够识别公民个人身份和涉及公民个人隐私的电子信息。任何组织和个人不得窃取或者以其他非法方式获取公民个人电子信息，不得出售或者非法向他人提供公民个人电子信息。”并且对收集和使用个人信息应遵守的行为准则、对收集到的个人信息所应承担的责任也做出了规定。依据该法律，工信部在 2013 年 7 月出台《电信和互联网用户个人信息保护规定》，对电信业务经营者和互联网信息服务提供者收集、使用用户个人信息的活动做出了详细的规定，内容涉及用户个人信息范围的界定、信息收集和使用的规范、保障个人信息安全的措施以及对违规行为的处罚条款等。

打击互联网非法信息内容犯罪。为了配合有关部门集中打击整治互联网上的淫秽色情传播、诽谤、寻衅滋事、敲诈勒索、非法经营等犯罪活动所开展的专项行动，在 2010 年 1 月联合发布了《关于办理利用互联网、移动通信终端、声讯台制作、复制、出版、贩卖、传播淫秽电子信息刑事案件具体应用法律若干问题的解释》。2013 年 9 月，最高人民法院和最高人民检察院又联合发布了《关于办理利用信息网络实施诽谤等刑事案件适用法律若干问题的解释》。上述司法解释的出台，为打击网络违法犯罪提供了强有力的法律依据。

（三）互联网信息内容的技术治理

互联网信息内容的爆炸性增长、实时交互性以及信息内容传播方式的多样性，使得传统的信息内容监管所依赖的人工式“把关”和审查机制在很大程度上失去了用武之地。一方面，对于以实时交互的即时通信方式传播的信息内容很难进行人工把关；另一方面，即使监管部门和内容服务提供者可以对互联网传播的信息内容把关，也难以承担把关所需要的大量人手和高昂的成本。因此，寻求技术性的解决办法，是解决上述问题的一个重要途径和手段。随着互联网技术的发展，许多针对互联网信息内容治理的技术性方法和工具也得到发展，并被广泛地应用于互联网信息内容的治理中。

网络信息过滤技术。为了“封堵”违法和不良信息内容的传播，网络信息过滤技术是最为常用的技术手段。其中，目前应用最为普遍的是 URL（统一资源定位器）过滤技术和关键词过滤技术。URL 过滤技术是利用预先编制好的 URL 地址列表，通常做法是开列出 URL 地址的“黑名单”（禁止访问的 URL 地址列表）和“白名单”（允许访问的 URL 地址列表），以决定该网址是否被允许访问；关键词过滤技术则是指在访问网站内容时，对内容进行实时扫描，并根据关键字列表分析是否含有禁止访问的内容。除上述两种常用技术之外，分级过滤法和图像过滤技术也有一定的应用。

舆情监测分析技术。源自传媒学的舆情监测分析技术已经成为互联网信息内容监控的一个重要技术。该技术的目的是利用统计分析技术、网络搜索技术以及软件处理技术对互联网上的热点和敏感信息内容进行跟踪监测，分析其传播规律，进而对其传播加以引导和干预。由于各级政府机构、企业和社会组织对网络舆情监测服务的巨大需求，舆情监测已经迅速成长为一个新兴产业，从重点新闻门户网站、传媒研究机构到软件公司和市场调查公司，均纷纷进入舆情监测分析领域。

网络著作权保护技术。由于网络信息内容侵权行为极为普遍，加之行政和法律手段在防止侵权行为方面的局限性（难以对大多数侵权行为进行行政和法律处罚，而同时依靠司法诉讼来保护著作权的成本又很高），网络著作权保护技术成为一个有效工具。网络著作权保护技术在最近数年得到了长足发展，这一发展往往同更为广泛的网络安全技术的进步有关。主要的网络著作权保护技术有访问控制技术、数据加密技术、网络认证技术和数字水印技术等。访问控制技术的主要目的是保证网络资源不被非法使用和访问，是一般意义上网络安全技术的一个重要策略，同时也可以用于网络著作权的保护；数据加密技术是最基本的一种网络安全技术，通过对网络传输的信息进行加密来保障其安全性；网络认证技术主要是通过验证被认证对象的属性，以确认被认证对象是否真实有效。其中，基于口令的认证方式是最为普遍的一种方式；数字水印技术主要是通过各种算法，在不影响原信息内容的使用和价值的情况下，将一些标志性信息直接嵌入多媒体信息内容中，从而实现对被保护信息内容传播的监测，并可为解决著作权纠纷和司法诉讼提供证据。

（四）互联网信息内容自律机制建设

尽管行政监管和法律监管对互联网治理的影响越来越大，但互联网的自律和自我治理依然是一种不可替代的机制和手段，并在互联网治理体系中占据极其重要的地位。一方面，互联网治理模式具有典型的路径依赖特征。从互联网发展史来看，早期的互联网基于自下而上的模式，这一模式更多地依赖于网络运营商、信息内容服务商、技术专家以及网民的自律和自我治理。这一模式既体现于互联网高度开放的技术架构和商业运行模式中，同时也已成为互联网商家、技术专家以及网民的一种信念；另一方面，无论是互联网技术还是互联网应用的商业模式都处于快速的演进当中，而这种演进存在着巨大的不确定性。在此情况下，无论是行政监管还是法律监管，都难以跟上技术和商业模式快速演进的步伐，草率的监管只会妨碍技术进步和应用创新。从互联网信息内容治理的角度看，自律机制主要涉及互联网行业组织、网络接入商和网站以及网民。

行业自律。作为行业成员共同利益的代表，以及作为企业、公众和政府之间的沟通桥梁，诸如行业性的社团组织在社会经济发展以及公共政策制定中也发挥着重要作用，与互联网有关的各种行业性组织也不例外。互联网领域的行业组织既包括以互联网运营商、网站和技术专家等为主要成员的各种专业协会（如中国互联网协会、中国电子商务协会、中国信息协会等）、学会（如中国通信学会、中国计算机学会互联网专业委员会等），也包括关注互联网发展的其他社会团体和组织，如青少年组织、消费者保护协会、新闻工作者协会等。其中，拥有 400 多个团体会员的中国互联网协会是互联网领域影响最为广泛的一个行业性社团组织。

自 2001 年正式成立以来，中国互联网协会就通过制定各种自律章程，倡导和发布自律宣言，组织以网络自律为主题的研讨宣传活动，组织“自律贡献奖”评选，以及通过与政府监管部门和新闻媒体的合作等多种方式，积极致力于行业自律机制的建设，以促进网络的各利益相关者（既包括其成员单位，也包括成员单位以外的单位）共同遵从互联网法规，推动互联网的快速发展和繁荣。其开展的自律活动主要有：

2002 年 3 月，中国互联网协会发布了第一个行业自律公约——《中国互联网行业自律公约》；

2004 年 6 月，由中国互联网协会下属的互联网新闻信息服务工作委员会主办的“违法和不良信息举报中心”网站正式开通；

2005 年 9 月，发布《中国互联网网络版权自律公约》；

2005 年 9 月，开始组织评选一年一度的“中国互联网行业自律贡献奖”；

2007 年 8 月，发布《博客服务自律公约》，人民网、新浪、搜狐、网易、腾讯、千龙网等十多家博客服务提供商共同签署了该公约；

2011 年 5 月，发布《关于抵制非法网络公关行为的自律公约》，有 100 多家网站共同签署了该公约；

2012 年 4 月，发布《抵制网络谣言倡议书》，倡议“共同抵制网络谣言，营造健康文明的网络环境”[63]。

网站自律。网站除了必须遵守有关的法律法规外，还应该有更多的自我约束，并遵从一些基本的道德准则、文化传统、风俗习惯以及商业和社会伦理规范，承担社会责任。网站自律主要基于网站自己针对信息内容管理所制定的各种规则（所谓的“网规”），这些规则既构成对访问该网站网民的一种约束，同时对网站管理者也是一种约束。

一些大型平台网站往往制定数量繁多的网规，其形式包括网站章程和各式的服务协议。这些网规涉及信息内容服务的方方面面，如成为网站注册用户应遵从的注册登记程序和规则；网站提供信息服务时所遵从的免费或收费规则；用户访问网站，尤其是发布信息时应遵从的行为准则等。同时，网站也会针对其信息内容服务的安全性、及时性、连续性，针对用户隐私信息的保护等做出正式的承诺。另外，网规中通常还会包括这样的条

63 有关信息参见中国互联网协会网站，http://www.isc.org.cn/hyzl/hyzl/。

款，即网站会针对用户发布的信息内容进行审查，一旦认定用户发布的信息内容有违法之处或损害网站自身利益的情况发生，网站都可采取更改或删除、屏蔽等措施，进而暂停或终止用户使用网络服务的权利。

网民自律。提升网民自律意识，培养网民自觉遵守国家法律法规，引导网民积极、主动地抵制互联网上的低俗和不良信息内容的传播，是互联网自律机制建设的一个重要方面。

四、互联网信息内容治理体系建设的政策建议

从多年积累的实践经验来看，要建立一个高效的、能适应互联网技术和信息内容传播模式快速创新的治理体系，就必须多管齐下，综合运用行政、法律、技术和自律等各种手段，也必须让互联网所有的利益相关方（包括政府、互联网企业、社会团体、技术专家和公众）广泛地参与到治理进程中，形成共识、通力合作。

（一）加强互联网信息内容行政监管的统筹协调

“多头监管、分而治之”一直是互联网信息内容行政监管体制的主要弊端所在，这一体制不仅难以适应互联网技术和传播模式尤其是社交媒体、即时通信、微博、微信等的快速创新和变化，而且也带来了职责不清、职能交叉、相互推诿、部门本位、跨部门协调成本过高和效率低下等各种问题。鉴于这一状况，加强互联网信息内容行政监管的统筹协调就成为治理体系建设的当务之急。

统筹协调的关键是强化互联网信息内容监管的顶层设计，主要包括三个方面的内容：一是要厘清法律法规和重大政策制定与日常监管的关系，由国家层面的领导机构统一负责互联网信息内容监管的法律法规和重大政策的制定，并对各监管部门的工作进行指导、协调和监督；二是要厘清各监管部门的职责范围和责任，逐步地推动监管部门从“双重角色”（既是规章和政策制定者，也是规章和政策的执行者）转变为“单一角色”（在法律、法规和政策框架下，专司互联网信息内容的日常监管职能）；三是明确跨部门联合监管和协同的工作机制。

（二）进一步完善互联网信息内容法律法规体系

目前，我国虽然已初步建立了互联网信息内容法律法规体系，但这一体系依然存在一些突出的问题，主要包括：一是现行法规绝大多数是位阶和效力相对较低的部门规章，而

位阶和效力较高的法律和行政法规则很少；二是现行的法律法规往往缺乏完善的程序规定，导致法规的操作性不强。针对上述问题，未来互联网信息内容法规体系建设主要应着力于以下三个方面。

一是加快制定互联网信息内容领域的立法规划，通过规划明确立法的主导原则、立法体系的基本框架、立法的优先次序和立法的时间表。

二是加快提升现行法规体系的位阶，尤其是在现行法规和部门规章的基础上，尽快制定互联网信息内容监管和保护的基础性法律，包括互联网基础资源管理法、互联网信息内容服务管理法、互联网信息内容安全管理法以及个人信息保护法、网络著作权保护法等法律。

三是加强互联网信息内容专项法规与民法、刑法和行政法等法律的衔接契合，建立一套完备、有效的程序规则和机制，规范互联网各主体行为，明确监管部门的职责，使监管和惩处有法可依，提升法规的可操作性、明确性和规范性。

（三）加快推动互联网自律机制建设

一是加强社会和公众团体在网络自律机制建设中的作用。互联网内容服务行业的自律既依赖于企业文化和企业对社会责任的认同，同时也依赖于外部的监督。相对于公众而言，社会团体由于其影响力和集体行动能力，能够更好地发挥社会监督作用。但是，由于历史原因，与互联网有关的社会团体或者是对互联网公共政策给予高度关注的社会团体，不仅数量有限，而且其关注面也很狭窄，很难代表不同社会群体和公众的声音和利益诉求，这导致社会团体对于网络行业自律的影响力大打折扣。因此，政策的主要着力点，首先是鼓励各种形式的与互联网有关的社会团体、行业性和专业性组织的“发育”，没有发达的、多种声音的互联网社团组织作为基础，就不可能有互联网的行业自律；其次是鼓励其他的社会团体，诸如教师、妇女、家长以及消费者团体，能更多地关注互联网相关公共政策问题的制定和讨论；最后是监管部门在制定公共政策和法律法规时，应当更多地倾听社会团体的声音，并让社会团体真正地参与到政策制定过程中。

二是加强对网民的教育、宣传和引导，形成网民自律机制。要加强对大、中、小学在校学生的自律意识教育，因为他们将成为未来网民的基础，其自律意识和自律能力将从根本上决定中国网民的整体素质；要通过对提供主流、健康内容服务的网站的扶植，弘扬主流文化，促进网民自觉抵制非法信息内容的传播；要正确引导网民的行为，通过说服教育、舆论宣传、引导示范等手段形成网民高度自律的行为规范。

第七章　信息安全与隐私保护的治理

近年来，网络空间的安全越来越成为压倒其他传统安全的重大国际性问题，愈演愈烈，持续高热。2013 年“棱镜门”事件的曝光，再次将网络空间领域的局部性、低烈度的安全担忧、猜疑、摩擦、冲突引爆至全球，斯诺登仅凭一人之力就能够带来全球动荡的这种巨大能量，再次让世人感叹网络非对称性给国家乃至国际安全带来的巨大挑战。与此同时，信息技术的发展和应用，催生了大数据时代的来临。在塑造未来网络空间格局的过程中，大数据安全问题凸显。“棱镜门”事件把大数据安全带入国际安全视野。信息安全从“信息获取”、“信息共享”开始进入“信息控制”的新阶段，国家安全、社会生活、产业发展乃至个人隐私面临前所未有的机遇与挑战。总结这些年来网络空间的发展、信息安全的威胁、我们身处其中面临的挑战，反思“棱镜门”事件的影响以及带来的启示，我们感到必须要重新审视我们在网络空间方面的发展战略、应对策略，从战略和战术上统筹各个层面的力量，积极准备、主动应对、有所作为。与此同时，如何规避大数据时代信息安全领域的风险，尤其是确保数据和隐私信息不被非法收集和不当利用，是在网络空间治理中亟待解决的问题。

一、“棱镜门”事件催化网络空间安全大变革

（一）网络空间的形成与发展

从物理和社会范畴看，网络历经 40 余年的发展历程，从美国最初的军事网络演化成为覆盖全球的互联网。网络空间加速了全球物资流、人员流、信息流和资源流的整合，成为人与技术高度融合、动态开放的复杂巨系统。在这个空间，每天有 60 亿人、60 亿个设备、成千上万个应用以及相互之间每天 100 万亿次的交互作用发生。据统计，当前全球互联网普及率 38.3%、互联网用户 23 亿人、域名注册 2.5 亿个、网站数量超 7 亿个、固定

线路宽带连接数 5.91 亿条、活跃移动带宽用户数 12 亿人、即时网络账户 26 亿人、社交网络账户 24 亿人、运行服务器 5000 万台、网络存储数据 1.2ZB。最新数据显示，仅以人口数量排名，网络空间行为主体与现实主权国家平分秋色，Facebook、Twitter、QQ、微信应用人数位列前茅。网络正在打破传统的地域界限，重新组织世界人口分布，并改变着人类社会生活甚至整个世界。云计算、物联网、移动互联网、智慧地球等网络新技术的迅速发展和普及应用，引发并带动新一轮产业革命，大数据、大联网、大集中、大交互等新的技术模式进一步推动了网络空间的形成和交互，给人类社会未来发展注入新的动力，大幅改变社会经济形态和传统生产方式。与此同时，网络的急速发展也在不断挑战人类社会对信息技术、网络社会和信息化的认知极限。大到国际秩序和治理规范，中到国家的管理观念和理念，小到具体的机制和方式一次次面临颠覆和重构。

从国际关系和国家层面看，时至今日，网络空间成为继陆、海、空、天后的“第五大战略空间”，世界各国竞争、博弈与对抗日趋激烈，网络空间呈现一片“群雄逐鹿”的激烈局面。美国“一马当先”，将网络空间作为威慑世界谋取霸权的主战场，从政治、外交、军事、情报、技术等各方面制定战略计划、实施行动。近年来，美国先后发布网络空间国际战略、军事行动战略、可信身份认证技术战略、供应链安全战略、大数据战略等一系列国家战略；成立网络司令部、设立网络协调官，大幅增加网络军力部署、大搞武器研制和网络演习，深入推进棱镜、爱因斯坦等网络攻防计划，同时积极开展网络外交，在全球倡导“网络自由”，主导网络规则制定，并利用网络新媒体积极插手他国“颜色革命”和政局变革。在美国带动下，欧洲、亚洲地区各国也纷纷做出战略响应，大国网络攻防博弈升级，全球网络争霸时代来临。传统国际关系和国家利益诉求向网络空间不断延伸，使得网络空间政治化、军事化、情报化、安全化趋势明显。

（二）网络空间面临的安全挑战

网络空间的安全挑战主要来自以下几个方面：一是网络政治的争夺加剧，网络空间话语权和规则制定权之争此起彼伏，网络引发国家间摩擦和冲突的概率升高；二是网络对社会稳定的影响加大，群体性事件频发、网络乱象势头增长，网络改变政局和引发社会动荡的风险凸显，令各国在管理和应对上备感头疼；三是信息安全问题给国家经济带来的损失不断扩大，各国国民经济均高度依赖信息化、网络化，国家关键信息基础设施和工业控制系统成为各类网络攻击的首选目标；四是信息霸权和网战思维蔓延、网络军事博弈对抗和威慑增加，全球网络空间军备竞赛进程加快，信息战威胁考验各国国防；五是可使用的 IT 技术无所不在，网络空间产生的信息和数据无处不在，商业秘密和个人隐私保护愈加困难；六是网络恐怖主义滋生蔓延、势头增高，恐怖组织、极端势力甚至黑客团体利用网络从事反政府、反人类活动的行为越来越多。

总体上讲，随着网络空间的形成与发展，网络与信息安全问题同样也经历了一个深刻而复杂的变化过程。从黑客猎奇到地下产业链再到高智能犯罪，从个人隐私到商业秘密再到国家机密，从技术故障到网络瘫痪再到社会危机，从网络谣言到群体事件再到社会运动，从文化传播到政治渗透再到网络干预，信息安全事件的性质及趋势变化，反映出信息安全问题已经由单纯的技术问题向复杂的社会管理问题，进而向涉及国家与国际安全的问题演变，成为事关政治安全、经济安全、文化安全、社会安全等方方面面的综合性问题。

（三）“棱镜门”事件凸显网络空间安全化态势

“棱镜门”事件给我们带来了以下警示。一是揭示出了网络空间国际安全，尤其是大国之间控制与反控制、渗透与反渗透的残酷现实，反映了国际上围绕信息获取、利用、控制的激烈较量。二是“棱镜门”事件就像《皇帝的新装》中那个纯朴天真的孩子一样，把美国谋取网络空间霸权的意图和美国采取的真实做法和真相向世人披露出来。三是反映出了发展中国家，特别是中国在网络时代所处的现实安全困境。四是把网络化社会中力量的非平衡性体现得更加透彻。几年前阿桑奇的“维基解密”事件就已经反映出一个人挑战全世界的苗头，“棱镜门”事件则进一步表明了网络空间的这种非对称性。

可以说，“棱镜门”事件在很大程度上改变了全球各国政府及民众对网络安全的认知，成为影响国际网络空间安全与发展未来走向的重要拐点和关键因素。网络空间的政治化、军事化、情报化将成为未来一段时期国际信息安全的基本态势。

一是政治统筹信息安全事务的特点更加突出。2013 年以来，欧盟、俄罗斯、印度、日本、韩国又相继推出《网络安全战略》，使全球发布战略的国家数量上升到 56 个。各国继续组建和完善国家层面的网络安全领导体制，一批网络办公室、网络协调官、网络安全中心应运而生。

二是网络军备热“高烧不退”。美国宣布组建 13 支进攻性网络部队，进一步扩编网络司令部，大幅增加网战军费和网络军事作战人员，相关规划也已陆续出台。美国绝密级网络行动政策向世人曝光，进一步印证了美国先发制人的网络打击策略。在美国的示范效应下，英国、法国、日本、韩国、以色列、俄罗斯、印度等国家也积极跟进，出台网络战计划，筹建网战指挥部、增扩网络部队、研制数字武器。据统计，全球已有 46 个国家组建了网战部队。

三是网络空间“情报行动”此起彼伏。“棱镜”、“黑袋”、“X 关键得分”等一大批网络监控项目浮出水面，展示了美国“线上+线下、人力+技术、强大预算支撑+政府政策支持”的超强网络监控能力。与此同时，英国、澳大利亚、德国、法国、俄罗斯、印度、韩国等国家的网络监控行动也陆续曝光。网络监控呈现泛全球化的趋势。

四是信息产业政治化倾向愈发明显。IT 企业在国家信息安全战略链条中扮演着越来越重要的“利益攸关方”角色。斯诺登曝光的“八大金刚”、“九大互联网公司”都肩负网络“特殊使命”；大量科技、金融、制造业公司作为“可信合作伙伴”向美国情报机构提供敏感信息；一大批信息安全企业为美军网络作战能力建设提供技术支撑；传统国防承包商纷纷涉足网络，在美国网络攻防体系的建设中占据越来越大的份额。2013 年，华为、中兴事件的影响继续发酵，奥巴马签署《2013 年合并与进一步持续拨款法案》和《打击网络商业间谍战略》，明确提出限制美国政府和敏感机构从与中国政府有关的公司购买信息技术及系统。美国以信息安全为由对经济贸易行为采取政治审查，大兴贸易保护主义之风的做法，促发全球范围的供应链安全焦虑。

此外，网络空间的技术威胁更趋多元和复杂。一方面，由政府组织、针对主权国家、打击破坏力大和战略威慑力强的国家级网络威胁越来越大，加深了各国之间的战略猜疑；另一方面，犯罪组织网络化、全球化趋势增强，黑客团体等非国家行为体挑战更加严峻。同时，恐怖组织的网络威胁抬头，暴恐网络化趋势开始显现，成为各国共同面临的威胁。在技术层面，针对全球金融、石油、电信等关键基础设施的持续性攻击（APT）急剧增多。“红色十月”、“网络旅行者”、“冰雾”等一批指向各国重要部门和敏感领域的“超级病毒”和“间谍网络”浮出水面。与此同时，人们也越来越切身感受到新技术带来的现实威胁，针对云计算、物联网、移动互联网的各类新型攻击事件爆发式增长。

二、大数据加速网络空间“控时代”来临

大联网、大集中、大移动的信息技术发展和应用趋势，催生了大数据时代的到来。在信息技术的发展革新中，大数据环境下的信息安全问题不断凸显。大数据在带来价值发现、发展机遇、方便快捷的同时，也产生了高度社会化的巨大的溢出效应，所形成的种种变化给信息安全领域带来了前所未有的挑战和风险。

（一）大数据成为网络社会战略资源和国家核心资产

大数据环境下，数据总量急剧攀升，呈现井喷式增长。仅 2013 年 1 月至 10 月积累的全球数据总量就达到 3.6ZB，而这一数值还在以每两年翻一番的速度不断刷新。预计到

2020年，全球将拥有35ZB的数据量。大数据蕴含着巨大的资源战略价值。与提升国家竞争力及国民幸福程度密切相关的重大战略，许多都与大数据的分析和利用息息相关。对数据的占有和控制，甚至已经成为继陆权、海权、空权之外的另外一种国家核心资产。依托网络空间促进国家安全与发展，这一点已经成为国际共识。大数据分析和应用的效果也正在政治、经济等领域不断显现。发达国家已率先将大数据作为网络空间的战略制高点，而越来越多的国家也已开始启动大数据的战略部署，围绕“数据”竞相发力。

（二）数据安全事关国家安全和隐私保护

大数据及其带来的国家信息安全问题已渗透到了政治、经济、文化、社会以及军事、外交等各领域，成为关涉国家政治安全、经济发展运行、社会和谐稳定的重大战略问题。

大数据事关国民经济运行安全。经济活动中重要信息系统、基础设施的网络化、智能化程度越高，安全性也就相对越脆弱；速度越快，风险也就随之越大。

大数据事关社会政治稳定。全球23亿网民每时每刻都在产生、消费大量数据，网络的放大效应、传播速度和动员能力越来越大，不断考验着国家信息安全。

大数据事关隐私保护。在大数据环境下，个人隐私保护和信息泄露等问题变得尤为突出，并正在经历一场难以准确预估的威胁与挑战。随着网络空间身份越来越虚拟化，个人隐私也变得越来越容易暴露。哈佛大学近期的一项研究显示，只要知道一个人的年龄、性别和邮编，从公开的数据库中便可识别出该人87%的身份信息。数据的集中、关联、泄露都可能危及个人隐私安全。

（三）网络监控和网络攻击下数据资源失控风险骤升

无处不在的网络监控使得海量敏感数据被窃取。“棱镜门”事件曝出包括中国、俄罗斯、欧盟、德国、法国、西班牙、巴西、巴基斯坦、印度、伊朗、朝鲜、哥伦比亚、委内瑞拉、墨西哥、以色列、比利时、韩国等十多个国家和地区在内的网络和信息系统均遭到美国的监听，大量的情报和敏感数据被窃取。据统计，通过对法国电信公司的大规模监听，法国国内7030万份电话通信记录被收集；美国国安局“特别资源行动”（SCS）在全球范围内收集的电子邮件和即时信息通信记录超过2.5亿条。此外，美国国安局对35个国家和地区的领导人及国际政要进行监听，其中包括德法等传统盟友，德国总理默克尔、巴西领导人罗塞夫、墨西哥前总统卡尔德龙等均遭美国监听。美国对法国和西班牙公民的电话记录也进行了大规模监听。美国安全局还对印度政治、太空及核等领域的重要人物的通信进行了监控。

此外，大数据还催生出新型攻击手段，威力不可小觑。数据的大量汇集大大提升了黑客成功攻击的实效，降低了攻击成本。2013 年全年，针对数据资源的网络攻击明显增多，数据库被“拖”事件、数据被窃被泄事件层出不穷，而且数据泄露量越来越庞大、越来越敏感，损失也越来越巨大。以“匿名者”为代表的国际黑客组织的活动愈发活跃，该组织先后攻击了美联储和部分美国政府网站，并在网上披露了 4000 名银行高管的个人资料；两次攻击美国国会网站，泄露了 1800 多用户的电邮地址及密码；入侵朝鲜官方新闻网站及其相关推特和 Flicker 账号，公开 1.5 万多名朝鲜对韩宣传网站“我们民族之间”会员的个人信息；对以色列总理办公室、国防部等数十家网站实施网络攻击，泄露大量邮件地址和机密信息。大规模数据披露行动已经成为国际黑客组织实施网络攻击、展示技术实力、实现政治目的的重要目标。同时，还首次出现以数据中心为攻击源的 DDoS 攻击。这一攻击手段与以往针对单机攻击的手段不同，黑客同时操控云服务和多个数据中心的服务器，利用中毒服务器对攻击目标发送巨量数据，导致系统瘫痪崩溃。另外，针对数据和信息进行篡改以引发经济社会动荡的事件也正在出现。

（四）“信息供应链”安全问题备受关注

随着对“棱镜门”事件的不断反思，各国在大数据保护的过程中开始提出并强调“信息供应连”的安全问题。2013 年 8 月，英国议会情报与安全委员会发布报告称，无论是公共组织还是私营组织，信息供应链都是网络安全的软肋。英国外交大臣威廉·黑格警告称，“越来越多的专业服务公司成为攻击目标。国防公司、高科技制造商等都有完善的防御措施，但大量数据存储在它们的律师事务所或会计公司中，如果这些服务公司没做好防御，信息也容易被窃取。”“棱镜门”事件后，多国政府开始收紧数据保护政策，加大对政府和个人信息的保护力度，并采取了新的信息供应链部署，规避信息处理和传输的安全风险。2013 年 10 月，欧盟召开会议制定新规则，加快数据保护指令修订进程，推出新的《数据保护法律规章》，提高数据保护标准和成员国执行要求，尤其加强对流向非欧盟国家的数据保护。要求第三国在欧洲向搜索引擎、社交网络或云服务商获取个人信息前，必须得到国家数据保护部门的授权，以阻止欧盟数据传送到第三国，尤其是美国。违规企业将被罚款 1 亿欧元或全球年营业额的 5%。根据新法规，谷歌因推行最新的隐私政策可能被处以 10 亿美元的罚金。

跨境数据安全是当前各国在数据保护方面极具争议的焦点和对话的主题。不同地区对跨境数据保护设立了不同的标准和要求，数据技术发达国家与数据主体和数据使用国家在数据的管辖权、拥有权以及使用权等方面存在明显的分歧和认识鸿沟，客观地反映了发达国家与发展中国家在网络空间的博弈，发展中国家关于数据“明确主权、落实治权”的呼声不断推高。

三、我国数据与隐私保护的治理刻不容缓

近年来，黑客盗取用户隐私和敏感数据的现象渐趋严重。黑客的惯常做法是对目标服务器进行渗透，找到该服务器的系统漏洞，进而获取服务器的控制权限，盗取数据库内的重要资料。另外，利用网络钓鱼的社会工程方法，也会导致大规模数据和隐私信息泄露。不断出现的国内外信息安全事件，彰显出当下信息安全面临的挑战，也引发了国内关于数据隐私的担忧和信任危机。当前中国互联网数据与隐私保护的治理工作刻不容缓，相关立法的推进与完善呼声高涨。

（一）从信息安全政策的框架下应对数据安全治理

政策和策略是发展的关键。信息安全政策，较之其他管理政策，更为开放、复杂和多元。对中国而言，大数据时代的数据与隐私保护更是受到了前所未有的威胁与挑战，理应成为网络空间治理的重中之重。在治理过程中，亟需认清和解决以下五个方面的关键问题。

第一是数据主权。大数据时代，数据存储和应用方式出现了新的变化，以数据主权推进网络空间治理新秩序是中国的必由之路。一是要正视西方的霸权。要清醒地认识到中国在网络控制权、关键技术和高端设备等方面还受制于西方发达国家。二是要明确主权。数据作为网络时代国家的重要战略资源，无论是个人所有还是国家所有，皆需纳入主权范围。三是落实治权。在数据存储到国外，云计算跨越国境，数据不在主权范围之内的情况下，要做到权力让渡，关键是要有治权。即区别对待不同的数据，对确需保护的数据，必须采取切实可靠的手段进行有效管理。做不到对数据的有效管理，大数据就必然面临数据大失控的危险。

第二是用户隐私权。隐私包含个人数据、私人信息和个人领域三个方面的内容，隐私权是个人不愿意在特定范围之外公布的，与国家利益和公共利益无关的个人私生活秘密的权利。这一问题涉及个人隐私如何保护，网络信任如何保证，每个人对自己的信息所拥有的权利如何保障。不难想象，如果一个人的信息与众多人的信息混在一起，进入一个由商家管控的，涉及用户意图、行为、爱好等内容的庞大数据库中，个人权利将会受到什么潜在的侵害？因此，需要制定相应的政策措施，确保用户隐私保护与社会对大数据的分析处理能力及方式相匹配。

第三是责任分担。信息安全风险存在于数据的全生命周期之中，从技术思路、产品开发、用户使用、服务管理等各个环节均要分担相应的安全责任。大数据的安全问题涉及政府、企业、网络运营商、服务提供者，以及数据产生者、使用者等方方面面，必须对各自的安全责任有明晰的政策界定。

第四是基础设施。大数据的发展离不开电信网络、IDC 以及工控系统等关键基础设施，同样，其安全可靠也依赖于这些基础设施。受供应链全球化、产业私有化的影响，网络与关键基础设施领域的安全也日趋复杂。一国的大数据可能存放在别国的网络中，一国的基础设施也可能同时服务于多个国家，这种高度的全球相互依赖性，势必挑战原有的国家主权观念。因此，关键基础设施的安全监管体系十分重要。如果我国涉及国计民生的关键基础行业，如金融、能源、交通、民航等的数据得不到妥善管理与保护，将产生难以预估的安全隐患，国家安全也就无从谈起。

第五是冲突管理，即网络大数据的利益博弈问题。大数据的资源价值越来越高，围绕大数据的争夺和冲突就愈发激烈。大数据的生成、处理和利用方式，将极大地改变各种冲突的表现方式和烈度。冲突管理的内容主要包括知识产权的保护，网络犯罪的处置，网络破坏活动特别是网络恐怖主义的打击，以及网络战争的威胁应对等。

（二）我国隐私保护的发展现状及问题

如上所述，隐私保护是大数据时代国家和个人面临的重大信息安全挑战。近年来，我国在网络隐私的立法和保护方面取得了一定的进展，但也存在着一些突出的问题，主要表现为以下三个方面。

一是相关立法起步较晚。我国有关隐私保护的法律法规都是近几年来颁布和实施的。2012 年之前，涉及保护个人信息的法律法规虽多，但相关法规的条款过于分散、操作性不强，且大多集中于金融、电信、医疗等领域。由于个人信息泄露事件频发，以至于在网民中出现了人人自危，甚至恐慌的局面。面对这一状况，2012 年年底全国人大常委会通过了《加强网络信息保护的决定》，首次对保护公民个人信息、治理垃圾电子信息和网络身份管理等方面做出了明确规定。2013 年 2 月，工信部联合其他部门发布了《信息安全技术公共及商用服务信息系统个人信息保护指南》。同年 4 月，工信部下发《电信和互联网用户个人信息保护规定（征求意见稿）》，积极推进我国网络隐私信息保护规章的制定工作。

二是立法体系不完善、处罚力度不够。目前，我国对网络隐私权保护的立法还没有形成完整的体系，现有的网络隐私权的规定大多是从国家安全和社会稳定的角度出发，缺乏从技术、行政法律等多层次做出明确、系统和周详的规定。对网络隐私权的保护还局限在较为狭窄的领域，仅靠零散的法规条款也难以达到有效保护公民网络隐私权的目的。同时，现有的法律法规条文虽然对一些网络隐私侵权行为的处罚进行了说明，但是由于没有制定具体的处罚条例，处罚的执行难问题比较突出。即使对侵害行为做出处罚，但经济处罚的力度不大，难以达到处罚目的。

三是网民缺乏自我保护意识。网民的权利有时受到侵害，往往是由于网民自我保护意识不强等自身原因造成的，例如，盲目相信网站上的个人隐私保护声明；轻易提供自己的IP 地址；直接使用真实姓名申请 QQ、微博、微信账号；登录某些网站时，随意使用自己真实的信息进行会员注册等。这些行为都为自身权利受到侵害埋下了隐患。在网络隐私权受到侵害之后，很多网民并不积极维权或寻求法律保护，也在一定程度上助长了侵害行为的滋生。

（三）强化我国数据与隐私保护能力建设势在必行

加快相关保护措施的建设与完善，确保国家数据安全建设、强化隐私权保护，是我国应对当前信息安全挑战、立足于网络强国之林的当务之急和必要条件。

一是坚持以法为本，加强相关法律法规建设。加强法规建设是做好隐私保护的先决条件，如何统筹规划，量体裁衣，制定出适合我国网络治理的法律法规，是当前数据安全与隐私保护的重大课题。要形成明确的隐私保护立法体系，加快制定保护网络数据和隐私权的专门及相关法律，完善隐私权保护的行政法规、部门规章和规范性文件，大力提升相关法规的可操作性和执行力，使网络隐私权保护真正迈入法制化轨道。

二是加强数据和隐私保护的管理体制建设。只有法制建设与管理能力建设相结合，才能深化网络隐私权的保护。借鉴国际的惯例模式和经验，建议设立专门的政府管理机构，汇聚专业的技术人才队伍负责相关事务，加强对数据和隐私权的保护。同时，要积极倡导行业内的自律公约，加强对网络用户和服务商的监督检查，并对信息传播给予必要的控制与监管。目前，在国际社会，除了韩国有行业监管机构——韩国广播通信委员会及互联网与安全局——具体执行消费者信息保护外，美国、日本也在综合性的机构内设立相关部门或隐私专员，专门处理隐私保护问题。

三是提高安全防护技术的研发。大数据环境下，提高安全防护技术的研发，能够化被动为主动，从源头上保证信息与数据的安全。由于网络隐私具有高度的复杂性，而且网络隐私权侵犯行为的判定也具有相当的复杂性，因此，仅仅依靠法律或者行政手段无法对侵犯隐私权的行为进行有效的规制，必须积极围绕数据加密技术、防火墙技术、限制发布保护技术、数据失真保护技术等，加快研发和应用的步伐。

四是提高用户个人信息安全素养。信息安全素养包括信息安全意识、信息安全知识、信息伦理道德和信息安全能力等多个方面。对于隐私权保护而言，无论是法律的威慑还是技术的限制，都只是一种外在的强制力。要从根本上解决这个问题，关键还在于通过道德建设，提高网民个人的道德修养，养成尊重他人、遵守社会公德的习惯，自觉维护自己和他人的隐私权。通过在全社会进行公共伦理的教育和培养，使每个网民都能自觉遵守公认的道德准则，并对自己的网络行为承担应有的责任。建议通过定期的信息安全教育和培训，引导用户在互联网使用中增强信息安全意识、降低账户信息的可理解度和关联度，提高自身的信息伦理道德。

五是加强国际合作，通过双边以及多边的国际合作，采取统一行动，共同打击和防范跨境的网络隐私侵权行为。

随着互联网加速人类社会的进化，互联网技术的推陈出新，数据种类不断繁多，数据规模快速增长，数据与隐私的合理保护越来越成为突出的信息安全问题。大数据技术的诞生和大数据环境的全面到来，对数据安全和隐私保护又带来了诸多新的挑战。新时期下，捍卫国家“数据主权”，有效保护国家基础设施的重要数据，克服公民个人隐私保护遇到的威胁，将是中国网络空间发展与治理的重要命题。

第八章　网络时代的环境治理

一、网络时代与社会变革

（一）网络时代的基本特征

随着人类进入信息时代，信息技术作为生产力中最活跃的因素改变着社会的方方面面，而互联网也以其独特的方式介入社会的各个领域，成为社会发展的潮流和趋势，影响着人们的思想观念和行为方式。新时期的网络信息传播具备以下几个特点。

（1）及时性。信息传播迅速，信息第一时间被人获得。以互联网技术和移动通信技术为基础的新兴媒体，以及在此基础上衍生出来的手机报、短信、网络社区、群、博客、微博、论坛、社交网络等新兴媒体形态，使突发事件的及时管理成为可能。

（2）开放性。在手机、互联网走进寻常百姓家的信息时代，人们可以用更加开放的思维方式、更加包容的思想、多元的价值体系参与传播，这是人类历史发展的必然结果。

（3）交互性。交互性是新兴媒体最重要的特征之一。它包括两个含义：一是信息发送者和接收者之间的信息交流是双向的；二是参与个体在信息交流过程中都拥有控制权。

（4）共享性。高共享性是新兴媒体的另一特点。随着网络的扩张，大众传媒在塑造价值观念、强化公众意识、反映和引导社会舆论等方面发挥着巨大的作用。

（5）无界性。互联网技术和移动通信技术的发展，使信息的传播超越了时空的限制。从空间上看，新兴媒体可以跨越地理区域传播资讯；从时间上看，资讯从传播者到接受者，新兴媒体实现了及时性。

网络信息时代的飞速发展，同时又导致数据信息的大量产生。《纽约时报》的一篇专栏认为，“大数据”时代已经来临，经济、商业及其他社会领域的决策将基于数据和分析得出，而并不是根据直觉和经验，2013 年还被称为“大数据时代元年”。 大数据的常见特点（简称 4V）是：数据量大（Volume），类型繁多（Variety），价值密度低（Value）[64]，速度快时效高（Velocity）。大数据注重数据的关联性，将各种数据之间关联组合，以产生更大的价值。

可见，网络正在逐步影响和改变人们的思想观念和行为模式。网络已经成为人们获得新知识、创造新价值的源泉，并成为推动经济、社会与政府转型的重要力量。有学者总结指出，互联网在我国公共事件中充当了四种角色：信息发布渠道、舆论引导指南、公众集结平台和公民监督利器[65]。尤其是在社会公共事务管理领域，网络时代参与的全民性、治理主体多元化和信息公开透明化[66]的特点，对目前的管理模式提出了严峻的挑战。

（二）网络时代的公共治理

传统公共事务治理模式主要体现为政府主导的“命令-控制型”模式（一般为行政手段辅以其他经济手段）。网络信息化促进数据的开放和利用，强化公共信息的公开透明，使公共事务的管理从思维方式（理念）到治理模式（行为）都发生了深刻的变化。

1．思维方式的转变

从历史视角看，每次重大的科技进步都会伴随着思维解放的大潮，网络信息化时代也不例外。

如今，利用互联网发出自己的声音，传递个人的观点，记录正在发生的社会事件，参与对社会的监督……成为互联网时代的一种常态，“网络化思维”深入人心。所谓“网络化思维”，就是人类在网络化时代背景和“虚拟现实空间”中的思想方式。因为网络化虚拟世界为人们在特定网络寻求生活意义提供了一个理想化的时空幻境，它不但对人类客观生存方式（如实践活动、交往方式等）产生了影响，而且还影响人类的主体思维并对变革和重建人类思维模式具有重要意义。与传统的现实思维迥然不同的是，“网络化思维”具有整合性、全球性、特异性、动态性、模拟性和发散性等现代和后现代思维特征。“网络化思维”至少改变或部分改变了我们提问和思考的方式，并使自由交流式的思维活动与交互式思维活动成为可能[67]。

同时，网络信息化时代产生的大量数据，是大容量、高速和多样化的信息资产，它们

64 随着物联网的广泛应用，信息感知无处不在，信息海量，但价值密度较低。如何通过强大的机器算法更迅速地完成数据价值的“提纯”，是大数据时代亟待解决的难题。

65 杜俊飞. 政府网络危机[M]. 北京：中国发展出版社，2011（第一章第二部分，政府危机中的媒介行为）。

66 程李华，薛振宇. 网络时代的社会管理方式创新[J]. 宁夏党校学报，2013（2）。

67 参考《互联网环境下人们思维方式变化》，http://blog.sina.com.cn/s/blog_473782bd01008722.html。

需要新的处理方式，以提高决策能力、洞察力和流程优化，必将颠覆传统的数据管理方式，在数据来源、思维方式和处理手段等方面带来革命性的变化。迈尔·舍恩伯格和库克耶认为，大数据与三个重大的思维转变相关并相互作用：要分析与某事物相关的所有数据而不是依靠少量的数据样本；乐于接受数据的纷繁复杂，而不再追求精确性；不再探求难以捉摸的因果关系，转而关注事物的相关关系。大量的信息使人们开阔了视野，扩充了交友范围，增加了知识，增长了经验，大数据正在重塑我们的生活、工作和思维方式，标志着“信息社会”终于名副其实[68]。

总之，互联网改变了人们的思维方式，丰富了普通民众在公共事务领域中的角色，使普通民众成为强有力的参与群体和监督群体，将对整个公共事务管理模式产生巨大的影响和冲击。

2. 治理模式的变革

所谓社会治理，通常是指政府、社会组织、企事业单位、社区以及个人等诸行为者，通过平等的合作型伙伴关系，依法对社会事务、社会组织和社会生活进行规范和管理，最终实现公共利益最大化的过程。人类的社会治理模式已经实现了从统治行政向管理行政的转型，而公共管理的出现则意味着管理行政发展到了它的最高阶段，它是一种服务型的社会治理模式[69]。在这种治理模式的变革中，网络信息化技术的广泛推广和应用起到了至关重要的作用。

对于政府部门而言，政府依靠行政部门行使法律赋予的权利，对社会公共事务进行管理。随着互联网信息传播方式的深刻变革，互联网上信息交互和传播的格局悄然发生变化，社会公众对政府工作的知情、参与和监督意识不断加强，对各级执政机关依法公开政府信息、及时回应公众关切提出了更高的要求。政府正在利用所掌握的大量资金、人力和信息资源，顺应网络信息化时代的发展趋势，努力利用网络思维进行政府管理，创建电子政务[70]网络平台，实现信息资源共享共用的长效机制。

对于社会组织而言，在传统的公共事务管理模式中，社会组织大部分受政府管控，按照要求执行政府命令，自主参与度较低。然而，随着网络信息化时代的到来，社会组织有了更好地参与社会治理的平台和环境，能够主动公开民众关心的信息，并监督政府信息公开行为，成为政府管理强有力的补充，从而改变过去过多依赖政府的传统模式。

---

68 [英]迈尔·舍恩伯格，库克耶．大数据时代[M]．盛阳燕，周涛译．杭州：浙江人民出版社，2013。

69 张康之，李传军．公共管理：社会治理模式的转型[J]．行政论坛，2010（3）。

70 又称数字政府，是指政府机构应用现代计算机和网络技术，将其管理和服务职能通过网络技术进行集成，在互联网上实现政府组织结构和工作流程的优化重组。

对于公众而言，在传统的公共事务管理的模式中，公民个体被动遵守政府命令，按照现有的行为准则安排自己的生活，对社会决策与执行过程难以主动参与。然而在网络时代，公民可以通过互联网获取社会公共事务的相关信息，成为监督政府行为的无处不在的“电子眼”。对公共事务，每个人都有渠道表述自己的意见，并能够迅速形成庞大的网络舆论群体，对决策与执行过程产生影响，参与到社会公共事务的管理中。近年来，网络舆情与群体性事件频发、信访数量迅速增加便是最好的例证。20 世纪 90 年代，中国平均每年群体性事件不到 1 万起，到 2005 年以后每年爆发的群体性事件都在 9 万起以上，2010 年更是增加到 18 万起[71]。

网络时代的进步与发展，推动了政府、社会组织和公众等不同层面均产生了极大的变化，对社会治理模式的变革产生了重要的影响和冲击。随着生态保护和环境管理在社会治理中的重要性日益凸显，网络时代下的环境管理也随之不断变革和创新，以适应社会发展的新形势。

（三）网络时代的环境管理

正如网络信息化对传统公共事务管理的冲击，它对当前环境管理领域也产生了较大影响。近年来，我国环境问题越来越严重，环保部门公信力受到挑战。“十一五”期间环境信访件数达 30 多万件，而自 1996 年以来，环境群体性事件以 29%的速度逐年增加，环境污染成为造成群体性事件的主要动因之一，也是环境保护新形势下我国环境管理面临的一大难题。虽然环保部门投入巨资进行环境信息监测与公开，但公众常常通过手机拍摄雾霾天气或是污染现场，并在网络上快速传播，势必产生负面的公众情绪。因此；对造成污染的企业要加强监督，对开展的项目要强化环境影响评价，并及时公开相关信息。在这个过程中，环保组织的作用日益凸显。未来，民众对环境诉求会越来越强烈，并成为环境公益诉求的主体[72]。由此趋势可以预见，网络信息化的发展，会重塑当前环境管理的格局，信息化手段渗透到各个管理渠道中，将催生系统、高效的环境管理模式。

二、我国基于网络进行环境治理的现状及问题

长期以来，我国的环境治理仍然采用以政府“命令—控制型”手段为主，市场手段为辅的管理模式，环境治理的参与主体包括政府、企业、社会团体以及公众个人。网络信息

71 汪玉凯. 电子政务创新与社会管理[J]. 电子政务，2011（9）。

72 详见《中华人民共和国环境保护法修订草案》（四审稿）。

化发展为不同主体参与环境治理提供了新的契机，原有的参与模式也在逐步改变。目前，我国环境治理中信息技术的应用已经很多，在基础设施建设、业务应用系统建设、信息资源开发和利用、信息公开发布等方面均开展了一系列工作，例如开展环境实时动态监测，进行大气 PM2.5 监测和预测，建立环评公众参与网，共享生态环境监控系统等，信息技术手段已经成为继“命令—控制型”手段与市场经济手段之后的一种全新的管理手段。

（一）政府

我国进入互联网时代以来，政府的管理方式、地位和作用都发生了许多变化，这些变化有积极的，也有消极的。积极的变化是互联网加速了政府信息的公开，加强了政府与民众直接的沟通和互动，促使政府工作更加阳光透明等；消极的方面是政府往往对网络信息化带来的各种变化和冲击没有做好应对准备，导致政府的决策受到质疑或误解，信息的发布不及时或滞后于其他利用网络的主体，政府的公信力下降等。在环境保护领域，这种冲击和变化更为明显，因为环境保护与每个人的生活息息相关，受到更为广泛的关注，而且民众参与环境保护的意愿更为强烈，参与环境保护的行动也更为积极。因此，环境保护部门更应当顺应时代发展，把握网络时代环境治理的新形势，充分利用网络信息化技术，促进政府向服务型政府转变。

1．发布环境信息

1）利用网络建立统一信息共享平台

传统的环境信息发布方式主要有以下几种：一是对于能够集中统一公布的统计数据一般通过新闻发布会统一公布；二是对于未纳入新闻发布会的进度统计数据，按照统计数据发布日程表在官方网站上发布；三是相对全面和完整的统计数据，一般通过统计公报、统计年鉴公布。传统的信息发布方式最主要的缺点是时效性较差，数据比较单一，发布的主体比较固定，不利于信息的交互[73]。掌握环境相关信息的部门不止环保部门一家，还有农业部门、海洋部门、发展和建设等部门。再者，近年来社会团体和公众也逐渐掌握环境信息，成为环境信息的发布主体。因此，环境信息发布主体不统一、发布方式不固定等问题成为环境信息透明度不足、权威性不够的主要原因。

运用网络技术，建立统一的环境信息发布平台就可以有效解决上述问题。在建立统一的环境信息发布平台方面，国家已经制定了相关的法规政策予以支持。2009 年，国家发改委正式批复了《国家环境信息与统计能力建设项目初步设计及概算》，投资 5.79 亿元人

73 刘兴远．大数据对官方统计数据发布的冲击[J]．统计科学与实践，2013（12）。

民币进行国家、省级、市级、县级以及重点污染源的网络系统建设，实现国家、省两级综合数据库的数据交换与共享[74]。环境信息公开的统一平台建设，将消除环境质量监测管理、污染源监督管理、生态环境保护、环境应急、核安全与辐射管理等诸多领域各自为政所导致的信息孤岛，促进各个业务部门相互交流和促进，同时为统一的环境决策提供信息支撑。此外，统一的环境信息公开平台可以实现政府、企业、社会各主体在同一个平台发布信息和检索信息，需求者可以自行采集、加工自己所需要的信息。对于政府来说，提高了环境信息的透明度和利用效率；对于公众来说，则保障了公众的环境知情权和表达权。

2）通过网络改善信息质量，提高信息的时效性

虽然相对固定的数据发布形式和手段既必要，也有效，但在大数据环境下，这种发布方式和手段就显得相对刻板、单调，可读性、可视性、交互性和生动性都较差。网络时代下，人们在接收环境信息时更注意数据的个性化，而官方发布的统计数据以总体数据和基础性分类数据为主，个性化、细化详尽的数据偏少。再者，环境信息的数量极多，如何超越传统的数据分析方法，对文字、图表、图片、视频等半结构化或非结构化数据进行深度挖掘，使人们更容易理解和运用环境数据，提高环境信息的质量是未来运用网络技术改善环境信息的重要工作。

在大数据时代，数据量变得非常大和繁杂，要想探索和理解大数据，单纯用文字分析或表格是很难洞悉的，可视化则为行之有效的途径之一[75]。利用网络发布的环境信息，不仅仅是数据的简单罗列，而是对数据进行深加工后的信息。同时要按照主体的需求、时间、空间等将环境信息分类，便于公众收集和运用。例如，政府可以利用网络从公众提出的意见和建议中，筛选出与其管理职能相匹配的内容进行查阅和分析，提高意见和建议的采纳效率；公众也可以以其所在地域为检索条件，筛选出该地域周边的各类环境质量信息、环境污染信息、突发环境事件信息等。这样一来，环境信息的准确性和时效性都得到提高，也可以节约环境信息的筛选成本。

2. 多主体参与政府环境管理

在环境保护领域，传统的政府职能在于管理和统治，包括环保部门在内都是以“权力本位”为中心的。然而，这种传统管理型理念不利于公众环境参与权的实现。在过去的环境公共事件中，参与者以社会中的“弱势群体”、“边缘群体”居多。由于这部分人在社会中不占主流地位，话语权相对较弱，当他们的意愿和要求通过正常渠道难以实现时，常常

74 李顺，等. 国家环境数据共享与服务体系研究[J]. 中国环境管理，2011（2）。

75 刘兴远. 大数据对官方统计数据发布的冲击[J]. 统计科学与实践，2013（12）。

采取极端方式。在当前环境公共事件中，参与的主体有向主流社会群体蔓延的倾向。特别是通过网络的扩散传播，环境公共事件的参与者不但有传统意义上的弱势群体，而且进一步发展为城镇居民、知识分子、商界人士、网络名人以及专家学者等。此外，环境公共事件的参与者不仅包括直接利益相关人员，越来越多的非利益直接相关人员也逐渐成为环境公共事件的参与主体[76]。对于企业来说，政府要鼓励和支持私有企业和外资企业进军节能环保产业，通过市场公平竞争的模式让其参与到大数据节能环保产业的研发利用工作中。也只有这样才能实现政府职能的真正转变、产业结构的优化升级、社会经济的良性发展。例如，将企业所掌握的大量环境信息通过公开透明的方式发布出来，使企业成为环境信息的发布主体，实现全社会的资源共享[77]。

鉴于此，有人提出建立环境保护的网络治理模式，使大量的社会力量参与环境治理，通过政府与企业、非政府组织、公民之间的合作，形成共同分担环境责任的机制和网络治理模式。但是，由于各方的理性和利益、策略的不同，并且往往互相冲突，环境保护的网络治理模式还有待于各主体之间的信任机制、协调机制和维护机制的培育和落实，最终实现互惠互利的合作[78]。

3．拓展公众参与渠道

环保部门公众参与的网络渠道主要有以下几种。一是咨询投诉类，主要包括领导信箱、网上咨询、网上信访和留言板等。领导信箱是在政府门户网站上设立的一个专用信箱，主要用来收集公众提出的意见或建议，为公众提供一个与政府领导直接沟通的平台；网上咨询是在政府网站上设立咨询入口，公众可以就自己关心和疑惑的问题通过咨询窗口向相关部门咨询；网上信访是在网上公开接受公众诉求，为政府各部门处理信访事项、群众反映和查询办理情况提供了便利，减少了群众越级上访和往返奔波；留言板的互动性不够强，但可以作为政府和公众互动交流的一种补充方式。整体上看，咨询投诉类栏目呈现交互能力不强和答复延迟等缺点。

二是实时交流类，政府网站实时交流类栏目主要包括在线访谈和网上直播等。“在线访谈”栏目可以使公众针对相关环境主题与嘉宾进行实时的沟通交流，并可以将以往访谈资料整理后发布在网站上供公众查阅浏览，使公众能够深入了解政府环境工作的职能、方式、方法，了解政府的新政策、新思路、新举措，行使其参政议政权利，对政府工作进行

---

76 曹明德. 政府环境信息公开之网络环保——环保部门的职能转变[J]. 绿叶，2013（9）。

77 卞友江. 大数据助力节能环保[J]. 绿叶，2013（9）。

78 张礼祥. 基于网络治理理论的环境保护模式研究[J]. 中国行政管理学会 2011 年年会暨“加强行政管理研究，推动政府体制改革”研讨会论文集，2011。

监督；网上直播是利用网络平台将公众关心的重大会议实时、准确地发布给社会公众。实时交流类栏目整体上呈现互动效果好、参与广度大等特点。

三是民意征集类，主要包括民意征集、网上调查、公众论坛、网上听证等。通过在政府网站上设置民意征集，政府可以向社会公众征集对环境工作的意见和建议；网上调查可以帮助政府掌握民众对环境政策的支持程度，为政府决策提供民意参考；网上听证便于更多的市民参与到政府环境决策中，是听证会的一种拓展方式。总体上看，民意征集呈现一个议题众人参与、参与者各抒己见、讨论强度大等特点[79]。

4．突发环境事件的应对

近年来，随着公众环境意识的提高，环境公共事件频发。特别是 2012 年以来，四川什邡钼铜项目、江苏启东的污水海排项目、大连的 PX 项目、昆明的石化项目都相继导致了环境公共事件，引发社会强烈反响。分析近年来的环境公共事件，呈现数量规模上升、行业区域集中、诱发因素复杂、项目合法合规、政府妥协让步、后果损失巨大等共性。我国正处于社会转型期、利益格局的调整期，而同时也是社会心态的不稳定期，容易产生不满及对抗情绪，并以环保为正当出口诱发环境公共事件。因此，应对环境公共事件事件是政府迫切需要解决的问题。

随着社交网络及移动互联在城市的日益普及，网络成为环境公共事件最便利快捷和广泛使用的信息传递方式。以网络、移动互联等信息传递方式为基础，产生了公共事件参与者在指定时间、地点进行简短活动后迅速离去的“快闪式”环境公共事件，也产生了大规模聚集、统一着装、统一路线行走的“散步式”环境公共事件。由于公众表达诉求的平台不完善，渠道不畅通，公众往往选择网络作为自己的诉求表达渠道。以江苏启东污水海排事件为例，当时关于该事件的相关微博信息量达到数十万条，绝大部分参与者是从网络获得相关信息，而不是从官方媒体报道或文件中获得的[80]。

网络时代突发事件的舆论引导至关重要。政府面对环境事件时，如果还是采取传统的舆论引导模式，没有将网络媒介善加利用，将被其他虚假环境信息所左右，使自身陷于被动。因此，除了建立统一的信息平台，拓展信息发布和公众参与的渠道外，政府在应对网络时代的环境公共事件时，还需要善用新媒体，引导共舆论。一是逐步深化官方微博的集群功能，形成官方微博群，在开展重大环境宣传活动、重大环境舆论引导等方面发声发力，形成强大合力，凝聚正能量。二是在对新媒体舆论的引导方面，要改变“大而全”、

79 黄学华，等. 当前我国政府网站公众参与渠道建设情况及对安徽的启示[J]. 电子政务，2010（11）。
80 齐霁. 大数据时代如何应对环境事件[J]. 绿叶，2013（9）。

遍地开花的策略，着力打造大数据领域的民意主导者，利用其权威和专业知识，发挥其意见领袖功能，解疑释惑，澄清事实。三是健全舆情监测与预警常态工作机制。深入分析新媒体时代舆论危机的特点及传播路径，建立综合舆情监测体系，更有针对性地对环境舆情实施监测，提高环境舆情的科学应对能力[81]。由此一来，政府在环境事件发生前就可以运用网络了解和掌握舆情和民众呼声，采取预防措施；在事件发生过程中，可以运用网络及时、准确地发布信息和组织各项工作；在事件结束后，及时向社会通报事件处理结果[82]。

（二）社会组织

网络信息化技术的推广、应用改变着环保社会组织的生存方式。现在，大部分的非政府组织（NGO）都在互联网安家落户，利用网站、论坛、博客、QQ、MSN、微博等各种形式的网络资源传播绿色理念。人们可以很方便地在互联网上查询到大部分环保 NGO 的信息，有不少还是拥有多语言版本的网站。网络的开放性和时效性可以有效地突破区域限制，让信息及时，有效地传播，而这在环保 NGO 的协作工作中是非常重要的。在网络信息化的时代，环保组织参与环境管理的手段主要有：加强环保宣传，组织公益行动；推动公众参与，畅通民意表达；促进信息公开，严格监督执法；引导环保舆论，加强国际合作。环保 NGO 在越来越多的环境管理环节上“发声”，在政府和民众之间沟通的角色日益重要，为我国的环境治理贡献了不可忽视的力量。

1. 加强环保宣传，组织公益行动

环保 NGO 利用网络带来的便捷和时效性，能够进一步加强环境保护的宣传教育工作，及时获取、解读和宣传政府文件，厘清环保政策手段和国际发展形势，并且借助网络信息化技术的应用和发展，高效组织开展各类丰富多彩的环保公益活动，这对提高社会环保意识、引导公众的环境行为产生了积极的作用。

在环保 NGO 发展初期，资源匮乏、信息来源不够充分，NGO 的关注面也相对狭窄，早期的 NGO 不能及时获得政府文件，也不能实时了解政策动态，对政策的解读也很难公之于众，因此从事政策倡导的 NGO 并不多。随着社会的发展，网络等新型资讯传播媒介的迅速推广，信息共享和交流变得频繁。环保部门文件在网络上公布，NGO 不再需要繁杂的行政程序，而是通过网络就可以快速获取文本内容，在网络平台上向相关部门进行咨询，便可将其对文件的解读与思考公开，帮助民众更为全面深刻地理解政府环境决策，在

81 刘兴远. 大数据对官方统计数据发布的冲击[J]. 统计科学与实践，2013（12）。
82 张晔. 网络时代社会舆情危机的应对与管理[J]. 人民论坛，2012（26）。

政府部门与公众间起到了良好的衔接作用。例如，搜狐网绿色频道中的“NGO 直击华沙”专题，在华沙气候大会的谈判过程中，众多 NGO 在此专题发表看法，理性评判华沙气候变化大会的谈判方案，为我国的谈判工作提供参考意见，为民众解读大会的实质成果，使公众对会议的了解更为透彻。

在过去，环保 NGO 与外界的交流较少，其关注面大都集中于环保宣传方面——促进和协助政府在环保方面的宣传，包括节水节电、废旧电池回收等，这些活动规模较小，通常以社区为单位开展。网络信息时代的到来，扩大了环保 NGO 公益行动的规模，在网络可及的地方，都可以进行倡导和组织。目前，许多公益行动的参与者来自全国各地的网友群体，提高了社会的环境意识和环境公益行动力。

网络在带来便捷的信息共享、交流方式的同时，也减轻了 NGO 通过传统方式进行联络所需承担的昂贵的资金、物质等方面的压力。部分环保 NGO 利用网络的方式，从早期的信息共享、简单交流，扩展到通过互联网联合网友和志愿者开展活动、汇聚社会资源的能力。例如，“绿色北京”发起的“拯救藏羚”活动，充分借助了互联网威力，被誉为中国互联网历史上规模最大的网络公益活动；“建绿色北京，迎绿色奥运”通过建议征集、网上征文、网上签名等多种方式开展政策倡导，得到了公众和政府部门的认同与采纳。同时，“绿色北京”也帮助一些 NGO 开展网络建设工作，一些会员也在自己生活居住的城市与志同道合者发起新的 NGO。

NGO 之间的交流与协作日趋密切，使得 NGO 群体的能力实现了“质”的飞跃。多种层次志愿者的加入，也让 NGO 有了丰富的资源，这些资源可以转换成一种可见的能量，使 NGO 的声音变得更加有分量。在北京动物园搬迁、怒江建坝、APP 毁林等事件中，NGO 间的协作都得到了很好的体现。NGO 间的资源共享——联合专家、公众等力量使工作变得更加有效率。经过这些年的发展，更多以关注公共利益、帮助弱势群体、开展法律援助、进行政策倡导为主要工作的 NGO 的涌现，对环境保护起到了直接的推动作用[83]。

2. 推动公众参与，畅通民意表达

环境保护与资源的开发利用往往是一对矛盾。在中国进行资源的开发利用，开发收益绝大部分被开发商和地方政府分享，而因资源开发利用造成环境影响的当地居民却无法分享开发收益。公众作为利益受损者——既无制度渠道，也无能力参与到政策制定和利益分享谈判中。环境 NGO 通常可作为环境利益受损的弱势群体的代言人，与政府及开发商进行博弈，为这些民众争取最大利益。

---

83 参见 http://blog.sina.com.cn/s/blog_4bbb81fb0100b33q.html。

网络信息化时代的发展，使公众参与环境保护进入了一个新的阶段——影响公共决策阶段，并在一定程度上取得了突破。环保 NGO 也从一个环保的宣传者蜕变成为代表原住民利益、生态要求、文化保护要求的公共利益的倡导者[84]。公共利益是 NGO 的宗旨，同时也是政府的最终目标，因而双方可以在一些基本问题上达成共识，所以目前在涉及公众利益的重大决策中，政府开始提高环保 NGO 的参与度，尤其在议程设置阶段，发布相关的信息和报道，主动邀请环保 NGO 的参与，广泛吸收来自民间的意见，使政策出台后更易于被公众接受，减少来自公众的质疑。环保 NGO 利用网络信息平台与公民互动，了解民意，成为公众保护环境的组织化载体，也成为公众与政府间沟通的桥梁。

3．促进信息公开，严格监督执法

网络的发展，尤其是物联网等技术手段的出现，提升了环保 NGO 挖掘和收集环境信息的能力，从而更有效地监督破坏生态和污染环境的行为。2013 年 4 月，由环保民间组织研发的“中国环保地图互动开放平台”正式上线。在此平台上，任何人经过免费注册，都可以个性化地创建属于自己的环境污染地图，随时随地上传污染源位置、污染源图片等信息，并实现与微信、微博等的双向互动。此平台一经推出，立即在社会上引发强烈反响。这种互动开放式的环保公益平台，打破了传统以官方渠道为主的环境污染信息采集和发布模式，借助物联网、移动互联等新一代信息技术手段，以面向公众环保需求为核心，充分调动社会公众参与环保的积极性，使人人都成为环境污染的“传感器”和环境信息的“生成器”，是信息技术在环保领域的又一创新应用。目前，公众环境研究中心（IPE）在其网站（http://www.ipe.org.cn）上列出的污染源（企业）排放数据已超过 130000 条，这些数据来自政府机构的检查与监测、企业的环境公报等公开信息。自 2006 年 5 月成立以来，IPE 开发中国污染地图数据库，包括中国空气污染地图、中国固废污染地图和中国水污染地图，公众在 IPE 官网上可以查找到全国各个省市的重点污染源分布、企业监管记录分布、地区污染示意图和环境实时监控数据。2014 年 6 月 9 日，公众环境研究中心与自然资源保护协会在北京发布污染源信息公开（PITI）指数评价结果和污染地图 APP，正式开启了社会公众第三方力量监控污染的新时代。PIPT 评价指数是由 IPE 和 NRDC 共同发起制定的全国环保重点城市污染源监管信息公开状况评价指标，2014 年是连续第五年发布，涉及全国 120 个城市。相比以往，此次评价指标体系作了适时调整，对城市和企业提出了更高的标准要求，且多数指标已经与国际接轨。同日，由 IPE 开发的“污染地图”手机 APP 也正式上线，用户可通过此应用即时查看全国 190 个城市实时发布的在线

84 参见 http://www.chinanpo.gov.cn/1800/56285/preindex.html。

监测数据。

环保社会组织不但能够有效披露和监督企业的排污情况，还能够利用媒体和舆论的力量促使排污企业主动整改和更加自觉地接受社会监督。2013 年 8 月，环保组织在北京召开了“谁在污染太湖流域”的发布会，披露了昆山多家电子企业工业污水直接排放进河道的情况。经检测，这些污水流经河道的底泥的镍和铜含量重度超标，沿途污染水体、土壤，进而危及百姓的生命安全。2013 年 12 月，环保组织发布了纺织企业调研报告，指出在印染行业高度密集的杭州湾地区、太湖流域部分地区以及珠三角部分地区，水污染形势非常严峻。环保组织发布的信息引起了社会各方的广泛关注，凤凰卫视、人民日报等多家媒体都对此进行了报道。信息发布后，在排污企业中也引起了很大的震动，超标排污企业在第一时间对此做出了反应，为了使事件不再扩大影响，免遭上游产业链对其进行“环保制裁”，排污企业主动表示愿意投巨资进行废水达标处理改造，并邀请环保组织对其改造后的废水排放进行监测。纺织印染企业集中的浙江和福建两省已经较为严格地执行了新标准，同时浙江省还较全面地披露了企业违反新标准的数据，并邀请环保组织参与监督。

另外，环保组织对环评进行监督也取得了良好成效，而网络和媒体在其中扮演了重要角色。随着 2000 年厦门 PX 项目的曝光，在 2003—2007 年，大量的项目被环保 NGO 用“专家+媒体”的方式逼停。环保主管部门的无奈、地方政府的畏惧，让人们开始关注“环境影响评价”。为此，重庆两江志愿服务发展中心开始运作环评公众参与网（www.gzcy.org），将众多的环境影响评价机构和他们的评价报告直接发布到网上。目前在网上的环评机构超过 1100 家，项目超过 8000 条，政府审批 3000 余条，记录了 300 多个环评单位的违规信息。2013 年 11 月，国家环保部处罚了违规的 34 家环评单位和 58 个环评人员。

4．引导环保舆论，加强国际合作

环保 NGO 根植于民间，具有一定的专业知识和技术，随着网络化和信息交流的加速，它在环境保护中的作用日益凸显，在引导环境舆论方面越来越有影响力，甚至能够在应对环境突发事件和环境应急救援中起到相当重要的作用。

很多污染事件发生时，通过传统的媒体较难得到真实、全面的信息，NGO 可以提供一些真实的信息和独立的评论，甚至可以提供一些解决方案。环保组织在快速获得环境事件信息后，也会启动环境应急机制，快速号召和组织群众参与救援。以“绿色和平”为例，自 2005 年开始考虑快速反应机制，他们会对重点区域进行监测，会有专人在网络上关注突发事件的信息，会和当地 NGO 进行交流和互动。该反应机制可以保证在环境突发事件发生后 3 小时内组建快速反应团队。网络时代，随着中国走向世界，在很多国际性的环保交流活动中也开始出现中国环保 NGO 的身影。在国际交流中，国内 NGO 开始发现本土化才是自己更可贵之处，进而开始慢慢地从一味追捧国外经验转向将国外的经验本土化，取长补短，同时注意将本土化与国际化结合。比如在环保教育方面，“自然之友”的乡土教育将很多的国际经验进行了本土化，将一些国外的环保教育的小游戏根据当地的实际情况进行本土化改编。而在政策倡导方面，国内 NGO 也开始主动地利用国际资源来迂回向政府传达自己的声音。比如国内 NGO 在泰国世界河流保护大会上强调怒江保护，通过在国际会议上发出自己的声音来促使本国政府关注怒江的保护问题。

国内环境的日益开放，给国内 NGO 与国外 NGO 的合作提供了空间，这种合作越来越频繁，为促进国际间的友谊起到了良好的作用，并有助于在一些环境问题上消除误解。比如“绿色北京”与韩国、日本 NGO 合作的一个中日韩环境信息网络项目，通过民间的交流，中国的环保 NGO 可以和邻国的环保 NGO 同行一起，讨论韩国对纸张的不合理使用、日本大量进口中国木材生产木筷给中国生态环境带来的压力[85]。

（三）企业

1．开展环境信息公开，履行企业社会责任

企业是环境治理的一大社会主体，企业的发展在一定条件下对环境可能产生负外部性，因此，企业需要承担环境社会责任[86]。随着网络信息化的发展，国际领域环保浪潮的兴起、国内政府对环境保护的积极干预和公众环境意识的逐步提高，企业的环境保护责任开始引起重视。企业承担环境保护责任的方式多种多样，包括企业环境信息公开、自觉接受社会和公众监督及环保企业采取污染治理的手段。

企业环境信息公开包括企业自愿性环境信息公开和强制型环境信息公开[87]。自愿性环境信息公开指的是企业出于消费者对绿色产品的偏好增强而自愿选择的绿色信息公开。它主要包括绿色会计制度[88]、绿色生产制度[89]和产品环境信息公开[90]。我国从 1996 年开始 ISO 14000 环境管理体系认证试点工作，试点企业涉及机械、轻工、石化、冶金、建材、

85 参见 http://blog.sina.com.cn/s/blog_4bbb81fb0100b33q.html。

86 企业环境社会责任是指企业在追求自身营利最大化和股东利益最大化的过程中，对生态环境保护和社会可持续发展所承担的社会责任，企业环境责任包括在环境保护方面所承担的法律责任和道德责任。

87 强制性环境信息公开是指政府强制性地公开制造污染的企业的行为，让公众了解污染责任者，并对这些企业形成压力，以保护环境。

88 绿色会计制度是指大型公司资源在年度报告中增加环境信息的内容，以显示增加是环境友好的公司。

89 绿色生产制度是指企业通过 ISO 14000 环境管理体系论证，将清洁生产显示给公众。

90 产品环境信息公开，指的是如企业采取“有机食品”、“绿色食品”、“无公害食品”等产品认证标准，将产品的环保程度显示给消费者。

煤炭、电子等多种行业及各种经济类型，截至 2001 年 9 月 30 日，共有 836 家组织获得了 ISO 14001 认证证书。对于产品环境信息公开，我国也进行了一定的尝试，如设立环境标志、有机食品标志、绿色食品标志等。截至 2003 年 3 月底，全国共有 1300 家企业的 2570 个产品有效地使用了绿色食品标志商标。同时，中国环境标志在家电、办公设备、日用品、纺织用品、建筑装修材料等领域开展了 46 类产品的认证，8000 多个品种规格的产品获得了中国环境标志。通过环境标志，鼓励公众购买和使用安全、健康、节能、节水、废物再生等有利于环境与资源保护的产品。

此外，企业环境行为评级及信息公开也得到了充分的研究和广泛的应用。在世界银行的资助和支持下，2000 年率先在江苏省镇江市和内蒙古呼和浩特市开展试点，取得良好效果，后来在江苏全省和更大范围推广这项制度。

2．开展环保宣传，强化企业环保理念

在信息广泛且快速传递的网络时代，面对越来越多关注环境卫生、空气质量、水污染、重金属污染等问题的公众，企业往往通过互联网平台公开相关信息。环保企业定期发送相关环保新闻、环保知识、环保信息，也可以让公众更迅速地了解公司的动态并与之互动。目前很多环保企业利用互联网平台，建立了自己公司的 QQ 群、微博、微信平台，在彰显企业形象、企业品牌价值的同时，可以直接进行很多重要信息的反馈和收集。例如，国中水务等企业利用时下流行的 APP 移动服务，通过互联网技术实现对旗下水厂日常维护、水质监测、水量控制等做到在线监测、网络操作等，既极大地节约了人力、物力成本，又推动了企业环境信息公开。

（四）公众

信息网络技术的普及，使公民广泛地参与到环境治理的各个环节，包括环境信息公开、环境监测、环境影响评价、环境执法、环境宣传、环境灾害和应急、环境监督等，公民在环境治理中的作用显著增强。

1．网络影响环境舆情，催生环境治理要点

随着网络技术的发展，公众通过政府官网、论坛、微博、博客等获取并传播交流环境信息，了解并影响环境舆情。网络媒体舆情具有空前的时效性、高度交互性、海量存储性，网络舆情已经成为社会舆论重要的风向标和放大器。生活中的环境污染等民生问题是网络论坛持续关注的焦点，环境问题与民生直接相关，所以网民对此兴趣较高，并为环境治理提供了驱动力。

环境舆情的力量，可以催生新的环境关注热点和环境治理要点。PM2.5 成为空气监测指标便是一个典型的案例。PM2.5 真正开始引起中国网民们关注是在 2011 年，一位网友开通了名为“美帝使馆空气”的微博，通过 GAE（Google 的一种免费网络服务）搭建的一个转发程序，自动获取并转发美驻华使馆在 Twitter 等平台发布的数据，从 10 月 12 日起开始，每天在新浪微博同步更新美国驻华大使馆发布的北京 PM2.5 数据，平均每天发布 21 条微博。之后许多网络名人通过微博对北京空气质量轮番“开炮”。由于名人效应，PM2.5 一词在微博上广泛流传并引发其他传统媒体的争相报道，致使 PM2.5 引发全国关注，最终影响到政策制定，催生了新版《环境空气质量标准》，把 PM2.5 纳入空气监测范围。

网络环境舆情是一把双刃剑，一方面，它可以推动环境保护；另一方面，消极的环境舆情将会诋毁政府的环境管理者形象，降低其公信力，造成舆论危机，并引发暴力冲突事件，造成不良影响。自 1996 年以来，我国环境群体性事件年均增长 29%。自然之友发布的《中国环境发展报告（2014）》指出，一些公众抗议的环境项目，其真实风险未必有民众感知的那么强烈，甚至是一些低风险项目。之所以会出现这种“低风险项目引发大范围公众关注甚至导致群体性事件”现象，是因为环境风险在信息传播和社会响应的过程中被过度放大[91]。因此，引导公众个人对网络信息的甄别、筛选和合理合法传播，加强环境舆情的监督和引导，不但非常必要，而且非常紧迫。

2. 网络技术促进了公众对环境信息公开的监督

随着互联网信息技术的发展，环境在线监测技术迅速发展。我国目前已开展环境质量监测、污染源监测、污染事故应急监测、污染物总量控制监测、污染源解析监测、环境污染治理工程效果监测等，大大提升了获取环境信息的能力。同时，网络也为环境信息公开设置了遍布各地的“电子眼”，公众的集体关注能够有效监督政府和企业的环境信息公开行为，并有权质疑环境信息数据，申请环境信息公开[92]。例如，公众可以通过下载“污染地图”APP，随时查询 190 个城市的空气指数和污染物浓度，同时查询多省市废气污染物实时排放数据。该应用上线短短几日，就有大量网友在微博“晒”起了附近的超标污染源，公布谁排污，排在哪儿，致使污染企业无所遁形。

公众在获得相关的环境信息后，如有质疑，也可通过网络渠道表达诉求。2013 年 3 月 15 日，“成都环保”政府微博正式开通，作为成都市“扬尘整治”的举报投诉平台，为

91 http://www.hbzhan.com/news/Detail/89749.html。

92 新修订的《中华人民共和国环境保护法》对于信息公开做出了详细的规定，明确公民可申请环境信息公开，而政府工作人员如果未提供信息，将被依法追责。

公众提供及时、准确的环境信息服务，成为全国首个主动接受环境投诉的政务微博。此外，成都市环保局出台了《“成都环保”政务微博管理办法（试行）》，要求“成都环保”政务微博监测发现环境投诉（反映）问题后，将督促承办单位在 4 小时内做出初步回复，对与成都环保工作有关的非环境问题投诉，则督促承办单位在 6 小时内做出初步回复，同时还要求各承办单位按要求快速调查处理环保投诉（反映）问题，原则上在 5 个工作日内办结。这个案例说明，网络平台拓宽了环境监督渠道，为环境治理工作提供了“电子眼”，促进了环境的有效治理。

3. 网络技术促进了公众参与环境影响评价

2006 年，国家环保总局颁布《环境影响评价公众参与暂行办法》，规定建设单位及环评单位在环评编制过程中必须开展公众参与调查工作，以促进建设方与公众之间的双向联系和交流，加强双方互相理解。2014 年，环保部颁布《关于推进环境保护公众参与的指导意见》，进一步推进公众参与环境保护工作的健康发展，维护公民环境权益，加强生态文明建设。

随着网络技术的飞速发展，公众参与的形式和内容更加广泛，如通过网络、专线电话等方式征求公众对一些大型建设项目的看法，以及对环境法规和政策制定、环境决策、环境监督、环境影响评价、环境宣传教育等方面的评论和建议。

网站是最常用的公众参与渠道之一，任何项目的环境影响评价都可以在网上公布。同时，网上的环评论坛还可以邀请专家和政府官员做客解答公众提出的问题，不仅实现了及时的双向交流，而且有利于宣传环评知识，提高公众环境知识水平。中国环境影响评价网和环评公众参与网，是目前较为系统的环评信息平台和公众参与媒介。

三、网络时代我国环境治理展望

互联网的快速发展对传统的政府管理、思维方式和治理模式产生了非常大的影响和冲击，也对环境保护工作提出了更高的要求。网络时代的环境治理模式，是政府、企业、社会组织和个人多渠道，多方式高度参与环境治理的一种模式。在这一新模式下，政府、企业、社会组织和公众都必须与时俱进，顺势而为，充分利用信息网络技术获取环保信息，推动环境信息公开，强化环境监督和执法，积极妥善应对和管理环境突发事件，把握环境治理的新动向和环境治理的新规律、新方法，不断推动我国环境治理向信息网络化、主体多元化、互动合作化的方向迈进。

（一）进一步完善环境信息化法规和标准规范

为了推进和规范环境保护行政主管部门以及企业公开环境信息，维护公民、法人和其他组织获取环境信息的权益，推动公众参与环境保护，国家早在 2007 年便已通过了《环境信息公开办法》。2014 年新修改的《环境保护法》对环境信息公开和公众参与做出了专门规定，环保部也于 2014 年 5 月颁布了《关于推进环境保护公众参与的指导意见》。进一步完善信息公开和公众参与相关的法律法规，建立健全基于网络信息化促进环保科学决策的制度和标准规范，对创新环境治理机制、提升环境管理能力、建设生态文明都具有重要意义。

要加快制定完善各种环境信息化标准与规范，坚持统一规划、统一标准、全网共享的原则。要强化环境信息的表征手段，加强地理信息系统在环境信息发布中的应用，有效提高数据的透明度。要进一步完善环境信息发布制度，出台相匹配的法律解释，健全信息公开与共享利用的相关规章制度。

在环保物联网建设中，尤其需要注重统筹规划与顶层设计，通过规范引导、标准先行，把握建设重点，避免重复建设，详细规划建设任务与实施路径，把顶层设计上升到决策高度，保证顶层设计的落实，这是环保物联网应用建设成功的必要保障。此外，还需要加强数据挖掘，充分发挥数据价值，通过环保物联网和其他领域物联网关联，扩大数据的服务范围，除服务环保领域的各级政府部门、各类企业和社会公众外，还可以为交通运输、城市管理、风险防范等提供服务，更充分地发挥数据的价值。另外，需要建立第三方科技服务体系和机构，包括研究机构、咨询机构、监测部门、评测部门、标准研究组织等，从而支撑环保物联网应用持续，健康地运行。

（二）进一步加强跨区域、跨行业联防联控机制建设

我国目前的环境问题十分严重，而且许多环境问题具有跨区域、跨行业、复杂多变等特点，必须利用大数据技术进行跨区域、跨行业综合治理。雾霾的治理就是一个典型的例子。2013 年年初以来，我国很多地区出现了异常严重的雾霾现象。由于大气本身的流动性，雾霾天气具有突出的跨区域污染的特点，凭借一个个区域“单兵作战”的方式，难以有效掌握空气污染状况。只有建立多个区域联防联控的工作机制，通过跨区域的污染信息数据的共享交换，才能为雾霾的预警、应急，以及进一步的治理等工作提供决策依据。同时，由于造成雾霾天气的污染源是多样性的，涉及燃煤排放物、汽车废气排放、建筑工地扬尘等方方面面的因素，因此，雾霾治理也需要在多个部门之间建立联合协调机制。此

外，像雾霾这样的大气污染防治还要与水资源保护、土壤污染治理等其他工作联动运作，以实现对各类污染物以及地理、人口、企业等环保相关数据的集中管控，通过“大数据”和网络化手段持续完善环保工作体系，建立网络信息共享平台，联合政府、企业和社会公众共同监测大气环境质量，督促和监管大气环境治理进程。

（三）进一步加强环境信息资源共建共享

在大数据时代，信息和数据是最重要的资源，必须大力推动环境信息资源的共建共享工作。一是要建立跨领域、跨地区、跨部门、跨应用的信息资源共建和维护机制，加强区域间、相关行业与部门间的合作与信息共享。要抓住机遇，以典型应用化解“孤岛”，通过典型应用项目的建设，大力拉动“纵横”的整合，实现环境信息集中统一管理、发布和共享。二是要强化政府门户网站建设。互联网作为集信息采集、存储、传递和共享于一体的信息网络，是推行信息化的重要平台。要在资源整合的基础上，推动基于网络的环境信息资源共享利用，为公众提供“一站式”环境信息服务。

（四）进一步加强社会和公众对环境治理的参与

信息时代的发展、社会制度的变化以及政府和民众对良治的诉求，对环境保护管理部门依法行政和行政效率提出了更高的要求，并在加强政府管理决策的同时，强调决策的民主化与不同利益集团的有效参与[93]，这就势必要求全社会包括政府、企业、NGO 和个人进一步加强信息交流和社会协作，共同推动我国环境治理水平的提高。

93 张世秋．中国环境管理制度变革之道：从部门管理向公共管理转变[J]．中国人口资源与环境，2005，15（4）：90-94。

第九章　国际互联网治理发展的现状、挑战与思路

伴随互联网[94]的商业化、社会化进程，人类社会已跨越信息社会门槛。互联网作为全球关键基础设施，成为社会活动的重要平台，以促进技术发展、管理网络资源、规范网络秩序、净化网络环境等为主要议题的互联网治理（Internet Governance，IG）[95]的重要性日益突显，其发展进程不仅涉及当前各方力量在网络空间的利益分配与维护，影响各国信息化进程，更关系未来信息社会国际格局的构建与全球公益。因此，充分把握其发展情况与动向对我国积极、有效地参与治理进程，发挥我国信息大国应有的影响力，维护我国的网络空间利益意义重大。

一、国际互联网治理内涵与实践的演进

（一）国际互联网治理的概念

对于什么是 IG，早在信息社会世界峰会（WSIS）之前，国际社会就已展开广泛讨论并延续至今。大体而言可归为两类：一类是从实践层面出发，只专注于网络空间的具体规范，如从治理内容、治理手段等不同角度出发予以阐述，认为"'互联网治理'虽然会呈现一些公共政策的特点，但其本质上仍是'互联网技术功能的协调'，其治理核心包括四方面：域名、IP 地址、协议与根服务器。……控制这四方面就控制了互联网，就如同掌握了一国中央银行就掌控了该国的货币供应"[96]，或认为"IG 就是通过技术与法律手段规

94 互联网（Internet）是指 20 世纪 90 年代以来，全球高速计算机互联网网络。

95 一般意义上的 IG 都是指国际层面上的互联网治理，但有时为了与国家层面的"互联网治理"相区别，会使用 International Internet Governance 或 Global Internet Governance。

96 Kenneth Neil Cukier, Internet Governance, National Interest and International Relations, This essay submitted as a background paper to the United Nation's Information and Communications Technology Task Force global forum in March 2004 in New York. National Center for Digital Government John F. Kennedy school of Government, Harvard University。

范网络”[97]。另一类则主要从理论高度，将 IG 纳入全球治理（Global Governance）视野，认为 IG 具有鲜明的全球治理特点。由于国家主权与作用在该领域受到削弱，而非政府力量得以充分显现[98]，因此，IG 不同于传统领域的国际合作，其主体应该是多元化的，非“自上而下”的。早期治理专家一直认为，“在该领域，当技术专家就某项特定政策问题达成一致时，政府听从他们的领导。”[99]直到 2005 年 6 月，联合国互联网工作小组（WGIG）在广泛征求各政府及相关组织观点的基础上，在其工作报告中对 IG 做出工作定义（Work Definition)：“IG 是各国政府、私营部门和民间社会根据各自的作用制定和实施旨在规范互联网发展和使用的共同原则、准则、规则、决策程序和方案”[100]。

概念界定距今已近十年，随着“网络空间”战略地位的凸显，国际社会普遍认为这一界定无法准确描述当前 IG 的内涵。其局限性主要体现在以下三个方面。一是 IG 的作用范围过于狭窄。IG 早已不再局限于互联网发展本身甚至是所谓网络空间，相关决策影响现实政治、经济、文化、社会等诸领域。二是过于强调各主体各自的作用，而忽视了国际合作与协调的重要性。三是未反映 IG 的本质是“治理”而非“管理”。治理决非简单的管理，它不仅是对当前网络空间秩序的维护，更重要的是着眼信息社会发展趋势，通过理念的发展与规则的制定，对未来网络空间发展进行战略规划，使其符合社会发展趋势与规律。

由此可见，IG 内涵随着随互联网的发展而不断拓展，呈现鲜明的“时代性”。当前，所谓“互联网治理”可被界定为：以促进信息社会发展为目标，各国政府、私营部门和公民社会等网络空间行为主体从互联网技术架构维护、互联网资源管理、互联网空间规则制定三个维度开展互联网事务的国际合作与协调。

（二）国际互联网治理的历史进程

虽然不同历史发展阶段下对于 IG 的理解不同，但就具体实践而言，均是国际社会各方着眼于互联网发展的技术与社会双重属性，对相关问题进行国际协调与合作的实践活

---

97 Mary Rundle, Beyond Internet Governance: The Emerging International Framework for Governing the Networked World, The Berkman Center for Internet & Society at Harvard Law School, http://cyber.law.harvard.edu/publications。

98 Daniel W Drezner, The Global Governance of the Internet : Bringing the State Back In, Political Science Quarterly, Volume 119, Number3, 2004。

99 Peter Haas, Introduction: Epistemic Communities and International Policy Coordination, International Organization 46（Spring 1992）：1-35。

100 BackGround Report, WGIG, http://www.itu.int/wsis/wgig/docs/wgig-background-report.doc:11。

动。总体而言，互联网治理实践迄今大体可划分为两大阶段。

第一阶段：以技术为中心。互联网发展早期（20 世纪 90 年代），作为数据与信息传输工具，第一代互联网多运用于高校与研究机构，社会化程度有限，但技术架构与运作模式已引人瞩目。此阶段，国际社会对于互联网的认知限于“技术”层面：互联网采取端对端的技术架构，具有天生的“去中心化”特质，发展依赖内在规律而非外来规制。与此相对应，此阶段的治理强调互联网的“开放与自由”、注重平等及不受传统现实社会约束的个性，所谓治理仅限于维护技术架构，因此，亦被称为“技术中心”模式。此阶段的互联网治理呈现如下特点。

一是参与主体虽多元，但以私营部门为主导。此时治理界普遍弥漫“网络自由主义”思想，反对政府介入互联网事务，担心其“强权”、“官僚”损害网络平等、开放的基本架构。因此，虽然参与主体由政府、私营部门、民间团体和个体组成，但私营部门发挥绝对主导作用。

二是治理机构以技术协调与管理机构为主。无论是国际层面的 IETF（互联网工程任务组）、ICANN（互联网名称与数字地址分配机构），还是地区层面的 CENTR（欧洲国家顶级注册管理机构委员会）、APNTC（亚太互联网络信息中心）等机构，其主要职能就是着眼于标准制定与技术推进。

三是互联网技术架构、应用功能为主要关注点，包括域名系统和互联网协议地址管理、根服务器系统管理、技术标准管理、互传和互联管理、创新和语言多样性等，如建立 TCP/IP、ISO/OSI 模型，对域名和 IP 地址分配实施管理，以及解决网络费用结算等问题。

四是治理决策通过国际合作完成，但这种合作是“自下而上、非集中化”（Bottom-up，Decentralized）的方式，主要通过治理机构或“松散”的论坛，由各国技术专家、运营商以及用户等经过广泛“协商”与“咨询”后达成统一意见，并在此基础上开展合作。

第二阶段：综合治理。进入 21 世纪以来，互联网商业化与社会化进程加快，互联网的社会普及率与应用性得到极大提高，成为全球重要信息基础设施，与社会的交互性进一步加强。互联网治理从单一的技术维护，转变为促进互联网社会应用，强调互通互联的综合治理。2003 年和 2005 年，联合国主导下的“信息社会世界峰会（WSIS）”分别举办了日内瓦、突尼斯阶段会议，促使国际社会对 IG 展开深入细致的探讨。2004 年和 2006 年，“联合国互联网治理工作组（WGIG）”和“互联网治理论坛（IGF）”分别成立，逐步成为为各国政府、私人部门和民间团体交流和磋商国际互联网治理问题的一个平台。此阶段的治理实践被称为“综合治理”模式。

具体而言，如表 9-1 所示，相较于早期的“技术中心”模式，“综合治理”模式主要特点如下。

表 9-1　不同互联网治理模式的比较

	“技术中心”模式	“综合治理”模式
机构设置	主要以 ICANN 等重要网络资源分配、基础设施维护，以及技术标准制定机构为代表	WGIG、IGF 的产生并发挥重要的全球协调作用
力量格局	以“私营部门”为主导	政府作用得以提升
决策过程	各机构各司其职，决策过程各不相同，没有普遍可适用性	WGIG、IGF 在全球范围内就共同关注的问题提供意见交流与协商一致的平台
治理内容	以维护互联网正常运转与技术发展为主要目标	涉及政治、经济、文化等诸多公共政策领域

一是治理机构趋于多元且初具综合治理能力。越来越多的国际组织和政府机构加入治理进程，与传统治理机构交相辉映。主要包括：作为国际综合治理机构的 WGIG 与 IGF；区域组织，如经合组织、欧盟、欧洲委员会等区域机构；国际标准制定机构[101]；其他参与治理事务的专门组织，如国际消费者保护与执法网络（ICPEN）、国际刑警组织（Interpol）等。此外，各国政府也主要通过制定政府间协议、部门间合作等方式加强互联网治理国际合作，尤其是在打击网络犯罪与规范网络商业方面开展合作。

专栏 9-1　当前国际互联网治理机制的立体架构

经过多年的发展与调整，当前国际互联网治理机制主要由以下几个层面的机构组成，他们各自开展工作的重心与领域不同。

（一）专门从事互联网技术与标准制定的国际机构。这些机构是当前互联网治理机构中最重要，也是最基础的部分，多数专注于互联网技术架构与发展，掌握重要网络资源分配权与标准制定权，如 IETF、ICANN 等。

（二）致力于促进“网络事务”国际合作的相关组织，如 WGIG 与 IGF。WGIG 是联合国框架下专门的互联网综合治理机构，IGF 则是一个有关互联网治理的开放式论坛。前者针对具体问题进行讨论，如在 2005 年对互联网治理中最受关注的问题进行系统整理，包括 IP 地址与域名管理、网上内容以及国家政策、垃圾邮件等；后者旨在通过广泛探讨促进有关互联网治理的理念与共识。

（三）将“网络事务”纳入工作范畴的其他相关国际及区域机构，如 OECD（经合组织）、欧盟、欧洲委员会等区域机构。互联网发展及治理也被这些组织纳入视野，对

101 Harold Kwalwasser, Internet Governance。

区域内的信息化施加影响。2008 年 10 月，欧洲委员会在法国斯特拉斯堡召集 200 多个来自政府、企业与公民社会的代表召开了“互联网治理欧洲对话”会议（EuroDig），此后，每年召开一次。

（四）涉“网”的其他国际标准制定机构，如 IEEE（美国电气与电子工程师协会）、IEC（国际电工委员会）与 ISO（国际标准化组织）。虽然这些国际标准制定机构主要是制定相关产品制造和检测标准，但其决策会对互联网产生一定影响，因此也构成互联网治理机制的组成部分。

二是治理内容不断扩展。随着互联网技术、应用的创新和普及，互联网治理要面对更多的新问题。从基础设施建设、标准制定到数据信息传输与分享，从言论自由与公民隐私保护到维护国家主权、消除数字鸿沟，各类问题不一而足。根据问题的重要性与紧迫性，互联网治理不断调整、更新与扩充相关内容，关注重心开始转向互联网社会应用进程中的相关问题，如垃圾邮件、网络安全和网络犯罪等，以及一些影响超越互联网本身的领域，如网络知识产权、网络经济带来的国际贸易问题、发展中国家网络能力建设等。尤其是国际社会普遍开始关注网上不良内容的传播，如网络仇恨、网络色情及极端文化的网络渗透等[102]。

专栏 9-2　国际社会合作应对“网络仇恨”

网络仇恨（Cyberhate）在网络空间的不断蔓延引起国际社会高度重视。根据美国反诽谤联盟（The Anti-Defamation League， ADL）的相关定义：“网络仇恨”是指一些极端组织或仇恨团体利用网络散播仇恨、煽动暴力与犯罪的现象。其所涉及的问题来源于现实社会，包括政治分歧、种族歧视、宗教纷争、歧视特定人群（同性恋、移民等）、信仰丧失和崇尚暴力等。据美国西蒙·维森塔尔中心（Simon Wiesenthal Center）2009 年 5 月发布的一份调查报告显示：“全球范围内至少有 1 万个散布仇恨和恐怖主义的网站”。这些网站往往附有大量同类链接，形成强大的仇恨“网”。2009 年 6 月，该中心还发布题为《Facebook，YouTube：社交媒体对网络恐怖主义与仇恨的影响》的研究报告，声称：“过去几年，社交网站已被极端组织或仇恨团体广泛利用”。仇恨分子不仅通过相关网站寻找盟友，招募人员，还利用社交网站提供的“交友信息”进行“人肉搜索”，收集目标人员信息。对此，聚友网（MySpace）首席网络安全长海曼苏·尼加姆（Hemanshu Nigam）称：“对于拥有 1 亿 3000 多万全球用户，每月数十亿点击量的社交网站而言，网络仇恨与网络暴力的蔓延已成为落实网络安全的重大挑战。”“网上仇恨”转化为“网下暴力”的趋势严重冲击社会稳定。相关调研报告

102 舒华英，互联网治理的分层模式及其生命周期，2006 年中国通信学会通信管理委员会学术研讨会通信发展战略与管理创新学术研讨会论文集。

显示："'网上仇恨'导致的'网下暴力'呈上升势头"。联合国主管新闻事务的副秘书长赤阪清隆就此发出警告："网络仇恨与暴力的风行程度不断增加，其中以宗教少数派和少数民族为目标的网站日益增多，对这些群体造成威胁或明目张胆地煽动暴力，甚至是实施暴力"。

为此，2009 年 6 月 16 日，联合国秘书长潘基文在联合国举行的"网络仇恨"研讨会上发表讲话称："在信息高速公路上，出现了少数几条'阴暗小巷'，网络技术在为人类带来福祉的同时，也被用于传播最古老的'恐惧'"。为此呼吁各国政府、互联网业者、相关组织机构联合起来，采取更为有效的行动予以应对。除各国政府努力外，众多国际非政府组织，如西蒙•维森塔尔中心，反"网络仇恨"国际网（the International Network Against Cyber Hate，INACH）对消除"网络仇恨"做了大量工作。前者专门成立了"反'网络仇恨'工作组"，跟踪相关动态并发布实时报告；后者仅在 2006 年，其成员组织就监控并处理了 7500 件来自网络的"仇恨举报"。"加拿大圣约之子会"等国际组织亦举办"网络仇恨"研讨会，上百名来自世界各国的政府官员以及人权、技术、教育等领域的专家与会，前瞻性地提出应对"网络仇恨"的政策建议。相关领域的合作还在世界反种族主义会议的框架下进行。

三是政府在互联网治理中的作用得到一定认可。正如美国著名国际关系学者约瑟夫•奈所认为的，互联网虽然在某种程度上导致了权力分散，但政府仍是国际政治行为主体并应承担治理网络安全的责任；面对日益膨胀的互联网资源和用户，互联网"自我治理"必将是"不可能完成的任务"[103]。互联网发展历程表明，政府权力和地理条件仍然是关键制约因素，互联网仍极大地依赖政府的强制力，例如，政府建设基础设施、推向教育和保护产权，对互联网犯罪采取强制措施，控制市场规模，提供公共产品[104]。政府主导模式有利于互联网普及、安全防范等，是互联网发展到一定程度的客观需要。在 WSIS 与各国政府的努力下，传统互联网治理"政府缺位"的现象有所改善，政府在互联网治理中的作用得到一定认可与提升。

专栏 9-3　政府在互联网治理中作用的提升

首先，借助 WGIG、IGF 等综合治理协商平台，各国政府能够更好地发挥影响力，加强与其他治理主体间的广泛交流。其次，重要互联网治理机构采取相应调整与改革措施，强化政府职能作用。例如，2006 年 9 月，ICANN 与美商务部举行联席会议，并

103 Joseph Nye. Cyber Power。

104 Jack Goldsmith, Tim Wu. Who Control the Internet? (Illusion of a Borderless World), Oxford University Press, 2006。

达成新协议，宣布美政府逐步淡出互联网域名管理的同时，明确提升由参与国政府共同组成的政府咨询委员会（GAC）在 ICANN 具体管理措施与承诺审查中的作用[105]。最后，政府间互联网治理合作取得进展，在赢得国际社会肯定的同时，亦为今后发挥更大作用奠定了良好的基础。以打击网络犯罪的国际合作为例，2001 年 11 月 23 日，欧盟的 26 个成员国和日本、加拿大、美国及南非在布达佩斯签署了世界第一个打击网络犯罪的国际公约——《网络犯罪公约》（Convention on Cybercrime，以下简单《公司》），已有 40 多个国家签署《公约》，其中 29 个国家已批准了《公约》。此外，互联网治理双边合作也取得进展，通过“一轨”或“二轨”的方式，国家间互联网治理合作的作用进一步彰显，如中英网络圆桌会议、中美“二轨”会谈（CICIR-CSIS）以及新兴国家互联网圆桌会议等。

二、国际互联网治理面临的主要挑战

一直以来，国际互联网治理面临的重大挑战主要来自两个方面：一是网络空间各主体利益诉求不同带来的“平衡难题”，这些问题往往由来已久，争议不断，是治理进程中的“老大难”，如对重要网络资源控制权的争夺以及“政府主导权之争”等；二是“网空”新发展带来的“新问题”，是互联网发展到一定阶段的产物，治理之策尚在摸索之中，缺乏有效应对措施，如网络空间规则制定以及国际协调机制等问题。上述问题共同构成当前互联网治理亟待解决的难题。

（一）网络资源分配权争端

ICANN 作为控制着最为基础与重要网络资源的“互联网中央银行”，它在为全球提供共享服务的同时，也在事实上造成网络资源分配的不公。以当前 IPv4 为例，它能提供的 IP 地址为 40 多亿个。根据 ICANN 的分配，美国和加拿大就占有接近 30 亿个，尤其是美国，平均每个人就有 9 个 IP 地址。世界其他地区分享另外 10 亿个，而人口众多的亚洲总共不到 4 亿个，在中国每个人只有 0.06 个地址，印度每个人有 0.006 个地址[106]。2011 年 2 月 4 日，ICANN 在美国迈阿密宣布最后 5 个 IPv4 地址大礼包分配完毕，并预测称，亚太

105 以上信息均来自 ICANN 网站。

106 搜狐 IT 消息，欧盟官员称 IP 地址严重分配不均，中印日最稀缺，http://it.sohu.com/20070413/n249405917.shtml。

地区将会成为 IP 地址最早耗尽的地区[107]。

最让其他各国担忧不已的是，美国商务部与 ICANN 的“合约”关系，使得美国有条件、有能力运用这种绝对的控制权，如根据自身利益需要将某个国家的顶级域名从互联网空间中抹去，这也就意味着该国所有依赖互联网进行的经济和社会活动将无法进行。这种担忧绝不是空穴来风。在伊拉克战争期间，ICANN 就曾以局势动荡为由，终止其顶级域名“.iq”的解析。因此，虽然 ICANN 始终强调自己的非政府色彩，并进行了相关改革，但其与美国商务部的特殊关系使得其他国家与地区认为它是美国政府掌握域名系统的工具。越来越多的国家对此表示不满，甚至寻找脱离 ICANN 的途径与对策。还有一些其他重要机构也或多或少存在类似“背后主导力量”的影响，面临同样的“合法性危机”。

围绕重要网络资源的控制权，一方面，国际社会试图寻找更为公平的方案，取代当前美国一国主导，ICANN 一家掌控的局面。早在 WSIS 第一次峰会期间，相关国家就提出不应由美国一国，或 ICANN 一家掌控域名和根服务器管理权。WGIG 在各国的强烈要求下，试图找到应对之策，如成立一个全球互联网理事会承担 IP 地址的管理工作。但美国显然不愿交出 ICANN 的权力，此后，包括中国、伊朗等在内的一些发展中国家退而求其次，呼吁建立一个隶属于联合国的机构专门监管 ICANN，甚至 ITU 也提出由其直接监管 ICANN 的方案，但均未获得美国政府及 ICANN 的回应。

另一方面，美国“软硬兼施”地力挺 ICANN 继续控制管理权。2005 年，美国国会以 423 票对 0 票通过一项决议案，要求政府明确美国对互联网的权利是神圣不可侵犯的[108]。该决议案的发起者之一，美国共和党众议员约翰·杜立特指出，“美国发明了互联网，它是我们送给世界的礼物，我们的纳税人为其提供了资金。联合国想拿走这个礼物以增加其权力的举动必须被阻止。”美国商务部也声称，ICANN 是最合适的互联网技术管理者，美国政府将坚持不懈地予以支持[109]。在表明强硬立场的同时，美国也意识到分裂的互联网并不符合其战略利益。为此，政府也支持 ICANN 在“大方向不动，大原则不让”的条件下进行一些改革。除提升 GAC 的作用外，还于 2010 年 4 月成立所谓问责和透明度审查组，以争取各国政府的认可与支持，在增强自身“合法性”的同时，彰显其力挺 ICANN

107 新浪网消息，全球最后 5 个 IPv4 地址被分配，亚太 IP 地址先耗尽，http://finance.sina.com.cn/roll/20110204/10329343930.shtml。

108 美国众议院决议文，Expressing the Sense of the Congress Regarding Oversight of the ICANN.http//www.govtrack.us.congress/billetxt.xpd?bill=hc109-268。

109 Jay Wrolstad. Congress: U.S. Internet Control Inviolable, http://www.newsfactor.com/story.xhtml?story-id=10300003F9KV。

成为国际互联网治理主要载体的不变决心。历经多年，可谓国际社会的根本担忧未解，美国的坚定立场不变。由此可见，重要网络资源的管理权一直是互联网治理的头号难题。

（二）政府定位之争

国际社会对于互联网治理应采取“多利益攸关方模式”已无异议，该模式代表“多方参与、共同治理”的初创理念和未来趋势。互联网自产生之日起就“平等”地链接起各参与者，政府、企业、组织、个人共享网络便利、各司其职地参与治理。但对由谁发挥主导作用看法不同，尤其是政府在此治理模式中的定位，各国态度迥异，“政府主导权”问题成为争论热点。

一方面，以美为首的发达国家反对政府过多地介入互联网。总体而言，这些国家得益于当前格局。以美国为例，一是多数重要国际治理机构设在美国，多数成员也来自以美国为首的发达国家，如 ICANN、IETF、CERT 等，美国政府能对其决策过程施加重要影响。二是美国政府善借非政府组织发力。例如，“美国信息技术产业理事会（ITI）”为高科技公司组成的行业协会，也是华盛顿最有效的游说组织之一，与世界各国政府包括欧盟、日本、印度、俄罗斯等主要国家的政府建立交流渠道，该组织参与美国相关政策制定，并在国际网络安全交流中维护美国立场。因此，在改革呼声压力下，美国虽承认互联网治理需要政府发挥更大作用，但却一再坚称原有机制运转有效，以维护互联网自由之精神，架构之稳定为名，反对“政府主导”互联网事务。如 ITU 主席哈罗德所言：“事实证明，现有体制运转至今是有效的，且想要改变的人并无令人信服的例子表明他们能够在这方面做得更好。”

另一方面，以中国、俄罗斯、南非、巴西、阿拉伯等为代表的新兴网络大国与广大发展中国家支持“政府主导”网络事务。广大发展中国家希望将治理机制纳入联合国框架，还有国家明确提出支持国际电联（ITU）作为联合国下的互联网公共政策管理专业机构，并对其他各种可能的国际监管模式进行探讨。这主要出于两点考虑：一是由此强化互联网治理的强制力与执行力，提高治理效率。一直以来，各国政府主要通过各类互联网治理“论坛”、国际网络会议等形式发挥影响力。但总体来看，形式较为松散，机构设置、成员及议题都不固定，政府治理功能无法完全展现；政府在重要互联网治理机构中的参与度不高，对重要网络资源分配与标准制定的影响力有限。例如，在 ICANN 中，政府与众多非政府组织、个人成员的地位平等且数量并不占优；“国际互联网协会（ISOC）”作为领导国际互联网发展的重要机构，其政府机构成员仅占总数的 6%。可以说，有限的机制与资源制约了政府作用的发挥[110]。二是借此打破既有治理格局，争夺“制网权”。发展中国家在“私营部门主导”的治理机构中代表性有限，互联网整体政策仍受欧美等信息强国主导。“重技术，轻发展”，从而导致“数字鸿沟”事实上的继续扩大，加剧了发达国家与发展中国家信息力量的不平衡，使得这些国家在现有格局中无法有效维护“网络空间”利益。

专栏 9-4　国际电联迪拜大会凸显互联网治理权争夺

2012 年 12 月，国际电信联盟（ITU）在阿联酋迪拜召开“2012 国际电信世界大会”（WCIT-12），对 1990 年生效的《国际电信规则》（ITR）进行重新审议与修订。作为一项重要的政府间协议，此次修订的相关提案与条款涉及“互联网发展”，被外界视为政府强化互联网监管职能的重要举措，引发美欧的强烈反弹，受到国际社会高度关注。

随着新技术发展，尤其是互联网及移动设备发展，信息化条件下的“通信权”内涵更加广泛，不仅要确保世界各地的人们以公平的方式和可承受的价格获得传统通信服务，还能享有未来世界的在线宽带。正是在此背景下，来自 193 个国家的政府代表参加此次 ITU 迪拜大会，对已有 20 余年历史的《国际电信规则》进行修改，并出台新规则。将“互联网发展”问题纳入视野，如要求成员国对“未经请求的群发电子信息”（垃圾邮件等）有效管理；通过“培育有利环境，实现互联网更大发展”的决议，加强对国际互联网，特别是宽带的投资和建设等。

大会期间，一方以俄罗斯为主导的阵营呼吁赋予各国政府更大权力规范“网络空间”。近年来，俄罗斯、巴西等网络新兴大国一直呼吁将“互联网治理”纳入联合国框架，希望借此次大会取得实质进展。因此，由俄罗斯主导，中国、沙特、阿尔及利亚、苏丹和阿联酋等国共同提交一项议案，呼吁加强政府“网络空间”治理职能，保障安全，促进发展；建议 ITU 拥有或至少部分拥有互联网地址分配权，促进重要“网络空间”资源分配的公平与公正。此议案得到众多非洲和阿拉伯国家的支持。另一方以美国为首的阵营以“互联网自由”为名强烈反对。美欧等国认为，在本次大会上讨论互联网问题，“会使网络监管和审查制度更具有国际合法性，而且将导致相关国家在这一领域展开合作”。相关国家政府借 ITU 政府间协议框架“强势”介入互联网的做

110 Harold Kwalwasser. Internet Governance。

法，有损所谓互联网的“创新与自由”。双方展开激烈争论，相持不下。闭幕当天，双方的严重分歧导致新规则只获得 144 个成员国中 89 个国家代表的签署，美国、英国、加拿大、澳大利亚、挪威等 55 个国家拒绝或保留签字权。

会前有观点认为，ITU 将互联网发展与安全等相关治理问题纳入电信新规则是 ITU 接管互联网，以及各国政府借政府间协议框架，强化互联网监管职能的重大举措，此次大会可能成为所谓“网络空间制宪会议”。但结果并非如此。一是 ITU 就是否接管互联网表态谨慎。ITU 秘书长哈马敦·杜尔在 3 日举行的第一次全体会议上发表讲话，称 ITU 并没有意愿与 ICANN 争夺互联网关键资源管理权。他期望能与 ICANN 展开积极合作，并称大会将力促通过协商解决分歧，力争在所有成员国间达成一致。他还进一步声称，任何改变都须得到所有参与国家的同意。言外之意即只有得到全票赞同的前提下，ITU 才可能“接管”互联网。二是相关条款未触及互联网规则“根本”。新规则条款并未涉及具体互联网发展与治理机制改革与建设问题，对于 ITU 的职能与权限也只是“阐明其在 ITU 职能内的与国际互联网相关的技术、发展和公共政策问题的立场”，以及“使 ITU 在互联网多利益攸关方参与模式方面发挥积极且具有建设性的作用”。三是新规则前途未卜。据彭博社引述 ITU 发言人萨拉赫的话，拒绝在新规则上签字的国家将继续只接受 1988 年规则的约束。按照原定程序，本次大会的《国际电信规则》要超过 160 个国家签字后才能生效，因此目前还不具有法律约束力。但无论结果如何，此次大会充分体现出“两大阵营”围绕“互联网治理权”博弈的激烈程度。

（三）网络空间规则仍待完善

随着网络空间的发展，国际社会普遍认为，“空间”作为物与人的集合，“物”是基础，“人”是核心。作为“网络空间”，其主体“行为”决定空间秩序与发展走向。事实上，近年来突出的网络安全问题，从“网络仇恨”到“网络暴力”，从“网络侵权”到“网络犯罪”，从“网络冲突”到“网络战”，都是政府、组织乃至网民个人等不良、失范行为所致，仅靠技术，不胜防范，更难治本。只有通过技术、法律、政策等手段，明确行为规范、惩戒不良行为，才能确保互联网空间的稳定与发展。因此，国际社会开始将构建网络空间行为规则，规范网络空间行为作为治理重点，但收效有限。

一方面，国际社会“众口难调”。出于不同意识理念与国情的考虑，各国对于网络空间发展的认识与利益诉求存在差别，甚至冲突，相关主张难以获得共识。例如，英国提出的网络空间“七原则”、中俄等四国提出的《信息安全国际行为准则》等都是在“网络空间”立规建制的有益尝试。但目前为止，这些行为规则更多意义上成为各国宣扬各自理念的口号，仍未有效转化为现实约束。另一方面，网络空间的行为规范的确不同于其他空间，具体规则的确立具有相当难度。以“网络战”的国际法适用问题为例，信息时代的国家行为与国际冲突很大部分在互联网空间展开，但网络冲突的国际法规相对滞后。互联网空间的复杂属性，使得联合国宪章、武装冲突法、人道法等国际上有关战争的法律和原则难以“平移适用”。从司法实践中看，传统国际法体系下进行有效规制的基本条件，如“责任方的确定”、“损害后果的判定”以及“攻击目的的判定”在互联网空间都十分困难。直到目前，诉诸法律的起点，如“使用武力或以武力相威胁”的标准都难以确定。为此，国际社会一直积极探寻解决之道，如北约推出《塔林手册》，但仍存在诸多问题，引发广泛争议，网络空间国际法的确立仍任重而道远。

专栏 9-5　战争法适用于网络空间的难题

—— 以“人道法”为例

人道法适用于武装冲突，基本遵循这样一个流程：战争初期，存在明确的冲突方，即责任方，且相关方出于各种考虑自愿接受人道法制约；战争期间，冲突各方遵循人道法具体原则与相关规定，约束其在冲突中的行为；战争结束，违反人道法一方承担恢复与赔偿责任。

顺着这样一个流程逐一分析，即可发现在不同环节上，人道法适用均面临挑战：第一，从“存在明确的责任方或冲突方”来看，能确定责任方吗？互联网的基本架构与特性决定，溯源困难是确定责任方的重大难题。这从根本上是一个技术问题，在这里不展开探讨。第二，从“责任方自愿接受人道法制约”来看，责任方愿意接受人道法的制约吗？传统国际法的责任方为“国家”或“具有高度组织性的冲突方”（Highly Contracted Party），但在网络攻击条件下，事实证明在具体冲突中，往往网络攻击的发起者为“非政府行为体”，从多种因素分析，它们都不大可能接受或无法用人道法制约。在网络空间，非政府行为主体正是希望利用网络攻击门槛低的特点，以“非对称战争”思维达到自身的各种政治诉求，而不仅仅是取得军事胜利。这很可能带来两种后果：一是在发动攻击时，他们自身都没有意识到攻击可能带来的“人员与财产损失”等严重后果；二是“人员与财产的损失”，甚至是社会的动荡正是其发动攻击的直接目标。无论哪种情况，都不存在传统人道法中“军事胜利”目标与“必要损失”之间的平衡机制，来促使攻击方进行理性选择与思考。第三，能够有效区分军用与民用目标吗？人道法对公民的保护基于“区分”原则，即根据日内瓦条约的规定，为了确保对民众与民用设施的保护，冲突各方必须区分民众与军人，民用目标与军事目标，它们只能直接针对军事目标开展行动。事实上，虽然区分原则在理论上十分清晰，但在实践中却困难重重，尤其是在网络空间。由于信息系统和关键基础设施网络的广泛互联，并且这些系统和网络往往处于军民共用的状况，要想有效区分十分困难。因为要实施有效区分必须达到两个前提：首先，攻击方必须得到足够有效的信息，并据此做出判断哪些计算机或网络属于合法目标；其次，必须开发出能够实施精确打击的攻击方式或网络武器，因为人道法禁止不加区分的打击方式，攻击方必须能对损害加以预计，这无疑是有现实困难的。

（四）国际协调机制缺失

互联网治理协调机制包括两个维度，即横向的国际治理机构间的合作，纵向的“多主体”间的协调。

一方面，具备综合治理能力的互联网治理机构设置已基本成形，但机构间却缺乏协调机制，不能很好地促进资源整合，因而无法形成有效合力。治理进程中重复建设、职能重叠现象普遍，相关政策缺乏普适性和权威性。例如，专注互联网技术架构与发展的机构，往往对其所涉及的公共政策及社会影响考虑不够，而主要综合治理机构并没有强制力与执行力，IGF 与 WGIG 很多时候意在促进共识，而非解决问题。

另一方面，互联网空间的安全维护必须由包括政府、企业、非政府组织和广大网络用户在内的各种主体共同努力。但以国家主权为权力依据，政府“自上而下”、“统筹管理”的机制显然无法照搬到互联网空间，而所谓“自下而上”的方式显然在决策效率与执行力上存在很大问题。因此，迄今为止，国际社会还未找到有效的机制，能够为各主体形成“合力”提供有效平台。

专栏 9-6　“公共卫生模式”能移植到网络空间国际合作中吗？

国际社会各方一直在为寻求真正有效的国际协调平台与机制而努力。近来有学者提出将“公共卫生模式”应用于互联网空间，认为“公共卫生模式”作为当前国际社会实现有效协调各方力量，组织各类资源最为成功的国际合作模式，其清晰的组织框架、明确的责任分工以及有效的协调合作机制，均对进一步思考如何构建互联网空间合作模式有所启发。但二者适用领域毕竟不同，尤其是互联网空间有其自身特点，一些根本性问题仍难得到有效解决。“公共卫生模式”的要点之一是严密的“监测预警体系”，但一直以来网络监测与隐私保护之间的平衡难以把握；要点之二是“公共卫生模式”基本防范手法是“隔离”，但“互联网空间”中隔离就意味着破坏互联互通，与“普遍自由接入”的原则相矛盾。由此可见，探寻适合互联网空间特性的协调机制的任务任重而道远。

三、当前国际互联网治理发展新动向

综上所述，由于国际互联网治理涉及网络资源的分配与管理、技术标准的确立以及国际规则的确定，国际社会在充分践行国际合作的同时，亦围绕“互联网治理权”展开激烈博弈。但一直以来，美国凭借强大的资源、技术与机制优势，不断以“自由”、“稳定”为名，“绝不给政府控制网络的机会”，阻止他国分享治理权。治理斗争长期陷入看似激烈，但难有突破的“胶着”境地。2013 年 6 月的“斯诺登事件”，使得治理形势出现一些新变化，国际社会反对美国网络霸权，要求分享互联网“治理权”的呼声空前高涨，国际互联网治理发展形势出现新动向，这些新动向既蕴含新的机遇与契机，也带来新的挑战。

一是各国“治理权”意识增强，但政策分歧更加明显。“斯诺登事件”使美国反对政府介入互联网治理的“双重标准”暴露无疑，各国对“治理权”直接关系国家网络安全与“网络空间”利益维护的认识更加深刻，重塑治理格局、分享治理权的决心更加坚定。2014 年将举办多场重要的国际“互联网治理”会议，包括 4 月 23—24 日在巴西举行的“互联网未来之全球利益攸关方大会”（“巴西大会”），各国提交多项有关互联网治理“全球原则”与“路线图”的政策建议。各国“治理权”意识增强是当前治理改革的主要动力，但也必须清楚地看到，它亦为国际协调与合作带来新挑战。纵观各国推出的国际治理“原则”、机制建设“路线图”和机构改革“时间表”，不同利益诉求与核心关切导致的理念冲突、政策分歧显而易见。例如，各国虽就 ICANN 全球化达成基本共识，但对具体途径的主张却大相径庭。各国间的立场协调与矛盾调和更加困难。

二是治理阵营出现松动，治理力量格局出现新的变数。首先，美欧阵营内部出现离心倾向，欧洲各国对美国监听行为反应激烈。欧委会明确提出，为确保网络安全，将力争与美国分享互联网治理权，并将未来两年作为重新划定全球互联网治理版图的关键期。

ICANN、IETF 等治理机构为免受美国政府的牵连，于 2013 年 10 月共同发表谴责美国国家安全局（NSA）的“蒙得维的亚声明”。其次，阵营间关系有所变化。例如，ICANN 加强与发展中国家的交流，近期与巴西政府互动频繁，双方合作举办“巴西大会”。在 3 月进行的中英、中欧网络对话中，双方亦在互联网治理问题上有诸多共识。阵营的松动虽利于各国拓展新合作渠道，但亦带来新变数：首先，美欧“离心”仍属“内部”分歧。欧洲各国的最终目标是最大程度地与美“分权”，而非让非西方国家“受惠”，他们之间仍易达成利益交换与妥协。其次，发展中国家阵营或受到冲击。例如，近期巴西政府的作为，在某种程度上也反映出其脱离发展中国家“阵营”，寻求新“结盟”的倾向。

三是治理机制改革重点突出，但要取得实质突破，困难重重。首先是国际社会共推 ICANN 全球化。有关国家以促使 ICANN 脱离美国政府控制为共同目标，强烈要求 ICANN 独立运作，并接受国际监督。美国政府已于 2014 年 3 月宣布将“放权”ICANN。对此，我国提出 ICANN 应终止与美国政府的“合同”关系，英国建议将 ICANN 总部迁至日内瓦，欧盟制定 ICANN 全球化“时间表”等。其次是政府间国际组织强化治理功能。国际电信联盟（ITU）2014 年 10 月将举行 ITU 全球大会，进一步探讨将互联网治理，尤其是网络安全纳入 ITU 职责范围；联合国推进互联网治理论坛（IGF）改革，拟于 2015 年出台措施，将其改造成具有实际治理功能的平台，相关举措将有利于政府间治理平台的搭建。但可以预见，美国政府绝不会轻易放弃垄断优势与主导权，政府间国际组织“插手”互联网势必要受到拥护“私营部门为主导”的互联网“原生”机构和公民社会组织的反对，要想到得实质性突破，仍面临巨大阻力。

专栏 9-7　美国政府会真正移交互联网管理权吗？

斯诺登事件后，国际“网络空间”斗争形势发生重大变化。美国不仅面对以中、俄及广大发展中国家要求联合国或国际电信联盟（ITU）“接管互联网”的压力，其阵营内部亦发生分化。欧盟提出建立“欧联网”、巴（西）—欧海底光缆等来应对美网络监控，还力争与美分享互联网管理权。欧委会 2014 年 2 月发表声明，称未来两年将是重新划定互联网治理全球版图的关键期，欧洲必须拿出互联网治理方案，在未来的互联网发展进程中扮演重要角色，并且还对互联网治理与运营提出七大改革建议，其中包括为 ICANN 的全球化制定明确时间表等。在强大压力下，2014 年 3 月 14 日美商务部宣布，拟将其对“国际互联网名称和数字地址分配机构”（ICANN）的管理权移交给“全球多利益攸关体”。美国称，美国已责成 ICANN 召开国际会议，提交移交方案，但管理权限只能交给“一个真正得到广泛支持的全球多利益攸关体”，不接受任何政府主导或政府间国际组织掌权。美国同时提出四项“移交原则”：坚持“多利益攸关方模式”；保持互联网域名系统的安全、稳定与弹性；满足全球互联网用户的需要与期望，继续开展合作；维护互联网的开放性。

长期以来，美国在互联网治理进程中有三大“坚持”：坚持所谓“多利益攸关方模式”、坚持 ICANN 的“不可替代性”、坚持维护美国“网络空间”核心利益。此次所谓的交权举措，与众参两院通过的“确保和推进成功的多主体治理互联网模式”的美国政策立场高度一致。美国借此次声明进一步提出“全球多利益攸关体”，继续与盟友坚决反对中、俄等国主张的由各国政府和联合国主导互联网治理的立场；借肯定 ICANN 的“改革成果”，维护 ICANN 的合法性，进一步强化其地位。此次“交权”不仅将美国军事、政府等重要域名系统排除在外，更未涉及根服务器管理权限这一国际社会最关注的核心议题。例如，美国政府重要顶级域名（如分别涉及美军事、政府机构和高校的.mil、.gov 和.edu）不属移交范围；相关国家政府应通过 ICANN 的政府咨询委员会（GAC）或单独以政府名义，与国际非营利机构、企业、公民社会等其他主体“共同平等参与治理”。

事实上，美国绝不会坐视“大权旁落”。所谓“放权”ICANN 无非两种可能：一是“缓兵之计”，在缓解压力的同时，试探各方反应，再出手反制，确保其“影响最大化”；二是“釜底抽薪”，ICANN 只是替美国政府管理网络资源的“承包商”，一旦 ICANN 全球化无法确保美国核心利益，不排除其另寻“承包商”的可能。二是核心网络资源“受制于人”的问题得不到根本解决，即使政府间治理平台得以搭建，各国仍缺乏必要的“筹码”与美国分享治理权。

四、我国参与互联网国际治理进程的思考

全面、积极参与互联网国际治理进程对我国具有极其重要的战略意义。一方面，互联网国际治理涉及网络重要资源的分配、技术标准的制定以及网络空间行为规范的建章立制，对于维护国家网络空间利益至关重要。鉴于此，世界主要大国及相关新兴国家均致力于在治理领域有所作为，我国作为网络大国，亦应积极参与其中，从而争取更加公平、公正的发展环境。另一方面，现实表明，随着网络空间博弈的加剧，我国已处在“风口浪

尖”，以美国为首的西方国家将我国视为“头号劲敌”，一直不断炒作所谓“中国网络威胁论”，试图打压与遏制我国在网络空间的影响力，继续维护其既得利益格局。我们必须抓住当前国际社会改革互联网治理声浪日高的契机，在认清当前国际互联网治理现状，准确判断治理进程形势的基础上，主动作为，推出我国相关战略理念与政策主张，尤其是进一步就重大治理议题拿出更加明确、系统的政策主张与实施方案积极推进国际互联网治理改革进程，提升我国在治理领域的话语权与网络空间影响力。

（一）秉持“开放自由”与“稳定有序”并重的治理原则

一方面，要深刻认识到，互联网“端对端”的基本技术架构是确保互联网成功的根本原因，也是互联网的价值所在。互联网治理发展必须维护“开放”、“统一”的基本网络架构，不能以任何理由破坏其“互联”、“互通”与“普遍接入”。“开放自由”是互联网治理必须坚持的原则之一。

另一方面，互联网空间无序带来的安全挑战与社会问题再也无法规避，互联网发展必须首先保障安全，以安全促发展，以发展保安全。“稳定有序”也是互联网治理必须坚持的一个重要原则。诚如美国斯坦福大学网络与社会研究中心创始人劳伦斯·莱格斯所言，互联网正从“一个无法被规制的空间”走向“一个高度约束型的空间”[111]，互联网治理必须兼顾自由开放的传统和稳定安全的现实需要。

（二）坚持与时俱进的治理理念

互联网治理的理念与实践，尤其是治理机制并非一成不变，而是应根据形势发展需要，予以不断调整，以确保机制的“开放性”与“灵活性”。正如联合国前秘书长安南在IGF 的开幕词中坦诚所言，互联网治理与传统治理在“某些方面毕竟是如此的不同”[112]。因此，只要有利于进行切实有效的互联网治理，任何合理的建言与有益的尝试都应正确对待。

当前，互联网治理改革趋势呈“进化式”发展特点，虽不是“革命性”地“另起炉灶”，但亦是一种“全面”改革。即使是在技术层面，无论是重要网络资源的分配，还是技术标准的制定，不能因其仍“运转有效”，而不容任何变动。“进化式”治理改革与机构新建、资源整合与机构改革并行不悖。总之，互联网治理机制的进一步完善必须以“开放

111 劳伦斯·莱格斯.《代码》，第 32 页。

112 http://www.techcn.com.cn/index.php?edition-view-131818-0。

的心态”，不断做出“与时俱进”的决策。

（三）推行“灵活务实”的“多利益攸关方”治理模式

对于“多利益攸关方”模式的理解，尤其是“主导主体”的认知不能僵化，不能“一概而论”，而应根据实际需要“灵活务实”地予以应用。应明确反对将其固化为“私营部门为主导”与“自下而上”决策的做法；要强调采取“灵活、务实、多元”的政策选择，根据不同议题，选择不同决策方式，并由不同主体发挥“相对的”主导作用；要旗帜鲜明地主张在当前互联网发展形势下，政府要发挥更大作用，尤其不回避“政府应在网络安全中发挥主导作用”的政策立场。

尤其对于我国一直主张的“联合国框架”，应强调该框架是治理机制的重要组成部分，而非“整体取代多利益攸关方模式”。具体框架建设，可围绕 IGF 与政府专家组（GGE）展开，以 IGF 显示该框架的“多利益攸关方”基础，以 GGE 确保政府在该框架中发挥重要作用。

（四）构建多层次的国际治理合作机制

一是要打破阵营樊篱。当前国际治理正处在转型期，阵营不断分化组合，应因势利导，不断尝试打破原有阵营，构建对各国政府、私营部门和公民社会开放的治理阵营，争取更大的作为空间。

二是加强与发展中国家的合作协调，坚持将协调发展中国家立场放在首位。要重点协调与俄罗斯、巴西、印度等国的立场，同时，要加大与其他发展中国家的沟通与合作力度。通过沟通、协调和合作，共同捍卫广大发展中国家在网络空间的利益。

三是充分动员与发挥我国相关非政府主体的力量。要对国内相关组织（如互联网协会）、企业（华为等）以及专家学者等非国家行为主体参与国际治理的基本情况进行摸底，整合资源；要加强非政府主体之间的协调，鼓励互联网协会等出面协调国内非国家行为主体参与国际治理的组织与活动，提升我国治理参与度；加强政府与非国家行为主体的沟通，在提升我国治理政策水平的同时，全面拓展我国治理参与渠道。

（五）全面参与国际治理机制改革进程

一是继续拓展政府渠道。当前，我国政府相关部门应积极参加重要国际会议，推动政府间治理平台建设，尤其是要继续大力支持 ITU 和联合国的相关工作。积极参加 2014 年 10 月召开的 ITU 全球大会及 2015 年 1 月召开的联合国 GGE 会议。二是力争影响 ICANN

全球化进程。要密切关注各方的立场动向，组织力量参与相关进程，并积极引导，将改革重心从“切断 ICANN 与美国政府关系”进一步向“打破美国对核心网络资源的实际垄断”推进；针对美国可能的各种反制措施，与相关国家充分交流，协调立场并商讨预案。

编后记

随着以互联网为代表的信息网络技术创新和应用的不断加快，传统的经济、社会、文化等形态也正在发生着一场革命性的变化。这一变化既是推动我国经济、社会和文化转型的巨大动力，同时也对各种既有的治理模式提出了严峻的挑战。如何应对网络化时代所带来的各种各样的治理问题，推进国家治理体系和治理能力的现代化，是我国需要面对的一个长期而重大的研究课题。

受工业和信息化部信息化推进司委托，国家信息中心信息化研究部组织有关机构和专家成立了专门的课题组，开展相关专题的研究工作。现在奉献给大家的这份报告就是课题组集体努力和精诚合作的成果。

《网络与治理——中国信息化发展报告2015》各章作者（括号内为作者单位）如下。

第一章　朱彤、金夏夏、王亦澎、陈沛、彭志艺、丁道勤、张丽（工业和信息化部电信研究院）

第二章　张倩、宋恺（工业和信息化部电信研究院）

第三章　张新红、刘厉兵（国家信息中心信息化研究部）

第四章　何哲（国家行政学院）

第五章　杨道玲（国家信息中心信息化研究部）

陈美（武汉大学信息管理学院）

第六章　李红升（国家信息中心信息化研究部）

第七章　李婧、刘洪梅、赵爽（中国信息安全测评中心）

第八章　郭红艳、黄德生、王华（环保部环境与经济政策研究中心）

第九章　李艳（中国现代国际关系研究院）

秦海和张新红同志确定了报告的框架结构、编写分工，组织了报告的修订和统稿工作，李红升、刘厉兵、胡拥军等同志承担了课题和报告的日常事务和编辑工作。电子工业出版社对本报告的公开出版给予了大力支持，承担了繁重的编辑任务，在此一并表示衷心的感谢。

报告难免存在不当之处，敬请大家批评指正。

编写组
2015 年 5 月